W0244399

ROBERT GUGUTZER

Soziologie des Körpers

5., vollständig überarbeitete Auflage

Bibliografische Information der Deutschen Nationalbibliothek
Die Deutsche Nationalbibliothek verzeichnet diese Publikation in der Deutschen Nationalbibliografie; detaillierte bibliografische Daten sind im Internet über http://dnb.d-nb.de abrufbar.

Korrektorat: Julia Wieczorek
Satz: Mark-Sebastian Schneider, Bielefeld
Druck: CPI – Clausen & Bosse, Leck
Print-ISBN 978-3-8376-2584-4
PDF-ISBN 978-3-8394-2584-8

Gedruckt auf alterungsbeständigem Papier mit chlorfrei gebleichtem Zellstoff.
Besuchen Sie uns im Internet: *http://www.transcript-verlag.de*
Bitte fordern Sie unser Gesamtverzeichnis und andere Broschüren an unter: *info@transcript-verlag.de*

Inhalt

Vorwort zur fünften Auflage

Als ich 2002 mit der Arbeit an dem Einsichten-Band »Soziologie des Körpers« begann, tat ich das aus zwei Gründen. Zum einen, weil ich es für angebracht hielt, dass es eine deutschsprachige Einführung in die Soziologie des Körpers gibt, und da das bis dahin nicht der Fall war, übernahm ich die Aufgabe selbst. Zum anderen, um auf produktive Weise meinen Schreibtisch von den vielen körpersoziologischen Büchern und Artikeln zu befreien, die sich dort seit meiner Promotionszeit angehäuft hatten. So war für mich mit dem Erscheinen des Einführungsbuchs im Herbst 2004 die Sache mit der Körpersoziologie eigentlich erledigt, mein Schreibtisch aufgeräumt und das Buch auf dem Markt.

Zehn Jahre später erscheint nun dessen fünfte Auflage. Die wiederholte Neuauflage dieser Einführung darf wohl als Hinweis darauf gelesen werden, dass sich die Sache mit der Körpersoziologie zumindest für die Soziologie keineswegs erledigt hat. Die Vielzahl und Vielfalt körpersoziologischer Arbeiten der letzten Jahre haben vielmehr dazu geführt, dass die Soziologie des Körpers mittlerweile ein anerkanntes Forschungsfeld der Soziologie ist. Vor dem Hintergrund dieser Entwicklung und angesichts des zehnjährigen ›Jubiläums‹ des Buchs lag es auf der Hand, einen selbstkritischen Blick darauf zu werfen und zu überlegen, was davon ich heute noch mit gutem Gewissen so stehen lassen kann und was nicht. Mit einbezogen in diese Überlegungen habe ich die Rückmeldungen zu dem Buch, die ich im Laufe der Jahre auf unterschiedlichen ›Kanälen‹ erhalten habe. Die vorliegende, vollständig überarbeitete fünfte Auflage ist das Ergebnis dieses Reflexionsprozesses.

Was hat sich verändert, was ist gleich geblieben? Ein Großteil des Textkorpus entspricht dem der vorangegangenen Auflagen, wobei ich versucht habe, sprachliche Unebenheiten zu glätten. Wo ich es für wichtig erachtete, habe ich aktuelle Literatur eingebaut. Abgeändert habe ich die Struktur und die meisten Kapitelüberschriften, wie ich auch einige Textteile erweitert oder ganz neu geschrieben habe. Den offensichtlichsten Eingriff habe ich an der Gliederung vorgenommen. So habe ich das Methodologie-Kapitel nach hinten (VI) und jenes zu Körper und Leib nach vorne gerückt (II). Das erscheint mir der logischere Aufbau und gibt mir zudem die Möglichkeit, das verbreitete Unbehagen der Körpersoziologie am Leibbegriff frühzeitig zu diskutieren und idealerweise zu beseitigen. Gestrichen habe ich das Kapitel zu den »Aufgabenfeldern«, dessen Quintessenz ich in den programmatischen Ausblick (VII) integriert habe. Vor allem aber enthält das Buch nun zwei Hauptkapitel (IV und V) anstelle einer Anordnung entlang soziologischer Paradigmen. Die beiden Hauptkapitel sind nicht zuletzt dem Umstand geschuldet, dass mir wiederholt zurückgemeldet wurde, die Unterscheidung zwischen dem Körper als »Produkt« und dem Körper als »Produzent« der Gesellschaft sei nützlich.

Von den auf die Kapitel IV und V aufgeteilten zwölf körpersoziologischen Ansätzen finden sich elf in den vorangegangenen Auflagen. Nicht mehr behandelt werden hier die Körpertheorien von Bryan S. Turner (»Der Körper als Ordnungsproblem«) und Arthur Frank (»Der Körper als Handlungsproblem«). Der Grund dafür ist, dass ihre in den 1980er Jahren entwickelten Theorien vor allem den Zweck hatten, das Feld der damals noch sehr jungen Körpersoziologie zu systematisieren und einen analytischen Bezugsrahmen zu entwerfen, der für zukünftige körpersoziologische Arbeiten dienlich sein sollte. Diese Aufgabe haben sie vorzüglich erfüllt: Die Soziologie des Körpers steht auf eigenen Beinen, prosperiert und differenziert sich weiter aus. Ein Beispiel dafür ist die Praxeologie des Körpers, die in den letzten Jahren enorm an Popularität und Ansehen gewonnen hat, weshalb sie in diese Auflage neu aufgenommen wurde.

Damit ist mein Schreibtisch nun erneut von Stapeln körpersoziologischer Publikationen befreit und das Buch auf dem Markt. Wenn es seinen Teil dazu beiträgt, dass das Interesse an der Soziologie des Körpers nicht nur nicht abebbt, sondern weiter wächst, hat es sein Ziel erreicht. Ob ihm das gelingt, liegt nun in den Händen der geneigten Leserin, des geneigten Lesers.

Robert Gugutzer

München/Frankfurt a.M., im September 2014

I. Einleitung

»Ein kleines Mädchen konnte nicht ausspucken und sein Schnupfen verschlechterte sich jedes Mal dadurch. Ich habe mich darüber informiert. Im Dorf seines Vaters, in Berry, und besonders in der Familie seines Vaters, kann man nicht spucken. Ich habe ihm beigebracht auszuspucken. Ich gab ihm vier Sous für jedes Ausspucken. Da es unbedingt ein Fahrrad haben wollte, hat das Mädchen Ausspucken gelernt. Sie ist die erste in der Familie, die ausspucken kann.«

Diese Schilderung des französischen Kulturanthropologen und Soziologen Marcel Mauss (1975: 216f.) klingt in unseren Ohren merkwürdig, ist wenig glaubhaft: Das Mädchen musste lernen auszuspucken? Was gilt es da zu lernen? Ausspucken kann doch jeder, denken wir, das ist doch etwas ganz Natürliches! Mauss zufolge ist es das nicht, genauso wenig wie andere vermeintlich natürliche Tätigkeiten, etwa Gehen, Stehen, Sitzen, Schlafen, Ruhen, Essen, Trinken, Greifen, Werfen, Laufen oder Springen. In den Worten von Mauss sind bereits diese einfachen körperlichen Tätigkeiten und Bewegungen kulturspezifische »Techniken des Körpers« – so der Titel des berühmten Essays, aus dem dieses Beispiel stammt –, ganz zu schweigen von komplexeren körperlichen Verhaltensweisen wie Schreiben, Fahrradfahren oder Tanzen. Was immer wir mit unserem Körper tun, wie wir mit ihm umgehen, wie wir ihn einsetzen, welche Einstellung wir zu ihm haben, wie wir ihn bewerten, empfinden und welche Bedeutung wir dem Körper zuschreiben, all das ist geprägt von der Gesellschaft und der Kultur, in der wir leben.

Aus dem Grund erscheint es *uns* unvorstellbar, ein Mensch könnte nicht in der Lage sein auszuspucken. In unserer Kultur gilt diese Fähigkeit als etwas Natürliches, Selbstverständliches. Offensichtlich ist dieses scheinbar natürliche Können aber ein kulturspezifisches Können. Hinzu kommt, dass dieses Verhalten bei uns kein hohes Ansehen genießt: In unserer Kultur gehört es sich nicht auszuspucken, vor allem nicht in Anwesenheit anderer

Menschen. Ganz anders beispielsweise in China: Bis vor wenigen Jahren standen dort in Gaststätten Spucknäpfe für die Gäste bereit, in die Geübte aus durchaus beachtenswerter Entfernung ins Ziel trafen. Irritierend für jemanden, der aus dem westlich-modernen Kulturkreis nach China kommt, war dabei weniger die Treffsicherheit der Menschen, als vielmehr die Normalität und soziale Akzeptanz dieser Sitte, die wir als Unsitte bewerten würden. Unser Verhalten ist – in den Worten von Norbert Elias – so sehr »zivilisiert«, dass wir üblicherweise nur in wenigen ausgewählten sozialen Kontexten ausspucken, zum Beispiel beim Sport im Freien. In China vollzieht sich inzwischen ein ähnlicher, von staatlicher Seite aus initiierter Prozess, der das Ausspucken in der Öffentlichkeit unterbinden soll. Dass der Erfolg dieses Vorgehens bislang eher mäßig zu sein scheint, ist ein Hinweis darauf, dass einmal angeeignete körperliche Gewohnheiten nur schwer zu ändern, geschweige denn ganz abzustellen sind.

Das genannte Beispiel erscheint vielleicht als sehr speziell, ist es aber nicht, lässt sich daran doch etwas Grundsätzliches erkennen: Der menschliche Körper ist einerseits Teil der Natur und als solcher deren Gesetzen unterworfen – er wird geboren, muss ernährt werden und schlafen, er altert und stirbt, um nur die basalen natürlichen Dimensionen des Menschseins zu nennen. Andererseits aber unterscheidet sich die Art und Weise, *wie* diese natürliche Seite des Körpers wahrgenommen, bewertet und gelebt wird, je nach Epoche, Kultur und Gesellschaft.

Dieses *Wie* der gesellschaftlichen und kulturellen Einbettung menschlicher Körper ist das zentrale Thema der Soziologie des Körpers. Das grundlegende Ziel der Soziologie des Körpers besteht darin herauszuarbeiten, wie der Körper des Menschen als *gesellschaftliches Phänomen* ›gemacht‹ ist und wirksam wird. Dabei betrachtet die Soziologie des Körpers den Körper in zweifacher Hinsicht als ein gesellschaftliches Phänomen: Zum einen als Produkt, zum anderen als Produzenten von Gesellschaft. Der menschliche Körper ist *Produkt der Gesellschaft* in dem Sinne, dass der Umgang mit dem Körper, das Wissen und die Bilder von ihm wie auch das Spüren des Körpers von gesellschaftlichen Strukturen, Werten und Normen, Technologien und Ideensystemen geprägt sind. *Produzent von Gesellschaft* ist der menschliche Körper in der Hinsicht, dass das Zusammenleben der Menschen und damit die soziale Ordnung entscheidend von der Körperlichkeit sozial handelnder Individuen beeinflusst sind: Da soziale Wirklichkeit aus sozialem Handeln resultiert und soziales Handeln immer auch körperliches Handeln ist, tragen körperliche Handlungen und Interaktionen zur Konstruktion sozialer Wirklichkeit bei. Die Soziologie des Körpers untersucht diese Prozesse, in denen der Körper zum Produkt und Produzenten von Gesellschaft wird, idealerweise nicht unabhängig voneinander. Vielmehr setzt sie sich mit der gegenseitigen Bedingtheit jener gesellschaftlichen Mechanismen auseinander, die einerseits auf den Körper einwirken und ihn so zu einem sozialen Phänomen werden lassen, und die andererseits Sozialität durch körperliche Praktiken und Empfindungen herstellen. Kurz: Die Soziologie des Körpers beschäftigt sich mit der *wechselseitigen Durchdringung von Körper und Gesellschaft*.

Die Soziologie des Körpers ist ein vergleichsweise junges Teilgebiet der Soziologie, das sich so recht erst im letzten Viertel des 20. Jahrhunderts zu entfalten begann. Zwar hat sie einige Vorläufer (vgl. Kap. III/1), zu denen unter anderem die Arbeiten der bereits erwähnten Autoren Norbert Elias und Marcel Mauss aus den 1930er Jahren zählen. Doch ihren eigentlichen Anfang nahm die Soziologie des Körpers in den 1970er und insbesondere in den 1980er Jahren (vgl. Kap. III/2). Für den internationalen Aufschwung sorgten vor allem Soziologinnen und Soziologen aus dem angloamerikanischen Wissenschaftsraum, wo sich die Soziologie des Körpers im Laufe der 1990er Jahre als Bindestrich-Soziologie etablierten konnte. Indikatoren dafür sind das Erscheinen von Einführungsbüchern[1], Überblicks- und Lexikonartikeln[2] sowie von Monographien und Sammelbänden[3] zur Soziologie des Körpers. Auch die Gründung der Zeitschrift »Body & Society« im Jahr 1995 war ein wichtiger Schritt für die internationale Entwicklung und Verbreitung der Soziologie des Körpers.

In der deutschsprachigen Soziologie hat sich dieser Etablierungsprozess zehn bis fünfzehn Jahre später vollzogen. Seit Mitte der 2000er Jahre liegen nun aber auch hier einführende und den *state of the art* zusammenfassende Bücher[4] und Artikel[5] vor; ebenso hat der ›Körper‹ Eingang in soziologische Wörter- und Handbücher gefunden[6]. Mit der im Jahr 2005 vollzogenen Gründung der Sektion »Soziologie des Körpers und des Sports« innerhalb der »Deutschen Gesellschaft für Soziologie« (DGS), die aus der vormaligen DGS-Sektion »Soziologie des Sports« und dem 1998 ins Leben gerufenen Arbeitskreis »Soziologie des Körpers« hervorgegangen ist, hat die deutschsprachige Körpersoziologie zudem einen festen institutionellen Rahmen. Seit 2012 vergibt die Sektion im zweijährigen Turnus einen Nachwuchspreis, mit dem die beste Dissertation im Bereich der Körper- und Sportsoziologie ausgezeichnet und damit die Forschung in diesem Feld weiter gefördert werden soll.[7] Denn der »body turn« (Gugutzer 2006a) ist in der Soziologie längst noch nicht vollumfänglich vollzogen und bedarf weiterer theoretischer, methodologischer und empirischer Arbeiten.

Mit der vorliegenden Einführung soll ein Überblick über die Entwicklung und das gegenwärtige Feld der Soziologie des Körpers gegeben werden. Dass dieser Überblick nicht vollständig sein kann, ergibt sich allein aus dem formalen Rahmen eines »Einsichten«-Bandes; hinzu kommt die akademische Sozialisation des Autors einschließlich dessen blinde Flecken. Dennoch ist der Anspruch dieses Buchs, einen möglichst breiten Einblick in zentrale Themen und Ansätze der Soziologie des Körpers zu geben, der zur Orientierung dienen soll und am besten zur vertieften Weiterlektüre motiviert.

Am Anfang steht die Frage, mit welchem Gegenstand es die Soziologie des Körpers zu tun hat. Von was oder wem ist eigentlich die Rede, wenn Soziologinnen und Soziologen vom ›Körper‹ sprechen? *Kapitel II* bietet eine theoretisch-begriffliche Annäherung an den ›Körper‹, die zweierlei deutlich machen soll: Erstens, es gibt nicht ›den‹ Körper, sondern eine Vielzahl an Körpern und entsprechend eine Vielzahl an Körpersoziologien; zweitens, das Angebot der deutschen Sprache, zwischen Körper und Leib zu unterscheiden, kann (und sollte) als analytisches Werkzeug für soziologische Untersuchungen genutzt werden. Das folgende *Kapitel III* präsentiert dann eine kurze Geschichte der Soziologie des Körpers. Sie beginnt bei den Klassikern der Soziologie und zeigt, dass diese in ihren Werken dem Körper zwar keinen systematischen Platz eingeräumt, ihn aber auch nicht völlig ignoriert hatten, wie häufig unterstellt wird. Von der »absent presence« (Shilling 1993) bis zum »body turn« hat die Soziologie einen weiten Weg zurückgelegt, für den sowohl gesellschaftlich-kulturelle als auch wissenschaftsinterne Entwicklungen verantwortlich waren; die wichtigsten werden hier zusammengetragen. Nach diesem historisch angelegten Kapitel bieten die *Kapitel IV* und *V* einen systematischen Zugang zur Soziologie des Körpers verbunden mit dem Ziel, einen Eindruck von der Vielfalt der Körpersoziologie zu vermitteln. Entlang der oben erwähnten, grundlegenden soziologischen Perspektiven auf den Körper werden zwölf körpersoziologische Ansätze vorgestellt, die ihren Schwerpunkt auf den Körper als Produkt und als Produzent gesellschaftlicher Wirklichkeit legen.[8]

Nachdem in den beiden vorangegangenen Kapiteln primär soziologische Theorien des Körpers vorgestellt wurden, rückt in *Kapitel VI* der Körper als empirisches Phänomen in den Mittelpunkt. Die hier angestellten methodologischen Überlegungen richten sich dabei zum einen auf methodische Probleme, die sich mit dem Körper als Gegenstand empirischer Forschung ergeben (können). Zum anderen verdeutlichen sie, dass Leib und Körper relevante Aspekte jedes Forschungsprozesses sind, weshalb es Aufgabe gerade der Körpersoziologie sein sollte, das Erkenntnispotenzial des Leibes als Forschungssubjekt herauszuarbeiten. Das abschließende *Kapitel VII* greift die theoretisch-begrifflichen Überlegungen zum Körper aus Kapitel II auf und plädiert dafür, die Körpersoziologie nicht nur als eine weitere Bindestrichsoziologie zu betrachten, sondern Soziologie ausgehend von Leib und Körper – für deren Verschränkung hier der Begriff »Verkörperung« vorgeschlagen wird – zu denken. Daher endet das Buch mit einigen programmatischen Anmerkungen zu einer solchermaßen »verkörperten Soziologie«.

II. Theoretisch-begriffliche Annäherungen an den ›Körper‹

Die Bezeichnung »Soziologie des Körpers« könnte den Eindruck erwecken, dass es für die Soziologie einen einzigen, ganz bestimmten Körper gibt. Soziologie ›des‹ Körpers klingt, als sei vollkommen klar, was Soziologinnen und Soziologen unter ›Körper‹ verstehen. Beides trifft nicht zu: Weder herrscht unter Soziologinnen und Soziologen Einigkeit darüber, was mit ›Körper‹ gemeint ist, noch existiert – konsequenterweise – ein einziges Verständnis vom ›Körper‹. Dabei fällt im Unterschied zu anderen Teilgebieten der Soziologie auf, dass in der Körpersoziologie erstaunlich wenig über den Gegenstand reflektiert wird, um den es dieser speziellen Soziologie geht. Während die Familiensoziologie darüber nachdenkt, was heutzutage noch unter ›Familie‹ zu verstehen ist, die politische Soziologie unterschiedliche ›Politik‹-Begriffe kennt oder die Soziologie sozialer Ungleichheit seit dem 19. Jahrhundert verschiedene Konzepte ›sozialer Ungleichheit‹ entwickelt hat, ist die Körpersoziologie ausgesprochen zurückhaltend mit Reflektionen über ihren namengebenden Begriff, den ›Körper‹. Es wirkt wie ein Paradox: Einerseits sind sich gerade Körpersoziologinnen und -soziologen einer der zentralen Aufgaben beziehungsweise Leistungen der Soziologie bewusst, nämlich der Erkenntnis, dass das, was gemeinhin als normal, natürlich oder selbstverständlich gilt, keineswegs so normal etc., vielmehr gesellschaftlich gemacht ist; andererseits hat es den Anschein, dass sie den Körper aus dieser Erkenntnis ausklammern. Zwar zeigt sich in der konkreten Tätigkeit von Körpersoziologinnen und -soziologen, dass sie mit zum Teil sehr unterschiedlichen Körperverständnissen arbeiten, wovon die Kapitel IV und V Zeugnis geben werden. Doch eine explizite Auseinandersetzung mit dem Körperbegriff erfolgt vergleichsweise selten.

Die folgende theoretisch-begriffliche Annäherung an den ›Körper‹ beschränkt sich auf zwei für die Soziologie des Körpers wichtige Aspekte: Zum einen auf deren anthropologisches Fundament (1.), zum anderen auf die Unterscheidung zwischen Körper und Leib und dabei auf die Schwierigkeiten, die weite Teile der Körpersoziologie mit dem Leibbegriff haben (2.). Da es sich bei Körper und Leib um eine analytische Trennung handelt, soll abschließend auf deren Synthese eingegangen und dafür der Ausdruck ›Verkörperung‹ vorgeschlagen werden (3.).

1. Anthropologische Grundlagen: Sein und Haben des Körpers

Für die Körpersoziologie ist der Philosoph und Soziologe Helmuth Plessner (1892-1985) von besonderer Bedeutung, allen voran sein Hauptwerk »Die Stufen des Organischen und der Mensch« (Plessner 1975). Plessner hat darin die ontologische Frage, was der Körper ist, in die anthropologische Frage übersetzt, in welchem Verhältnis der Mensch zu seinem Körper steht. Plessners Antwort auf diese Frage lautet: Das Verhältnis des Menschen zu seinem Körper ist ein Zweifaches[9]: Der Mensch *ist* sein Körper, und er *hat* seinen Körper. Sein und Haben sind die zwei Weisen, in denen dem Mensch sein Körper gegeben ist. Körpersein und Körperhaben sind zwei Perspektiven auf die physische Existenz des Menschen, vergleichbar den zwei Seiten einer Medaille. Sie sind also keine zwei substanziell verschiedenen und getrennten Körper. Körpersein und Körperhaben bezeichnen zwei Facetten menschlichen Daseins, die untrennbar miteinander verbunden sind und sich wechselseitig bedingen, wobei ihr Verhältnis zueinander historisch-kulturell variabel ist.

Plessner hat das Konzept von Körpersein und Körperhaben auf der Grundlage seiner Theorie der »Positionalität« entwickelt, mit der es ihm um die wechselseitige Beziehung zwischen lebenden (auch nicht-menschlichen) Organismen und Umwelt ging. Der Theorie der Positionalität zufolge kennzeichnet das körperliche Dasein des Menschen ein »exzentrisches« Verhältnis zu seiner Umwelt: Einerseits ist der Mensch aufgrund seiner organischen Ausstattung – vergleichbar dem Tier – »zentrisch positioniert«, was heißt, raumzeitlich an das Hier-Jetzt gebunden. Die Tatsache, dass ich ein Körper *bin*, verunmöglicht es mir, hier und gleichzeitig woanders, jetzt und gleichzeitig gestern oder morgen zu sein. Andererseits ist der Mensch in der Lage, diese raumzeitliche Gebundenheit »hinter« sich zu lassen, »außer sich« zu sein und zu sich selbst in »Gegenstandsstellung« zu treten; in diesem Sinne ist der Mensch »exzentrisch« zu seiner Umwelt positioniert (ebd.:

292). Diese besondere Form der Umweltbeziehung resultiert aus der Eigenart des Menschen, seinen Körper zu *haben*. Körperhaben meint, dass der Mensch aus seiner Mitte, in die er aufgrund seiner organischen Verfasstheit gestellt ist, heraus- und zu sich selbst in Distanz treten kann. Das heißt zum einen, er kann auf seinen *Körper* wie auf andere Dingkörper zugreifen und ihn instrumentell oder expressiv nutzen, wobei das Humanspezifische darin besteht, dass der Mensch um dieses Können weiß. Zum anderen kann er *sich* selbst zum Gegenstand werden, sich selbst reflektieren und sich beispielsweise in andere Zeiten oder an andere Orte denken.

Allerdings hat der Mensch seinen Körper nicht von Geburt an, vielmehr stellt sich ihm das Körperhaben als eine lebenslange (Lern-)Aufgabe. »›Ich bin, aber ich habe mich nicht‹, charakterisiert die menschliche Situation in ihrem leiblichen Dasein«, so Plessner (1964: 49). Das bedeutet: Ich bin zwar mein biologischer Körper (Skelett, Muskulatur, Organe, Hormone, Sinnesapparat etc.), aber weil ich erst lernen muss, meinen Körper zu beherrschen und zu kontrollieren, habe ich ihn nicht per se. Meine körperliche Existenz ist mir zwar als Zustand gegeben, gegenständlich wird sie mir aber erst durch die sozialisatorische Aneignung kulturspezifischer Körpertechniken:

»Mit dieser Doppelrolle [Körpersein und Körperhaben; R.G.] muss sich jeder vom Tage seiner Geburt an abfinden. Jedes Lernen zu greifen und die Sehdistanzen den Greifleistungen anzupassen, zu stehen, zu laufen usw. vollzieht sich auf Grund und im Rahmen dieser Doppelrolle. Der Rahmen wird nie gesprengt. Ein Mensch *ist* immer zugleich Leib (Kopf, Rumpf, Extremitäten mit allem, was darin ist) – auch wenn er von seiner irgendwie ›darin‹ seienden Seele überzeugt ist – und *hat* diesen Leib als diesen Körper« (Plessner 1982: 238; Herv. im Orig.).[10]

Der Mensch kann es sich also nicht aussuchen, mal den einen, mal den anderen Aspekt zu leben. Körpersein und Körperhaben sind ihm ein unaufhebbarer Doppelaspekt seiner menschlichen Existenz, eine Einheit in der Zweiheit. Der Mensch lebt in jedem Moment seines Daseins in dieser Zweiheit des Körpers. Er muss unaufhörlich eine Balance herstellen zwischen dem Sein im Körper und dem Haben des Körpers (vgl. Honneth/Joas 1980: 76).[11]

Plessners Unterscheidung zwischen Körpersein und Körperhaben ist für die Soziologie des Körpers bedeutsam, weil sie eine anthropologische Begründung für die *Verschränkung von natürlichem und kulturell geprägtem Körper* liefert. Die Frage nach dem Verhältnis von Natur und Kultur nimmt innerhalb der Soziologie des Körpers einen wichtigen Platz ein. Mit Plessner lässt sich zeigen, dass der Mensch als körperliches Wesen in beide Bereiche fällt: Der Mensch ist *Natur*wesen, insofern er sein (biologischer) Körper *ist*, und er ist *Kultur*wesen, insofern er (qua Sozialisation) seinen Körper *hat*. In dem Sinne lautet auch das »erste anthropologische Gesetz«, dass der Mensch »von Natur, aus Gründen seiner Existenzform, künstlich« (Plessner 1975: 310) und Kultur die »zweite Natur« des Menschen ist (ebd.: 311). Sinngleich spricht Arnold Gehlen davon, dass der Mensch »biologisch zur Naturbeherrschung gezwungen ist« (Gehlen 1993b: 48), womit auch der »Leib [als] die Natur, die wir selbst sind« (Böhme 1992), gemeint ist. Der Mensch hat, wie schon Johann G. Herder sagte, im Unterschied zum Tier keine Erbmotorik, sondern eine Erwerbsmotorik (vgl. Weiß 1990: 39), was bedeutet, dass der Mensch die Beherrschung seines Körpers erlernen muss. Die Aneignung des eigenen Körpers ist ein biologisch bedingtes Erfordernis, zugleich jedoch offen für kultur- und gesellschaftsspezifische Varianten.

Der eigene Körper ist damit der erste Kulturgegenstand jedes Menschen, und die ersten Kulturtechniken, die Menschen entwickeln, sind Körpertechniken. Zugleich ist und bleibt jeder Mensch immer auch Körpernatur. Geburt, Altern, Tod, Hunger, Durst, Schlafen oder Sexualität sind Merkmale der menschlichen Natur. Aufgabe der Soziologie des Körpers ist es, zu beschreiben und zu erklären, *wie* diese natürlichen Seiten des Menschseins kulturspezifisch gelebt werden, *wie* Gesellschaften mit ihnen umgehen und *wie* sie sich historisch wandeln.

2. Soziologische Mühen mit dem Leibbegriff

Anknüpfend an Plessner lässt sich der Körper zum einen als sicht- und tastbarer, also äußerlich wahrnehmbarer Körper beschreiben, der aktiv (willentlich oder unwillentlich) eingesetzt und letztlich wie jedes x-beliebige Ding behandelt werden kann; der Körper als

Körperding entspricht Plessners Verständnis vom Körperhaben. Zum anderen meint Körper im Sinne von Körpersein die nichtsichtbare Materialität des Körpers, das Körperinnere. Beides zusammen dürfte dem in der Soziologie vorherrschenden Körperverständnis entsprechen.

Die deutsche Sprache weist nun allerdings die Besonderheit auf, dass sie neben dem Wort Körper auch noch den Ausdruck *Leib* kennt. Auf den ersten Blick könnte man meinen, dass beide Wörter das Gleiche bedeuten.[12] So werden auch in der deutschsprachigen Soziologie Körper und Leib gern synonym verwendet. In anderen Sprachen, denen ein Äquivalent zum Leibbegriff fehlt, zum Beispiel dem Englischen und Französischen, ist jedoch zu beobachten, dass in Abgrenzung zu »body« vom »lived body« und »body-subject« oder in Abgrenzung zu »corps« von »corps-propre« oder »chair« gesprochen wird. Allein diese Umschreibungen im Englischen oder Französischen für das, was im Deutschen Leib heißt (häufig wird ohnehin das deutsche Wort genutzt), deuten darauf hin, dass mit diesem Ausdruck etwas bezeichnet ist, das sich von dem, was Körper genannt wird, unterscheidet. Und in der Tat bedeuten Körper und Leib auch nicht dasselbe, weshalb man es vermeiden sollte, sie als Synonyme zu verwenden. Vielmehr tut man gut daran, das analytische Potenzial beider Begriffe zu nutzen. So meint auch Bernhard Waldenfels: Die »Ausdrücke ›Leib‹ und ›Körper‹ bilden ein sprachliches Kapital, das man nicht einfach verschleudern sollte, indem man vom ›Körper‹ spricht, wenn man den ›Leib‹ meint« (Waldenfels 2000: 15). Die Soziologie aber, und zwar auch die Soziologie des Körpers, verschleudert dieses Kapital im Großen und Ganzen – von einer Soziologie des Leibes ist bezeichnenderweise nahezu nirgends die Rede. Woher aber rührt die distanzierte Haltung der (Körper-)Soziologie gegenüber dem Leibbegriff? Genau genommen muss das nämlich verwundern.

Betrachtet man die Etymologie der beiden Wörter Leib und Körper, stellt man fest, dass ›Leib‹ das deutlich ältere Wort ist[13] (vgl. dazu Gahlings 2006a: 21ff.). Berücksichtigt man des Weiteren, dass mit ›Leib‹ der lebendige Körper und mit ›Körper‹ der *corpus* im Sinne des toten oder dinghaften Körpers gemeint ist, die Soziologie sich aber überwiegend mit lebenden menschlichen Körpern beschäftigt, liegt es ebenfalls auf der Hand, den Leibbegriff ernst zu nehmen, wenn nicht gar Vorrang gegenüber dem Körperbegriff einzuräumen. Die Soziologie aber tut so, als sei es hinreichend, allein vom Körper zu sprechen. Dass die zumeist Plessner zugeschriebene Unterscheidung von Leibsein und Körperhaben durchaus geläufig ist, ändert nichts an dem Sachverhalt, dass in der Soziologie kaum ernsthaft mit der Unterscheidung von Leib und Körper gearbeitet wird.[14] Woran das genau liegt, ist schwer zu sagen. Drei Gründe für die soziologische Prüderie gegenüber dem Leibbegriff deuten sich gleichwohl an.

Zum einen könnte es die deutsche Herkunft des Leibbegriffs sein, die manche Soziologin, manchen Soziologen dazu veranlasst, auf ihn zu verzichten, da ›deutsch‹ häufig mit ›national‹ beziehungsweise ›nationalsozialistisch‹ gleichgesetzt wird. Weil Hitler und die Nationalsozialisten den Leibbegriff benutzt haben, ist der Ausdruck Leib politisch diskriminiert und folglich soziologisch stigmatisiert. Zweitens wird der Leibbegriff in der Soziologie, insbesondere in der sozialkonstruktivistisch geprägten Soziologie, häufig aufgrund seines Substanzialismusverdachts abgelehnt. Die Rede vom Leib weise demnach essenzialistische Züge auf, höre sich also so an, als gäbe es eine feststehende Substanz oder ein unveränderliches Wesen des Leibes (vgl. Kuhlmann 2004: 74). Drittens wird mitunter gesagt, dass mit dem in Abgrenzung zum Körperbegriff eingeführten Leibbegriff der cartesianische Dualismus reproduziert werde. Wer zwischen Leib und Körper differenziere, nähme eine ontologische Trennung vor, die gleichbedeutend mit der cartesianischen Trennung von *res cogitans* und *res extensa* sei. Da gerade die Körpersoziologie angetreten ist, zumindest in ihren programmatischen Texten, den cartesianischen Dualismus zu überwinden, gilt es als geradezu widersinnig, nun mit dem Leib-Körper-Dualismus zu hantieren.

Gegen diese Kritik am Leibbegriff lassen sich folgende Argumente anführen. Erstens ist es fragwürdig, ob eine Wissenschaftsdisziplin auf einen Begriff verzichten sollte, weil dieser von einer politischen Partei ideologisch ge- beziehungsweise missbraucht wurde. Das käme nicht nur einer Kapitulation vor dieser Ideologie gleich, sondern auch einer Öffnung wissenschaftsexterner Belange für die Klärung der Brauchbarkeit wissenschaftlicher Begriffe. Zweitens ist ebenfalls der Substanzialismusvorwurf zurückzuweisen. Sollte es wirklich strittig sein, dass Menschen zu allen Zeiten und in allen Kulturen leibliche Regungen wie Hunger, Durst,

Angst, Schmerz oder Wut hatten beziehungsweise haben? Wer möchte leugnen, dass Menschen leibliche Befindenszustände wie Müdigkeit, Magenweh, Aufregung, Erregung oder Unsicherheit kennen, und zwar unabhängig ihrer soziohistorischen Zugehörigkeit? Wann, wie, wo, wer, warum solche leiblichen Regungen verspürt, ist selbstverständlich eine empirisch offene und soziologisch relevante Frage. Aber dass es solche Arten leiblichen Befindens gibt, ist wohl kaum anzuzweifeln. Mit anderen Worten: Der Leib ist – wie auch der Körper – *zugleich Natur und Kultur*. Dazu ein paar Anmerkungen im Anschluss an die Leibphänomenologie des Kieler Philosophen Hermann Schmitz (geb. 1928).

Schmitz definiert den Leib als eine *räumliche Struktur*, die er in Gestalt eines Kategoriensystems differenziert ausgearbeitet hat (vgl. Schmitz 1965: 73-172). Als grundlegendes leibliches Kategorienpaar bezeichnet er den Gegensatz von *Enge und Weite*[15] – zum Menschsein gehören leibliche Regungen, die sich eng oder weit anfühlen. Unabhängig von Kultur und Epoche fühlt sich zum Beispiel der Schreck eng an und nicht weit, wie sich auch Hunger eng und nicht weit anfühlt. Dagegen fühlt sich das gemütliche Dösen in der Sonne weit und nicht eng an. Auch andere räumliche Strukturmerkmale des Leibes wie die leibliche Dynamik, die zu- und abnehmende Intensität leiblicher Regungen oder das »protopathische« (z.B. ein diffuser, dumpfer Schmerz) beziehungsweise »epikritische« (bspw. ein punktueller, spitzer Schmerz) Empfinden sind universell vorfindbare Phänomene (vgl. Schmitz 1985: 2011). Die räumliche Struktur und Dynamik des Leibes ist somit Teil der Natur des Menschen.

Zugleich ist der Leib, worauf Schmitz in seiner Anthropologie allerdings nicht eingeht, immer auch Teil der Kultur. Denn *dass* der eigene Leib in seiner räumlichen Struktur erfahrbar ist, besagt nicht, *wie* er individuell und situativ erfahren wird. Wann jemand wie, wo und warum zum Beispiel ein Enge- oder Weitegefühl spürt, ist in der Struktur des Leibes nicht angelegt. Ob eine gespürte Weite die subjektive Bedeutung Eindösen, Entspannung, Trance, Einssein mit der Natur oder mit Geistern hat, variiert nach Biographie, Milieu, Gesellschaft, Kultur, Epoche. Der Leib ist eben beides: Aufgrund seiner räumlichen Struktur ist er ein Naturphänomen, aufgrund seiner je spezifischen Form ein Kulturphänomen (vgl. Lindemann 1996: 173f.).

Schließlich überzeugt auch die dritte Kritik am Leibbegriff nicht, wonach dieser dazu beitrage, den cartesianischen Dualismus zu reproduzieren. Dem Cartesianismus zufolge handelt es sich bei Seele oder Geist einerseits, Körper andererseits um ontologisch getrennte Substanzen, die in einem Herr-Knecht-Verhältnis zueinander stehen: Die Seele beziehungsweise der Geist beherrscht den Körper. Bei Leib und Körper hingegen handelt es sich um phänomenologisch unterscheidbare Aspekte des Menschseins. Leib und Körper stellen keinen Dualismus dar, sondern eine *Dualität* (in dem Sinne, wie Anthony Giddens [1992] von der Dualität von Struktur und Handeln spricht): Leib und Körper durchdringen sich wechselseitig, solange der Mensch lebt. Erst wenn der Mensch tot ist, ist er nur noch Körper und nicht mehr Leib. Im lebendigen Dasein jedoch sind der passiv wahrgenommene[16] Leib und der aktiv tätige Körper ineinander verschränkt: Das leibliche Spüren beeinflusst das körperliche Tun und umgekehrt (siehe dazu 3.). Die Unterscheidung zwischen Leib und Körper ist somit eine rein analytische Trennung, die hilft, die damit bezeichneten Phänomenbereiche begrifflich genauer zu fassen.

Welchen soziologischen Gewinn verspricht nun aber der Leibbegriff?[17] Einen ersten Gewinn kann man darin sehen, dass der Fokus auf die Leiblichkeit des Menschen in empirischer Hinsicht das *thematische Spektrum* der Soziologie erweitert. Eine Soziologie des Leibes oder gar eine »Soziologie am Leitfaden des Leibes« (Gugutzer 2010; 2012: 8ff.) gibt es nur in Ansätzen, etwa als Soziologie der Sinne oder als Soziologie der Gefühle. Sinne und Gefühle sind jedoch nicht dasselbe wie das Sich-Spüren in Situationen der Angst, Trauer, Müdigkeit, Scham, in Situationen des Wohlbefindens und Begehrens oder von Atmosphären. Hier liegt ein weites empirisches Feld brach, das insbesondere für *zivilisationskritische* Analysen moderner Disziplinierungs- und Rationalisierungsprozesse, Kontroll- und Machtmechanismen genutzt werden kann. Die »Mikrophysik der Macht«, um es mit Foucault zu sagen (siehe Kap. IV/2), schreibt sich nicht so sehr in den Körper ein, als vielmehr in den Leib. In diesem Sinne lassen sich zum Beispiel als »neoliberale Regierungstechnologien« (vgl. Foucault 1987, 2005) bezeichnete Körper- und Selbstpraktiken (vgl. Duttweiler 2004, 2007) als zivilisationskritische Praktiken der leiblichen Selbstsorge interpretieren (vgl. Gugutzer/Duttweiler 2012)[18].

Atem- und Achtsamkeitsübungen, Tai Chi oder Wellness werten die Leiblichkeit auf und gehen in Distanz zur vorherrschenden instrumentellen Körperpraxis.

Des Weiteren eignet der Leibbegriff für eine *selbstkritische Lesart* vorliegender theoretisch-begrifflicher Konzepte der Körpersoziologie. Eine leibphänomenologische Perspektive hilft, gängige soziologische Topoi auf ihre begriffliche Schärfe hin zu befragen. So selbstverständliche körpersoziologische Formulierungen wie »Diskurse formen Körper«, »Wissen wird inkorporiert«, »die Klassenstruktur prägt den Körperhabitus« oder der Körper ist ein »Speicher des Sozialen« (vgl. dazu die Kapitel IV/3 und IV/4) lassen sich leibphänomenologisch präzisieren oder relativieren. Schließlich erscheint der Leibbegriff als unabdingbare begriffliche Voraussetzung für die Realisierung des Vorhabens, über die Soziologie des Körpers hinaus eine *verkörperte Soziologie* (vgl. Lindemann 2005; Gugutzer 2012) zu entwerfen, eine Soziologie, die soziales Handeln und soziale Ordnung auf der Grundlage von Leib und Körper konzipiert (siehe dazu Kap. VII).

3. ›Verkörperung‹ als Verschränkung von Leib und Körper

Nach dem bisher Gesagten müsste deutlich geworden sein, dass es gute Gründe gibt, an der begrifflichen Differenzierung von Leib und Körper festzuhalten und sie soziologisch zu nutzen. Zugleich gilt es immer auch zu bedenken, dass es sich hier um eine analytische Trennung handelt, die im realen Lebensvollzug des Menschen nicht oder nur in (z.B. pathologischen) Ausnahmefällen vorliegt. Daher ist es Aufgabe der Soziologie, über die *Verschränkung* von Leib und Körper nachzudenken. Bevor hier einige diesbezügliche Überlegungen angestellt werden, sollen zunächst einige grundlegende Unterscheidungsmerkmale von Leib und Körper zusammengefasst werden.

Wie erwähnt, ist (1) mit *Leib* immer der lebendige Körper gemeint, während *Körper* auch unbelebt sein können. Ein toter Körper kann nicht mehr leiblich wahrnehmen, er ist nur noch Körper, ein Körperding wie andere Dinge auch. (2) Alles *Leibliche* ist immer etwas Subjektives, alles *Körperliche* auch etwas Objektives. Der eigene Leib ist mit Schmitz gesprochen eine »subjektive

Tatsache« (vgl. Schmitz 1968: 95-108), während der eigene Körper zugleich eine »objektive Tatsache« ist. Er ist das etwa in der Hinsicht, dass bei der Geburt eines Menschen ein Körper auf die Welt kommt, der bestimmte objektive Merkmale wie Kopf, Arme, Beine etc. aufweist, oder bei einem medizinischen Eingriff, wo mein Armbruch auf dieselbe unpersönliche Weise operiert wird wie jeder andere Armbruch auch. Ob mir mein Armbruch weh tut oder nicht, ist hingegen rein subjektiv wie auch die Tatsache, dass niemand meinen Schmerz empfinden und ihn mir nehmen kann. Damit ist auch gesagt, dass (3) der *Körper* ein von außen wahrnehmbares Objekt ist, der *Leib* hingegen nur von innen wahrgenommen werden kann. Der Körper ist das von außen sicht- und tastbare Objekt, ein Ding, das nicht nur von mir, sondern auch von anderen gehabt wird, während der Leib immer mein leibliches Befinden ist, mein mich Spüren. Mit Schmitz (1965: 6f.) weist (4) alles *Körperliche* zudem eine »relative Örtlichkeit« auf, alles Leibliche hingegen eine »absolute Örtlichkeit«, was bedeutet, dass es ohne räumliche Orientierung identifizierbar ist. In einer Begrüßungssituation beispielsweise begegnen sich zwei Körper, die in einer bestimmten Lage- und Abstandsbeziehung (»relativ örtlich«) zueinander stehen. Das Schütteln der Hände, die Umarmung oder der Kuss auf den Mund, das sind Körper, die sich mehr oder weniger nahe kommen. Das Kribbeln im Bauch, der schneller schlagende Puls, der Kloß im Hals oder die empfundene Freude, das sind eigenleibliche Regungen, die an konkret lokalisierbaren Regionen (»absolut örtlich«) des Körpers – von Schmitz (1966: 12ff.) »Leibesinseln« genannt – gespürt werden. (5) Schließlich kennzeichnet den *Körper* seine »teilbare« Ausgedehntheit, im Unterschied zu allem *Leiblichen,* das »unteilbar« ausgedehnt ist (Schmitz 1965: 40ff.). Hände, Arme, Beine oder der Rumpf lassen sich in mehrere Teile zerlegen, bei leiblich-affektiven Regungen wie Angst, Freude, Hunger oder Lust ist dies nicht möglich. Eine halbe Angst, zwei Drittel Freuden, drei Viertel Hunger etc. gibt es nicht.

Wie ist nun aber die Verschränkung von Leib und Körper vorstellbar? Wie geht sie vonstatten? (Vgl. zum Folgenden Gugutzer 2012: 49-52)

Gesa Lindemann zufolge kommt es zu einer Verschränkung von Leib und Körper, insofern das Leibsein durch das Körperhaben geformt wird (siehe dazu auch Kap. V/4.1). Leib und Körper stehen in einem »Verhältnis wechselseitigen Bedeutens« (Lindemann 1996: 166ff.), wobei der Körper eine »normierende Funktion« für den Leib hat (ebd.: 172): Der Körper ist ein »Gefühls- und Verhaltensprogramm«, das festlegt, »wie der körperliche Leib zu spüren ist« (Lindemann 1993a: 59f.). Körper beziehungsweise Körperhaben versteht Lindemann dabei als das kulturell geprägte Wissen vom Körper, und dieses *Körperwissen* prägt die eigenleibliche Erfahrung. Wie ich mich spüre, gibt mir das Wissen vor, das ich vom Körper habe. In modernen Gesellschaften ist es vor allem (natur-)wissenschaftliches, und hierbei wiederum besonders medizinisches Wissen, das unsere Leiberfahrungen prägt. Weil ich weiß, dass ich einen hohen Cholesterinwert habe, schmeckt mir fettiges Essen nicht mehr, habe ich Schuldgefühle, wenn ich doch welches esse, oder steigt meine Lust auf fettiges Essen, gerade weil ich es nicht zu mir nehmen sollte. Gleichermaßen können natürlich auch religiöse Deutungsmuster oder Alltagstheorien (»Du sollst nicht mit nassen Haaren in die Kälte rausgehen!«) das eigenleibliche Spüren beeinflussen (Anzeichen eines Schnupfens etc.).

Die Verschränkung von Leib und Körper kann also einmal wissensvermittelt vonstattengehen, sie kann zum anderen aber auch unabhängig von einem spezifischen Wissen in der konkreten Bewegung, genauer in der *Eigenbewegung* beziehungsweise im *Sich-Bewegen* erfolgen (vgl. Böhme 2003: 294).[19] Im Sich-Bewegen ist der spürbare und spürende Leib mit dem aktiv einsetzbaren Körper verflochten. Oder wie Böhme sagt: »Sich-Bewegen heißt für uns, die wir uns am Leib spüren, in der Welt als Körper zu agieren« (ebd.: 292). Böhme zufolge ist die Integration von Leib und Körper keineswegs selbstverständlich, vielmehr ist sie eher ein »Problem« (ebd.: 294) oder zumindest eine Aufgabe, die es in der je situativen Praxis zu lösen gilt. Der Aufgabencharakter resultiert daraus, dass der menschliche Körper Teil der Natur und daher Naturgesetzen wie der Schwerkraft oder der Mechanik unterworfen ist. Um die Naturgesetzlichkeit des Körpers in den Griff zu bekommen und zum Beispiel eine so einfache körperliche Tätigkeit wie das Gehen erfolgreich auszuüben, bedarf es nach Böhme eines »leitenden Spürens in den Gliedern« (ebd.: 296).

Erfordert bereits das gewöhnliche Gehen eines Hineinspürens in die körperlichen Bewegungen, so gilt erst recht für komplexe

Bewegungshandlungen wie die Ausführung eines Freistoßes im Fußball oder das Spielen eines Musikinstruments, dass sie weder unbewusst noch durch ein Zuviel an Bewusstsein gelingen werden, sondern viel eher durch eine spürende Anleitung der Körperbewegungen. Ungestört, ›erfolgreich‹ sich zu bewegen, bedeutet die grundlegende »Aufgabe, das Körperding, das wir auch sind, unter Leitung unseres leiblichen Spürens in Bewegung zu setzen« (ebd.: 294). Sich den situativen Anforderungen entsprechend zu bewegen, impliziert mit anderen Worten, »durch leibliches Spüren körperliche Bewegungen zu formieren« (ebd.: 297).

Nach Böhme ist es also das leibliche Spüren, das körperliche Bewegungen formiert, nach Lindemann ist es körperbezogenes Wissen, das leibliche Erfahrungen prägt. Oder noch kürzer: Böhme zufolge formt der Leib den Körper, Lindemann zufolge der Körper den Leib. Beides trifft zu. Und für beide Sichtweisen gilt: Die Verschränkung von Leib und Körper erfolgt vermittelt und in Form kulturspezifischer »Techniken des Körpers« (Mauss 1975), die in Sozialisations- und Enkulturationsprozessen gelernt und angeeignet werden. In der körperlichen Praxis sind Leib und Körper eins.

III. Von der »absent presence« zum »body turn« in der Soziologie

Die soziologische Beschäftigung mit dem menschlichen Körper brauchte einen gewissen Anlauf, um das gegenwärtige Ausmaß und Niveau zu erreichen. In der Gründungsphase der akademischen Soziologie Ende des 19., Anfang des 20. Jahrhunderts war der Körper kein sonderlich beachtetes Thema. Dafür gibt es historisch-gesellschaftliche und disziplinspezifische Gründe, die am Beispiel einiger Klassiker der Soziologie erläutert werden sollen (1.1). Nichtsdestotrotz finden sich auch in den Werken der soziologischen Klassiker einige »Körperspuren« (Bette 1989), von denen manche bis in die Gegenwart reichen. Eine umfassende und systematische Auseinandersetzung mit dem Körper in der Soziologie setzte jedoch erst vor circa drei Jahrzehnten ein. Der zweite Abschnitt wird die wichtigsten gesellschaftlichen und wissenschaftsinternen Gründe benennen, die das neu erwachte Interesse der Soziologie am Körper geweckt und damit den *body turn* eingeleitet haben (1.2).

1. Die »absent presence« des Körpers bei den Klassikern der Soziologie

1.1 Gründe für die Abwesenheit des Körpers …

Die Soziologie ist als akademische Disziplin im 19. Jahrhundert in Westeuropa entstanden. Dieser spezifische historisch-kulturelle Kontext ist entscheidend dafür verantwortlich, dass die Soziologie als mehr oder weniger ›körperloses‹ Projekt begann. Die Fragen, mit denen sich die ›Gründerväter‹ der Soziologie auseinandersetzten, waren Ausdruck der Zeit, in der sie lebten, und in dieser hatte der menschliche Körper bei weitem nicht den gesellschaftlichen Stellenwert, den er zu Beginn des 21. Jahrhunderts hat.

Die vorherrschenden Themen in der Zeit vom Ende des 18. bis Ende des 19. Jahrhunderts ergaben sich aufgrund gewaltiger sozialstruktureller, ökonomischer, technologischer und politischer Umbrüche. Nach der Französischen Revolution im 18. Jahrhundert war der wichtigste Motor für diesen epochalen Wandel im

19. Jahrhundert die industrielle Revolution. Die Begründer der Soziologie – Auguste Comte, Émile Durkheim, Herbert Spencer, Karl Marx, Vilfredo Pareto, Ferdinand Tönnies, Georg Simmel und Max Weber – beschäftigten sich, wenngleich auf zum Teil sehr unterschiedliche Weise, allesamt mit dieser »Zäsur welthistorischen Ausmaßes« (Berger 1988: 227). Ihr gemeinsames zentrales Thema war der Übergang von der vormodernen Ständegesellschaft zur modernen Industriegesellschaft. Ihre Fragen zielten besonders auf den historischen Entstehungsprozess der kapitalistischen Gesellschaft, deren Struktur und Funktionsweise, etwa im Vergleich mit traditionalen Gesellschaften, und darauf, wie in der modernen Gesellschaft soziale Ordnung, Integration und Wandel möglich sind. Ihr Interesse galt den sozialen Kräften und Folgen dieser »welthistorischen Zäsur«, wie zum Beispiel der gesellschaftlichen Arbeitsteilung, der zunehmenden Verstädterung, dem Säkularisierungs- und Rationalisierungsprozess, der Nationalstaatenbildung, der Genese von Klassengegensätzen oder der so genannten »sozialen Frage«. Das heißt, die Soziologen des 19. Jahrhunderts befassten sich vorzugsweise, wenngleich nicht ausschließlich – etwa Marx in seinen Frühschriften oder Weber in seiner verstehenden Soziologie – mit makrosoziologischen, gesamtgesellschaftliche Wandlungsprozesse betreffenden Fragestellungen. Eine systematische Auseinandersetzung mit der historischen Evolution des menschlichen Körpers fand in der Soziologie dieser Zeit dagegen nicht statt.[20]

Zwar interessierten sich die Klassiker der Soziologie für das Verhältnis von Gesellschaft und Individuum, doch fokussierten sie hierbei primär die Gesellschaft als soziales System. Gesellschaft galt es, dem Diktum Durkheims (1858-1917) folgend, durch Soziales und nicht durch Psychologisches oder Biologisches zu erklären. Die Körper der Menschen, die in einer Gesellschaft zusammenlebten, spielten als Erklärung für gesellschaftliche Ordnung letztlich keine Rolle. Der menschliche Körper wurde als ein vorsoziales, natürliches Phänomen betrachtet, das außerhalb der Gesellschaft steht (vgl. Shilling 1993: 25). Hinzu kam, dass aufgrund der Entwicklung einer neuen, kapitalistischen Wirtschaftsordnung Soziologen wie Marx, Pareto oder Weber für ihre Gesellschaftsanalysen vorzugsweise einen ökonomischen Rahmen wählten (vgl. Turner 1991: 7). Die ökonomische Einbettung der

Gesellschaftsanalyse wiederum war für die Soziologie in der Hinsicht bedeutsam, dass sie den Menschen als einen rational und nutzenorientiert handelnden Akteur verstand. Diese rationalistische Tendenz spiegelt sich beispielsweise in den für die Soziologie grundlegenden Typen sozialen Handelns von Max Weber (1864-1920) wider (vgl. Weber 1980: 12f.). Wenngleich Weber in seiner idealtypischen Unterscheidung neben dem zweck- und wertrationalen das affektuelle und traditionale Handeln herausgearbeitet hatte, dominierte letztlich in seinen wie auch in den Untersuchungen seiner Zeitgenossen die Konzeption eines rational handelnden Akteurs. Ergänzt wurde dieses vorherrschende Verständnis sozialen Handelns lediglich um den Aspekt, dass soziales Handeln ein an Normen orientiertes Handeln ist (vgl. Joas 1992: 15). Dass soziales Handeln aufgrund der physischen Existenz des Menschen immer auch ein körperliches Handeln ist, wurde von den Klassikern überwiegend nicht gesehen. Der Körper galt ihnen als unwesentlicher Aspekt sozialen Handelns, als »a passive container which acted as a shell to the active mind (which was identified as distinguishing humans from animals)« (Shilling 1993: 26).

In dieser Konzeption eines rational und normorientiert handelnden, ›körperlosen‹ Individuums spiegelt sich der die Moderne prägende Dualismus von Körper und Geist wider. Die Überwindung dieser Trennung zwischen Körper und Geist, die üblicherweise mit dem Namen des Begründers der neuzeitlichen Philosophie, René Descartes (1596-1650), in Verbindung gebracht wird, war zentrales Motiv für das Aufkommen der Soziologie des Körpers im letzten Viertel des 20. Jahrhunderts.

In Webers Unterscheidung zwischen Handeln und Verhalten kommt der cartesianische Dualismus ebenfalls zum Ausdruck (vgl. Turner 1996: 61f.). Handeln ist nach Weber ein Tun, mit dem Menschen einen subjektiven Sinn verbinden, während Verhalten das bloße Agieren von Körpern meint. Für die Soziologie, und zwar nicht nur für die interpretative Soziologie, wurde im Anschluss an Weber ›Sinn‹ zu einem der wichtigsten Grundbegriffe. Sinn, so das Verständnis der Klassiker, wohnt jedoch nicht dem Körper beziehungsweise dem körperlichen Verhalten inne, sondern ist ein Produkt des Geistes. Für diese Auffassung spielte das zu dieser Zeit vorherrschende biologistische Körperverständnis eine wichtige Rolle. Der menschliche Körper wurde als ein außergesellschaftliches, zur Natur gehörendes Phänomen betrachtet, das entsprechend in den Zuständigkeitsbereich der Naturwissenschaften fiel. Die Soziologie, die sich als Wissenschaft von der Gesellschaft gerade erst etabliert hatte, grenzte sich explizit von der Biologie (wie auch von der Psychologie) ab. »Thus, when Weber defined the basic types of social action, there was little room for the biological conditions of action or for the idea of the ›lived body‹« (Turner 1991: 7).

Chris Shilling zufolge hatte das Ignorieren der gesellschaftlichen Bedeutung des biologischen Körpers und leiblicher Erfahrungen methodologische Konsequenzen. Die methodologischen Ansätze der Soziologie im 19. und Anfang des 20. Jahrhunderts legten großen Wert auf abstrakte kognitive Forschung, die den Eindruck erweckte, dass Forschung außerhalb oder vollkommen getrennt vom Körper funktioniere.

»For example, Durkheim argued that it was the open and empty mind of the professional sociologist, rid of bodily impurities such as emotional prejudices, which was able to apprehend the reality of social facts. Conceptual thought was provided by society, and concepts were defined in opposition to ›sensations‹ which were organically based in the body. Not only did this emphasis tend to relegate the role of bodily experiences in the accumulation of knowledge, it also threw into doubt the validity of lay actors' knowledge precisely because it was likely to be infected by corporeal existence« (Shilling 1993: 26).

Shilling nennt einen weiteren möglichen Grund, weshalb die Gründerväter der Soziologie den Körper so stark vernachlässigt hatten. Womöglich habe dies schlicht damit zu tun gehabt, so Shilling, dass sie Männer waren (vgl. auch Frank 1991: 41). Es waren eben Gründerväter und nicht Gründermütter, die die Soziologie aus der Taufe hoben. Shilling will damit nicht sagen, dass Erkenntnisdrang und Wissen allein auf Erfahrungen zurückzuführen seien, die im körperlichen Geschlecht wurzeln. Gleichwohl sei von einem Zusammenhang zwischen wissenschaftlichem Interesse und Geschlecht auszugehen.

»The sociologies of the ›founding fathers‹ were profoundly influenced by the intersection of their personal biographies with the social issues dominating the societies in which they lived, and if they had been faced at first hand with the corporeal dangers associated with being a woman at the point in history it is arguable that their writings may have been concerned to a much greater degree with such features of embodiment« (Shilling 1993: 27).

1.2 ... und Spuren seiner ›heimlichen‹ Anwesenheit

Durch das bisher Gesagte sollte nachvollziehbar sein, weshalb der Körper in den Arbeiten der soziologischen Klassiker keinen entscheidenden Platz einnahm und sie weit davon entfernt waren, eine Soziologie des Körpers zu entwickeln. Dennoch wäre es falsch zu sagen, sie hätten den Körper gänzlich ignoriert. Die Formulierung von Shilling, der Körper weise bei den Klassikern der Soziologie eine »absent presence« auf (ebd.: 19), trifft den Sachverhalt wohl am besten: Der Körper war *abwesend* in der Hinsicht, dass die klassische Soziologie der Verkörperung sozialer Akteure und sozialer Ordnung keinen systematischen Platz in ihren Untersuchungen einräumte und den Körper nicht als ein soziologisches Forschungsobjekt sui generis behandelte. Andererseits aber ist der Körper durchaus bei einigen Klassikern implizit *anwesend*, etwa als Bezugspunkt für die Analyse der modernen Gesellschaft. Und bei einigen ist er sogar explizit anwesend, zum Beispiel in biologistischen Gesellschaftstheorien. Daher ist es zutreffender zu sagen, der Körper habe innerhalb der Soziologie und Sozialtheorie eine *versteckte Geschichte*, und nicht, er habe keine Geschichte. Begibt man sich auf Spurensuche, kann man zum Beispiel in den Arbeiten von Spencer, Marx, Weber, Durkheim, Simmel, Schütz, Parsons oder Mead sehr wohl auf den Körper stoßen. Dabei sind es mindestens sechs unterschiedliche Körperverständnisse, die sich in den Arbeiten dieser Klassiker wiederfinden: Körper verstanden als Organismus, Natur, Bedürfnisse, Emotionen, Sinne, Leib.

Die soziologische Bühne betrat der Körper zuerst im Sinne des menschlichen *Organismus*. Der wichtigste Autor hierfür ist *Herbert Spencer* (1820-1903). Spencer hatte in seinen soziologischen Hauptwerken – »The Study of Sociology« (1874) und »Principles of Sociology« (1882-1898) – den Versuch unternommen, die Soziologie als Wissenschaft von der Gesellschaft auf der Biologie als Wissenschaft des Lebens aufzubauen. Wie Paul Kellermann sagt, war für Spencer »der Mensch Endproblem der Biologie und zugleich Anfang der Soziologie« (Kellermann 1976: 172). Von der biologischen Verfasstheit des Menschen ausgehend entwarf Spencer eine Gesellschaftstheorie, die Gesellschaft nach denselben formalen Prinzipien organisiert und sich entwickelnd versteht wie den menschlichen Organismus. Um Gesellschaftsanalyse betreiben zu können, sei daher auch biologisches Wissen notwendig.

> »Erstens setzt, da alle gesellschaftlichen Handlungen durch die Handlungen von Individuen bestimmt werden, und alle Handlungen von Individuen vitale Handlungen sind, welche mit den Gesetzen des Lebens im Allgemeinen im Einklang stehen, eine rationale Erklärung gesellschaftlicher Handlungen Kenntnisse der Lebensgesetze voraus. Zweitens bietet eine Gesellschaft als ein Ganzes, ohne Rücksicht auf die lebenden Einheiten derselben betrachtet, Erscheinungen des Wachstums, der Struktur und Funktion gleich denen des Wachstums, der Struktur und Funktion in einem individuellen Körper dar, und letztere sind notwendig Schlüssel zu ersteren« (Spencer 1996: 162f.).

Der biologische Organismus dient Spencer sowohl als Erklärung als auch als Modell für Gesellschaft: Zum einen betrachtet er Gesellschaft als Resultat »vitaler«, das heißt körperlicher Handlungen. Die ungleiche gesellschaftliche Stellung von Frauen und Männern beispielsweise ist für ihn im biologischen Körper von Frauen und Männern angelegt und deshalb auch gerechtfertigt.[21] Zum anderen konzipiert er den Aufbau und die Entwicklung von Gesellschaften analog dem biologischen Organismus. Letzteres kommt am sichtbarsten in Spencers Formel[22] vom »survival of the fittest« zum Ausdruck. Gemäß diesem aus der Biologie stammenden Ansatz entspricht es der Natur der gesellschaftlichen Evolution (weil es der Natur der biologischen Evolution entspricht), dass sich innerhalb einer Gesellschaft die Besten und Stärksten durchsetzen und die höchsten sozialen Positionen einnehmen. Vor dem Hintergrund dieser biologistischen Gesellschaftstheorie vertrat Spencer die Ansicht, dass Menschen in den natürlichen Ablauf gesellschaftlicher Entwicklung so wenig wie möglich eingreifen sollten, weshalb er die zu seiner Zeit gerade aufkommende Sozialstaatlichkeit im Interesse des Manchester-Kapitalismus bekämpfte (vgl. Kellermann 1976: 182).

Spencers Begriff des biologischen Organismus wie auch dessen Anwendung der biologischen Evolutionstheorie auf die Evolution von Gesellschaften findet sich in der Systemtheorie von *Talcott Parsons* (1902-1979) wieder. Im Rahmen seiner »General Theory of Action« (Parsons/Shils 1951) differenziert Parsons Systeme nach unterschiedlichen Stufen der Evolution. Die unterste Ebene der Systembildung stellen physikalisch-chemische Systeme dar; darüber bauen, hierarchisch angeordnet, biologische Systeme, Handlungssysteme und telische Systeme auf. Soziologisch relevant, so Parsons, sind letztlich Handlungssysteme. Auf der Grundlage seiner kybernetischen Systemtheorie unterscheidet Parsons innerhalb eines Handlungssystems zwischen kulturellem, sozialem, Persönlichkeits- und Verhaltenssystem. Jedes dieser Subsysteme muss – gemäß des so genannten AGIL-Schemas[23] – für den Aufbau und Bestand von Handlungssystemen eine bestimmte Funktion erfüllen. Dem Verhaltenssystem kommt Parsons zufolge die Funktion der Anpassung an die physische Umwelt zu (vgl. Parsons 1975, 1976). Das Verhaltenssystem bezeichnet er auch als biologischen Organismus, meint damit allerdings nicht den Körper eines konkreten Individuums. Das Verhaltenssystem beziehungsweise der biologische Organismus ist ein Subsystem des Handlungssystems und kein real existierender Mensch aus Fleisch und Blut. Aus diesem Grund lässt sich sagen, dass

> »despite or perhaps because of his abiding interest in biology, Parsons' treatment of the organism and its relationship to the other components of his general action system, provides an inadequate basis from which to develop a truly sociological approach to human embodiment« (Williams/Bendelow 1998: 16).

Mit Spencer und Parsons teilt *George Herbert Mead* (1863-1931) die evolutionstheoretische Annahme, dass Organismen sich an ihre Umwelt anpassen müssen, um zu überleben. Während sich sein Organismus-Verständnis von Parsons jedoch radikal unterscheidet, hat er mit Spencer die Vorstellung gemein, dass der handelnde, physiologische Organismus Ausgangspunkt von Gesellschaft ist. So spricht Mead zum Beispiel davon, dass die

»physiologischen Grundlagen des gesellschaftlichen Verhaltens – die ihren letzten Sitz im untersten Teil des Zentralnervensystems haben – [...] eben deshalb Grundlagen solchen Verhaltens [sind], weil sie in sich selbst auch gesellschaftlicher Natur sind; das heißt, weil sie aus Impulsen, Instinkten oder Verhaltenstendenzen des jeweiligen Individuums bestehen, die es ohne Hilfe eines oder mehrerer anderer Individuen nicht durchführen, nicht offen ausdrücken oder befriedigen kann. [...] Beispiele für die fundamentalen gesellschaftlichen Beziehungen, zu denen diese physiologischen Grundlagen des gesellschaftlichen Handelns führen, sind die zwischen den Geschlechtern (die den Fortpflanzungstrieb ausdrücken), zwischen Eltern und Kindern (die den Elterninstinkt ausdrücken) und zwischen den Nachbarn (Ausdruck des Herdeninstinkts)« (Mead 1988: 181, Fn. 2a).

Es sind gesellschaftlich vermittelte Triebe, Impulse und Instinkte, die Mead als Basis von Sozialität bezeichnet. An anderer Stelle spricht er von der »Sensitivität«, von dem sinnlichen Wahrnehmungs- und Empfindungsvermögen des Menschen, aufgrund dessen dieser allererst einen Bezug zu seiner physischen Umwelt herstellen kann. Man kann Mead hier als einen Vorläufer des Konstruktivismus bezeichnen, wenn er sagt:

»Unsere Umwelt existiert in gewissem Sinn als Hypothese. ›Die Mauer steht dort‹, heißt: ›Wir haben bestimmte visuelle Erfahrungen, die uns auf bestimmte Kontakte der Härte, Rauheit und Kühle verweisen.‹ Alles, was um uns existiert, existiert für uns auf diese hypothetische Weise« (ebd.: 293).

Die individuelle Aneignung der Umwelt erfolgt über körperlichen Kontakt und sinnliche Erfahrungen, was auch für soziale Gruppen und Gemeinschaften gilt: »Die Gemeinschaft schafft sich ihre Umwelt, indem sie ihr gegenüber empfindlich ist« (ebd.: 297). Eine gesellschaftliche Bedeutung weist Mead dem Körper – immer im Sinne des physiologischen Organismus – ebenfalls im Hinblick auf die Entstehung symbolisch vermittelter Interaktion zu, da er hierfür die Kommunikation mittels nonverbaler Gesten als grundlegend ansieht (siehe dazu auch Kap. V/3). Damit impliziert Mead ein bestimmtes Verständnis der ontogenetischen Entwicklung menschlicher Handlungsfähigkeit. So meint Michael

Meuser: »Wenn Sozialität nicht erst mit symbolisch vermittelter Interaktion einsetzt, sondern bereits mit der Kommunikation von Gesten gegeben ist, dann basiert die Handlungsfähigkeit des Menschen ontogenetisch in der Interaktion der Körper« (Meuser 2002: 26).

Den Körper im Sinne der *Natur* des Menschen findet man in den Schriften von *Karl Marx* (1818-1883). Marx' historisch-materialistische Gesellschaftstheorie fußt unter anderem auf einer Anthropologie, die er in Anlehnung an Ludwig Feuerbach entwickelt hatte. Feuerbach zufolge ist der Mensch zuallererst ein sinnliches und physiologisches Wesen mit spezifischen materiellen Bedürfnissen. Dadurch, dass der Mensch seine materiellen Bedürfnisse zu befriedigen sucht, ist er selbst Schöpfer seiner Geschichte. Marx historisierte Feuerbachs Auffassung vom Wesen des Menschen, indem er ihn als ein von Natur aus vergesellschaftetes Wesen, als »ensemble der gesellschaftlichen Verhältnisse« versteht (Marx in Marx/Engels Werke 3: 6). Das Wesen des Menschen besteht für Marx darin, dass der Mensch aufgrund seiner biologisch-organischen Ausstattung ein bestimmtes Verhältnis zur Natur hat. Verglichen mit dem Tier ist der Mensch relativ instinktungebunden, was bedeutet, dass er sich sein existenzielles Überleben erarbeiten muss. Der Mensch muss seine Lebensmittel selbst produzieren, um überleben zu können. »Indem die Menschen ihre Lebensmittel produzieren, produzieren sie indirekt ihr materielles Leben selbst« (Marx/Engels in Marx/Engels Werke 3: 20). In Marx' materialistischer Gesellschaftstheorie ist der Mensch mit seinen basalen körperlich-sinnlichen Bedürfnissen Motor gesellschaftlicher Entwicklung, Subjekt der Geschichte. Damit Menschen »Geschichte machen« können, müssen sie leben.

»Zum Leben aber gehört vor allem Essen und Trinken, Wohnung, Kleidung und noch einiges Andere. Die erste geschichtliche Tat ist also die Erzeugung der Mittel zur Befriedigung dieser Bedürfnisse, die Produktion des materiellen Lebens selbst, und zwar ist dies eine geschichtliche Tat, eine Grundbedingung aller Geschichte [...]« (ebd.: 28).

Für die Produktion der Lebensmittel wiederum ist Marx zufolge Arbeit notwendig. Menschen arbeiten körperlich. Und: Sie arbeiten nicht allein, sondern in sozialen und strukturellen Zusammenhängen. In diesem Sinne meint Arbeit bei Marx zum einen die Aneignung oder Umgestaltung von Natur, mittels derer die Produktion von Lebensmitteln erfolgt; zum anderen einen gesellschaftlichen Prozess, nämlich die Art und Weise des Zusammenwirkens in der Produktion. Vor dem Hintergrund dieser Grundbedingungen menschlicher Existenz betrachtet Marx Gesellschaften als je historisch gegebene Variation aus menschlicher Naturaneignung (= Produktivkräfte) und gesellschaftlicher Zusammenarbeit (= Produktionsverhältnisse). Kapitalistische Gesellschaften unterteilen sich dabei in Produktionsmittel besitzende (Kapitalisten) und nicht-besitzende (Proletarier) soziale Klassen.

Zeigte Marx vor allem, inwiefern die Natur des Menschen die Möglichkeitsbedingung von gesellschaftlicher Entwicklung und Geschichte ist, so hat *Friedrich Engels* (1820-1895) zudem auf die körperlichen Kosten der kapitalistischen Gesellschaft hingewiesen. In seiner Studie »Die Lage der arbeitenden Klasse in England« (1845) beschreibt Engels detailliert die körperlichen Schäden von Männern, Frauen und Kindern der Arbeiterklasse, die diese in Folge ihrer Arbeitsbedingungen erlitten hatten. Zusammenfassend meint Engels hierzu:

> »Eine schöne Reihe Krankheiten, bloß durch scheußliche Geldgier der Bourgeoisie erzeugt! Weiber zum Gebären unfähig gemacht, Kinder verkrüppelt, Männer geschwächt, Glieder zerquetscht, ganze Generationen verdorben, mit Schwäche und Siechtum infiziert, bloß um der Bourgeoisie die Beutel zu füllen« (Engels in Marx/Engels Werke 2: 388).

Auch *Émile Durkheim* versteht den Körper in erster Linie als biologische Natur. Anknüpfend an Platon und Kant vertritt Durkheim in seinen religionssoziologischen Schriften ein Menschenbild, das durch den Dualismus von Körper und Seele gekennzeichnet ist. Zum Menschsein gehören beide Seiten, Körper und Seele, die zwar eindeutig voneinander getrennt, dennoch aber miteinander verbunden sind. Den Dualismus von Körper und Seele setzt Durkheim mit der Trennung von Natur und Gesellschaft (sowie von Profanem und Heiligem, vgl. Durkheim 1994: 356) gleich: »Dieser Dualismus entspricht zusammenfassend der doppelten Existenz, die wir gleichzeitig führen: die eine, rein individuell, hat ihre Wurzeln in unserem Organismus, die andere, soziale, ist nichts anderes als die Verlängerung der Gesellschaft« (Durkheim 1969: 189). Durkheim hat für diese »doppelte Existenz«, die der Mensch führt, den Ausdruck »homo duplex« geprägt (ebd.: 181). Interessant ist hierbei Durkheims Gleichsetzung des Körpers mit biologischem Organismus und Individualität einerseits, der Seele mit Gesellschaft andererseits. Anders als bei Kant ist es Durkheim zufolge der Körper mit seinen *Sinnen und Bedürfnissen*, der den Menschen individualisiert, das heißt, zu einer einzigartigen Person macht, wohingegen die zur Seele gehörende Vernunft den Menschen vergesellschaftet: »[...] die Vernunft ist das, was in uns am unpersönlichsten ist. Denn die Vernunft ist nicht meine Vernunft; sie ist die menschliche Vernunft im Allgemeinen« (Durkheim 1994: 367). Der Körper ist das Individuelle am Menschen, die Seele das Soziale. Der Körper als biologischer Organismus ist Teil der Natur, die Seele Speicher der Gesellschaft (ihrer Kategorien, Ideen, Vorstellungen etc.). Die ›Funktion‹ der Seele besteht darin, den Menschen von seinen körperlichen Bedürfnissen zu emanzipieren, indem sie diese kontrolliert: »Die Leidenschaft individualisiert, aber sie unterjocht uns auch. Unsere Gefühle sind wesentlich individuell; aber wir sind umso mehr Person, je mehr wir uns von den Sinnen befreit haben, je mehr wir nach Begriffen denken und handeln« (ebd.: 369). Anknüpfend an Sigmund Freud prophezeite Durkheim, dass der Konflikt dieser beiden Seiten des Menschseins im Zuge voranschreitender Modernisierung eher zu- als abnehmen werde: »[T]he rationalist Enlightenment project, in short, will never achieve total control over the ›extra-rational‹ senses and sensualities of embodied human beings« (Williams/Bendelow 1998: 14).

Wie bei Durkheim sind es auch bei *Max Weber* insbesondere die religionssoziologischen Schriften, in denen man auf der Suche nach dem Körper, hier im Sinne *körperlicher Bedürfnisse und Affekte*, fündig wird. So zeigte Weber beispielsweise in seiner Studie »Die protestantische Ethik und der Geist des Kapitalismus« (Weber 1988a), dass für die Herausbildung des westlich-modernen Kapitalismus eine protestantisch geprägte, asketische Lebensführung eine entscheidende Rolle spielte. Webers Argumentation ist folgende: Dem Protestantismus, und vor allem der so genannten »Prädestinationslehre« von Johannes Calvin zufolge ist das Schicksal jedes Menschen von der Gnade Gottes abhängig. Ob jemand verdammt oder zur Seligkeit bestimmt ist, kann kein Mensch wissen.

Aus dieser Ungewissheit resultiert für den Gläubigen die Angst, Gottes Gnade nicht zuteil zu werden und das ewige Heil nicht zu erlangen. Um in diesem Zustand der Ungewissheit Halt zu finden, sucht der Protestant nach Zeichen, an denen er zu erkennen hofft, welches Schicksal Gott für ihn vorgesehen hat. Das eindeutigste Zeichen hierfür ist dem Protestantismus zufolge der berufliche Erfolg. Nur wer Erfolg im Beruf hat, führt ein gottgefälliges Leben und kann so hoffen, auserwählt zu sein. Berufsarbeit ist in diesem Sinne Gottes-Dienst.

Nach Weber hat die protestantische Ethik einen solch bedeutenden Einfluss auf die Entwicklung des Kapitalismus gehabt, weil die mit ihr verbundene Askese die Tendenz aufweist, das Leben insgesamt zu rationalisieren. Der Calvinismus ermahnt die Menschen nämlich nicht nur zu harter beruflicher Arbeit, sondern generell zu einer methodischen, rational durchgeplanten Lebensführung. Da der Calvinist im Unterschied zum Katholiken nicht die Möglichkeit hat, durch Buße und Beichte einzelne Sünden zu ›begleichen‹, muss er sein gesamtes Leben dem asketisch-rationalen Ideal unterordnen. Er muss ein untadeliges, systematisches und selbstbeherrschtes Leben führen, um sündenfrei zu bleiben, Gottes Ruhm auf Erden zu mehren und so – obwohl er dafür eigentlich gar nichts *tun* kann – seiner Gnade zuteil zu werden. Wesentlicher Bestandteil dieser asketisch-rationalen Lebensführung ist dabei die Domestizierung und Kontrolle der eigenen Bedürfnisse und Triebe: »Vernichtung der Unbefangenheit des triebhaften Lebensgenusses« (ebd.: 117), »Kampf gegen Fleischeslust« (ebd.: 190) und »gegen rein triebhafte Habgier« (ebd.: 191) sind Ausdruck der Rationalisierung der asketisch-methodischen Lebensführung.

Für die Entwicklung des modernen Kapitalismus war der Transfer von der protestantischen Berufsethik in eine generell asketisch-rationale Lebensführung der Menschen entscheidend. Zur vollen Entfaltung des Kapitalismus kommt es nämlich erst dann, wenn das Leben insgesamt einer zweckrationalen, nutzenmaximierenden Idee verpflichtet ist, die auf körperliche Bedürfnisse keine Rücksicht nimmt. Rationalisierung ist, wie Weber gezeigt hat, ein fundamentales Prinzip kapitalistischer Gesellschaften, das sich in allen gesellschaftlichen Teilbereichen wiederfindet und bis in die intimsten Sphären, wie etwa der Sexualität (vgl. Weber 1988b: 556ff.), erstreckt. Mit Foucault gesprochen, wirkt die gesellschaftliche Rationalisierung wie eine »Bio-Macht«, die den Körper bis ins Kleinste diszipliniert (vgl. hierzu Kap. IV/2). Und ganz im Sinne Webers meint Foucault: »Diese Bio-Macht war gewiss ein unerlässliches Element bei der Entwicklung des Kapitalismus« (Foucault 1977: 168).[24]

Georg Simmel (1858-1918) wiederum hat vor allem in seinen Essays und Exkursen die soziologische Relevanz von *Emotionen* – wie Scham, Dankbarkeit (Simmel 1983b) oder Liebe (Simmel 1983a) – und *Sinnen* (Simmel 1992b) aufgezeigt. Für die Soziologie des Körpers ist dabei vor allem sein »Exkurs über die Soziologie der Sinne« (1992b) interessant. Simmel, der Gesellschaft als »Wechselbeziehung« oder »Wechselwirkung« von Individuen versteht, zeigt hier nämlich, dass für das soziale Zusammenleben der Menschen deren wechselseitige sinnliche Wahrnehmung Grundvoraussetzung ist. Eine herausragende Bedeutung kommt dabei dem Auge zu:

»Unter den einzelnen Sinnesorganen ist das Auge auf eine völlig einzigartige soziologische Leistung angelegt: auf die Verknüpfung und Wechselwirkung der Individuen, die in dem gegenseitigen Sich-Anblicken liegt. Vielleicht ist dies die unmittelbarste und reinste Wechselbeziehung, die überhaupt besteht« (ebd.: 723).

Die soziale Bedeutung des Auges sieht Simmel besonders darin, dass es in sozialen Interaktionen in der Regel zuerst das Gesicht des anderen wahrnimmt, und das Gesicht der symbolische Ausdruck der Lebensgeschichte und damit der Individualität dieses Menschen ist. Aus dem Grund bewirkt das Gesicht,

»dass der Mensch schon aus seinem Anblick, nicht erst aus seinem Handeln verstanden wird. Das Gesicht, als Ausdrucksorgan betrachtet, ist sozusagen ganz theoretisches Wissen, es *handelt* nicht, wie die Hand, der Fuß, wie der ganze Körper; [...] sondern es *erzählt* nur von ihm [dem Menschen; R.G.]« (ebd.: 725; Herv. im Orig.).

Verglichen mit dem Auge geht in der modernen Gesellschaft, besonders in deren Großstädten, Simmel zufolge die soziale Bedeutung des Ohrs – »das schlechthin egoistische Organ«, da es nur nimmt, aber nicht gibt (ebd.: 730) – und vor allem des Geruchssinns zurück. Wir interagieren primär visuell, vergemeinschaften uns schon seltener übers Hören und noch viel weniger übers Riechen. Im Zuge fortschreitender Zivilisierung und Individualisierung sieht Simmel insgesamt einen Rückgang der sinnlichen Wahrnehmungsschärfe: unsere Sinne verkümmern zusehends. Zugleich steige aber auch die »Lust- und Unlustbetonung« der Sinne des modernen Menschen: wir werden immer empfindlicher, sensibler und halten vieles von dem nicht mehr aus, »was undifferenziertere, robustere Empfindungsweisen ohne irgendeine Reaktion dieser Art hinnehmen« (ebd.: 734). Elias spricht in diesem Zusammenhang vom Anstieg der Scham- und Peinlichkeitsschwellen im Zuge des Zivilisationsprozesses (vgl. Kap. IV/1), mit Simmel könnte man sinngleich vom Anstieg der Sinnesschwellen sprechen.

Alfred Schütz (1899-1959) schließlich hat in seiner Grundlegung einer phänomenologischen Soziologie ansatzweise die Bedeutung des *Leibes* für die Konstitution von Sinn, Handeln und Intersubjektivität untersucht. So hat er in seinem posthum veröffentlichten Frühwerk »Theorie der Lebensformen« (Schütz 1981) zum einen die Funktion des Leibes als »Mittler zwischen dem der reinen Dauer verhafteten Ich und der [...] Außenwelt« hervorgehoben, zum anderen die Bedeutung des Leibes als »Werkzeug oder Träger des handelnden Ich« betont (ebd.: 92; siehe auch Meuser 2006: 98f.). Zusätzlich zu dieser Funktion, als Medium zwischen Ich und Welt sowie als Fundament und Instrument des Handelns zu wirken, sieht Schütz die besondere soziologische Stellung des Leibes darin, dass dieser die Grundlage subjektiven Erlebens – jedes Erleben ist leiblich – ist, da das subjektive Erleben wiederum die Grundlage für die mundane Konstitution von Sinn und Handeln ist. In seinen späteren Arbeiten hat Schütz diese Aspekte der leiblichen Konstituierung von Erleben, Sinn und Handeln jedoch nicht weiter verfolgt (vgl. Abraham 2002: 57).[25]

Stattdessen hat Schütz zum Beispiel in seinem Hauptwerk »Der sinnhafte Aufbau der sozialen Welt« (Schütz 1960) darauf hingewiesen, dass der *sichtbare Körper* als »Ausdrucksfeld« beziehungsweise als »Ausdrucksbewegung« und »Ausdruckshandlung« eine wichtige Funktion für das »Fremdverstehen übernimmt (vgl. ebd.: §§ 23-36). Da *ego* nicht in den Kopf von *alter* hineinschauen und somit den Handlungssinn von diesem nie wirklich erfassen kann, bleibt *ego* lediglich die Möglichkeit, den subjektiv gemeinten Handlungssinn von *alter* aufgrund der sichtbaren Zeichen, die dieser mit seinen körperlichen Gesten, seiner Mimik, Körperhaltung etc. präsentiert, deutend zu erschließen. Als Ausdrucksfeld ist der Körper damit ein Interpretationsgegenstand wie jedes andere Zeichensystem auch, mehr oder anderes jedoch nicht.

In den »Strukturen der Lebenswelt« (Schütz/Luckmann 2003) wiederum behandelt Schütz den Körper als einen fraglos gegebenen Teil der »Lebenswelt«. Zum einen ist Schütz zufolge der Leib das natürliche Medium, mittels dessen der Mensch in den Wirklichkeitsbereich der alltäglichen Lebenswelt »eingreifen und die er verändern kann« (ebd.: 29), zum anderen ist die körperliche Existenz anderer Menschen eine Selbstverständlichkeit, wobei die anderen Menschen »nicht nur leiblich« gegeben sind »wie andere Gegenstände und unter anderen Gegenständen, sondern als mit Bewusstsein begabt, das im Wesentlichen dem meinen gleich ist« (ebd.: 30). Hierauf aufbauend betont Schütz einmal die handlungsorientierende und -begrenzende Funktion des Leibes (vgl. ebd.: 69ff.), sodann dessen Verhältnis zum lebensweltlichen »Wissensvorrat«. So gehört beispielsweise zu den »›Selbstverständlichkeiten‹ des Wissensvorrats« das »gewohnheitsmäßige Funktionieren« des Körpers (ebd.: 151). Darüber hinaus ist der Körper Teil des impliziten »Routinewissens« (ebd.: 156ff.) wie auch eines expliziten (z.B. medizinischen) Wissens vom Körper (vgl. dazu Keller/Meuser 2011b; Knoblauch 2005). Der Leib ist damit einerseits eine universelle Grunderfahrung, die fraglos gegeben ist und daher nicht thematisch und versprachlicht wird, solange er sich nicht aus seinem hintergründigen Dasein ins Bewusstsein vordrängt (etwa im Schmerz). Andererseits sind Leib und Körper kulturrelative Wissensobjekte, die kulturspezifisches körperliches Handeln anleiten.

Die Spurenlese bei einigen der Klassikern der Soziologie hat gezeigt, dass in deren Arbeiten durchaus Elemente einer Soziologie des Körpers zu finden sind. Die versteckte Geschichte des Körpers in ihren Schriften bietet daher manche Anknüpfungspunkte für eine zeitgemäße Soziologie des Körpers. In diesem Sinne plädieren in jüngster Zeit vermehrt Soziologinnen und Soziologen dafür, die Klassiker neu, nämlich durch eine ›Körper-Brille‹ zu lesen. Dazu zählt beispielsweise Chris Shilling, der inzwischen eine ausformulierte Sozialtheorie des Körpers auf der Grundlage der Werke von Marx, Durkheim, Simmel und Elias vorgelegt hat (vgl. Shilling 2001, 2003, 2004).

2. Der »body turn« in der Soziologie

Sieht man von den körpersoziologischen Fragmenten ab, die sich in einigen Schriften der Klassiker der Soziologie finden, und klammert man die Arbeiten von Elias (1976a, 1976b) zur Zivilisierung des Körpers, von Mauss (1975) zu kulturspezifischen Techniken des Körpers oder von Robert Hertz (1960) über die rechte Hand – die beiden letzteren sind allerdings eher der Kulturanthropologie denn der Soziologie zuzuordnen – aus, dann ist festzuhalten, dass die Mainstream-Soziologie dem menschlichen Körper noch bis ins letzte Drittel des 20. Jahrhunderts wenig Aufmerksamkeit schenkte. Hinweise auf die Notwendigkeit einer Soziologie des Körpers finden sich zwar bereits in der ersten Hälfte der 1960er Jahre, so etwa in einem Artikel von Dennis Wrong (1961) oder bei Peter L. Berger und Thomas Luckmann in ihrem 1966 erschienenen Buch »Die gesellschaftliche Konstruktion der Wirklichkeit« (Berger/Luckmann 1969: 193). Doch der eigentliche *body turn* in der Soziologie erfolgte erst in den 1970er und 80er Jahren. Bevor ich auf diese soziologieinterne Entwicklung näher eingehe, möchte ich zunächst ihren gesellschaftlich-kulturellen sowie geistes- und kulturwissenschaftlichen Kontext skizzieren.

2.1 Gesellschaftlicher und kultureller Hintergrund

So wie bei den soziologischen Klassikern der gesellschaftlich-kulturelle Kontext entscheidend dafür war, dass diese sich in ihren Arbeiten kaum mit dem menschlichen Körper auseinandersetzten, so ist umgekehrt das neu erwachte Interesse von Soziologinnen und Soziologen am Körper ebenfalls Ausdruck der Zeit (gewesen), in der sie leb(t)en. Kennzeichnend für die vergangenen drei bis vier Jahrzehnte ist, dass der menschliche Körper immer stärker in den Mittelpunkt gesellschaftlicher und individueller Aufmerksamkeit gerückt ist. Hierfür spielten verschiedene gesellschaftliche und kulturelle Entwicklungen eine unterschiedlich gewichtige Rolle. Zwölf von ihnen seien stichpunktartig und ohne Anspruch auf Vollständigkeit genannt (vgl. zu dem Folgenden Frank 1991: 36ff.; Meuser 1997: 3f.; Shilling 1993: 1ff. und 29ff.; Turner 1991: 18ff. und 1996: 2ff. und 14ff.). Einschränkend ist hierbei anzumerken, dass die meisten dieser Veränderungen vorrangig in Gesellschaften des so genannten westlichen Kulturkreises zu beobachten waren oder/und sind, weniger bis gar nicht dagegen in anderen Kulturen. Das Projekt »Soziologie des Körpers« spiegelt dies wider, existiert es doch nahezu ausschließlich in Ländern des westlichen Kulturkreises.

(1) Der Übergang von der modernen Industriegesellschaft zur *postindustriellen oder postmodernen Gesellschaft* hat im Erwerbssektor eine Verlagerung von vorrangig körperlicher Arbeit zu vermehrter ›Kopfarbeit‹ mit sich gebracht. Mit der quantitativen und qualitativen Zunahme wissensbasierter Tätigkeitsformen und Dienstleistungsberufe (vgl. Willke 1998) ging die körperliche Beanspruchung durch Berufsarbeit zurück. Wir leben in einer ›sitzenden‹ und primär intellektuell tätigen Gesellschaft, die den Körper in der Arbeitswelt zunehmend still stellt. Im Gegensatz dazu hat sich im Zuge der Postindustrialisierung der Bereich der Freizeit nicht nur deutlich ausgeweitet, sondern überdies den Körper in seiner individuellen und kollektiven Bedeutung stark aufgewertet. Wir arbeiten immer weniger, haben immer mehr Freizeit und nutzen diese für eine intensive Beschäftigung mit unserem Körper. Der Freizeitbereich hält dazu ein vielfältiges, für alle Alters-, Einkommens- und Bildungsgruppen passendes Angebot bereit.

(2) Postindustrielle Gesellschaften weisen in der Regel einen relativ hohen materiellen Wohlstand auf. Aufgrund des gestiegenen Wohlstands und der Ausweitung des Freizeitbereichs haben Fragen des Konsums und Lebensstils deutlich an Bedeutung gewonnen. Wir leben in einer *Konsumkultur*, deren zentrale Aufmerksamkeit dem Körper gilt (vgl. Falk 1994; Featherstone 1982). Der Körperboom der vergangenen Jahre richtet sich auf den jungen, schlanken, schönen, fitten, gesunden Körper, den es zu hegen und zu pflegen, zu trainieren, zu formen, zu ästhetisieren und zu dekorieren gilt. Hierzu haben sich ganze Industriezweige entwickelt, die von dem Verkauf der dafür notwendigen (oder auch nicht notwendigen) Produkte prächtig leben. Der eigene Kör-

per ist für immer mehr Menschen zum bevorzugten Mittel der Selbstdarstellung und Selbstinszenierung geworden. Parallel hierzu schritt die Kommerzialisierung des (vor allem sexuellen und erotischen) Körpers in Werbung, Theater, der Film-, Musik- und Videobranche weiter voran. Die zunehmende gesellschaftliche Akzeptanz von Pornographie ist hierfür ein augenfälliges Beispiel (vgl. Lewandowski 2012).

(3) Eine wichtige Rolle für die Ausweitung der Konsumkultur spielen die *Massenmedien*. Insbesondere das Fernsehen lebt von Körperbildern. Das gilt, wie gesagt, besonders für den erotischen und sexuellen Körper. Die diversen, vorzugsweise nachmittäglichen Talkshows ergänzen diese Bilder durch die Verbalisierung sexueller Vorlieben und anderer intimer Praktiken. Den Beteiligten bieten sie eine Bühne zur Darstellung höchst privater und emotionaler Befindlichkeiten, die – vermeintlich gegenläufig zu Elias' Zivilisationstheorie – weder bei ihnen Scham- noch bei den Zuschauern Peinlichkeitsgefühle auszulösen scheinen. Zu den von den Massenmedien gern gezeigten Körperbildern zählen außerdem Sport- und Gewaltkörper. Sportberichterstattungen haben höchste Einschaltquoten, und Gewaltdarstellungen üben eine Faszination aus, dessen Sog sich viele nur schwer entziehen können. Das gilt nicht nur für fiktionale Gewalt in Spielfilmformat, sondern auch für reale Gewalt wie etwa Bilder von Ausschreitungen bei politischen Demonstrationen, terroristischen Anschlägen oder kriegerischen Aktionen. Nicht nur *sex sells*, auch *crime and violence sell*.

(4) In engem Zusammenhang mit der Konsumkultur und den Massenmedien steht die Aufwertung der *Populärkultur*. Die soziale Anerkennung und Wertschätzung von Phänomenen und Personen aus dem Feld der populären Kultur unterscheidet sich vielfach kaum mehr beziehungsweise übertrifft sogar jene aus der so genannten Hochkultur. Das beste Beispiel hierfür ist vielleicht der Sport. Ob Sport überhaupt Kultur sei, ist eine Frage, die noch bis in die 1980er Jahre gestellt und sehr oft mit ›Nein‹ beantwortet wurde (vgl. Hitzler 1991a). Ein sich bewegender, trainierender und vor allem schwitzender Körper habe nichts mit Kultur zu tun, denn Kultur, so das elitäre, bürgerliche Kulturverständnis, sei etwas rein Geistiges. Diese Auffassung findet sich heute immer seltener. Sport als popkulturelles gesellschaftliches Phänomen (vgl.

Alkemeyer/Schmidt 2003; Schmidt 2002; Schwier 2000) ist sozial legitimiert, was etwa daran erkennbar ist, dass Sportarten wie Boxen, Fußball oder Formel Eins beliebte Gesprächsthemen in allen Bildungsschichten sind. Darüber hinaus ist Sport generell ein stark prosperierendes soziales Teilsystem, wofür am deutlichsten wohl der Boom von Trendsportarten wie Inlineskating, Beachvolleyball, Snowboarding, Mountainbiking, Surfen oder Skateboarding spricht (vgl. Gugutzer 2004). Ein charakteristisches Merkmal von solchen Trendsportarten ist, dass sie mehr als Sport, nämlich Lebensstil sind, zu dem die entsprechende Kleidung, Musik und der ›richtige‹ körperliche Habitus und ›Style‹ gehören (vgl. Gebauer et al. 2004).

(5) Die bisher genannten Entwicklungen sind eingebettet in einen umfassenden kulturellen *Wertewandel*. Ronald Inglehart zufolge kam es in der zweiten Hälfte des 20. Jahrhunderts in den westlich-modernen Gesellschaften zu einer »silent revolution« im Sinne einer Substitution von materialistischen durch postmaterialistische Wertvorstellungen (vgl. Inglehart 1977). Ingleharts These, materialistische Werte seien durch postmaterialistische ersetzt worden, ist sicherlich zu stark, zeigt aber eine wichtige Tendenz des Wertewandels an. Helmut Klages hat Ingleharts These ergänzt und spricht von einem mehrdimensionalen Wertewandel, der sich durch eine Verlagerung von Pflicht- und Gehorsamswerten zu Werten wie Autonomie und Selbstverwirklichung, von Disziplin- und Opferbereitschaft zu hedonistischen Werten, von extrinsisch-materiellen (Einkommen, Karriere) zu intrinsisch-immateriellen (Leistungslust, Spaß) auszeichne (vgl. Klages 1985). Der Körper ist zentraler Fokus dieses Wandels von protestantisch-asketischen zu postmodernen Werten wie Genuss, Lust, Spaß, Spannung, Erlebnis und Identität (vgl. hierzu auch Schulze 1992).

(6) Von diesem Wertewandel beeinflusst, ihn aber auch selbst prägend, ist der gesellschaftliche *Individualisierungsprozess*. Die subjektiven Folgen des im zweiten Drittel des vergangenen Jahrhunderts einsetzenden Individualisierungsprozesses sind durchaus ambivalent: Dem Freiheitsgewinn steht der Zwang zu Entscheidungen gegenüber, den vielen Optionen die Gefahr, sie nicht oder falsch zu nutzen, der gewonnenen Autonomie die rein individuelle Verantwortung für das eigene Leben (vgl. Beck/Beck-Gernsheim 1994). Mit der Erosion vorgegebener Sinn-, Deutungs- und

Biographiemuster muss sich jeder selbstverantwortlich um Sinn, Halt und Orientierung im eigenen Leben kümmern. Der Körper eignet hierfür offensichtlich besonders gut. Der eigene Körper ist immer da, auf ihn kann unmittelbar zugegriffen werden, mit und aus ihm können spür- und sichtbare Wirkungen erzielt, Sicherheit her- und Identität dargestellt werden (vgl. Bette 1989). Der individualisierte Körper erscheint so vielen als Hoffnungsträger par excellence, um die Chancen einer individualisierten und pluralisierten Lebensführung nutzen und deren Risiken meiden oder bewältigen zu können.

(7) Ein Ausdruck des kulturellen Wertewandels seit den 1960er Jahren ist das Aufkommen zahlreicher sozialer Bewegungen. Neben der Ökologie- und der Schwulenbewegung ist die für den Körperdiskurs bedeutsamste die *Frauenbewegung*. Die Frauenbewegung brachte das Thema der sozialen Ungleichheit und Unterdrückung von Frauen auf die politische Agenda. Zentrales Ziel der Frauenbewegung und des Feminismus war und ist die Durchsetzung des Rechts von Frauen auf ihren Körper. Dieses politische Bestreben, den weiblichen Körper der männlichen Kontrolle und Macht zu entziehen, zeigte sich am deutlichsten in den Diskussionen über Abtreibung, in denen die Frauenbewegung das Recht der Frau einforderte, selbst über einen Schwangerschaftsabbruch entscheiden zu können. Zum Kontext dieser Debatten gehörte unter anderem die Einführung der Antibabypille, mit der sich für Frauen die Angst vor ungewollten Schwangerschaften reduzierte, was wiederum von Bedeutung für eine selbstgewählte partnerschaftliche Sexualität war. Nicht nur in dieser Hinsicht waren Frauen und die Frauenbewegung sowohl Ausdruck wie auch Motor eines Wandels im Verhältnis der Geschlechter. Die Frauenemanzipation war und ist ein politisches Programm, das die Gleichberechtigung von Frauen im öffentlichen Leben wie auch im Privatbereich einfordert. Damit hat sich aber auch das Leben von Männern verändert. Oft genug hinken Männer dem erreichten Emanzipationsstand von Frauen hinterher und fragen sich irritiert, was es heutzutage heißt, ein Mann zu sein (vgl. Connell 1999). Das seit einigen Jahren beobachtbare Aufkommen einer Männerbewegung sowie einer Männerforschung kann als eine Folge der Frauenbewegung und des Feminismus gesehen werden, genauso wie Diskussionen darüber, ob Männer, wie Meuser (ironisch) fragt, nun auch einen

Körper bekommen (vgl. Meuser 2003; siehe auch Meuser 2007; vgl. dazu Gugutzer 2014).

(8) Das *Altern der Bevölkerung* in den postindustriellen Gesellschaften ist eine weitere Entwicklung, die zur verstärkten Thematisierung des Körpers beigetragen hat (vgl. Zeitschrift für Gerontologie + Geriatrie 2008). Mit diesem demographischen Wandel sind vor allem sozialpolitische, ökonomische und medizinische Konsequenzen verbunden. Die Körper älterer und alter Menschen haben andere Bedürfnisse, Wünsche und Krankheiten als jüngere. Das Renten- und Gesundheitssystem wie auch die medizinischen Versorgungs- und Pflegeeinrichtungen müssen auf die erhöhte Lebenserwartung von immer mehr Menschen reagieren. Zugleich sind alte Menschen ein wichtiger ökonomischer Faktor geworden, den zum Beispiel die Freizeit- und Tourismusbranche zu nutzen weiß. Sie bieten die entsprechenden Produkte und Dienstleistungen, um bis ins hohe Alter jung zu bleiben oder zumindest dieses Gefühl des Jungseins zu bewahren (vgl. Featherstone/Hepworth 1991).

(9) Gesundheits- und sozialpolitische Folgen haben sich auch aufgrund spezifischer *Zivilisationskrankheiten* ergeben (vgl. Freund 1982). Die Lebensumstände in postindustriellen Gesellschaften bringen bestimmte körperliche, seelische und psychosomatische Krankheiten fast zwangsläufig mit sich. Allergien, Herzinfarkte, Stress, Depressionen oder Ess-Störungen (vgl. dazu Gugutzer 2005) sind nur einige Beispiele hierfür, auf die das medizinische und psychotherapeutische System zu reagieren hat. Auf der Ebene der Individuen hat die Zunahme solcher und ähnlicher Krankheiten ein verstärktes Interesse am Thema Gesundheit mit sich gebracht (vgl. bereits Rittner 1982). Auf seine Gesundheit zu achten mit Hilfe von Bewegung, Sport, Fitness, Wellness und richtiger Ernährung scheint inzwischen gar zu einem kategorischen Imperativ geworden zu sein (vgl. Hoefert/Klotter 2013). Ganz andere Folgen hatte hingegen das Mitte der 1980er Jahre ›entdeckte‹ Aids-Virus. Aids hatte nicht nur Konsequenzen für das Sexualverhalten von Menschen, die zu den so genannten ›Risikogruppen‹ gehören, sondern hat über diese Personengruppen hinaus zu einer breiten reflexiven Auseinandersetzung mit Sexualität und Sexualpraktiken, aber auch mit sozialer Stigmatisierung und Diskriminierung geführt.

(10) Eine wichtige Rolle dafür, dass die öffentliche Aufmerksamkeit dem Körper gegenüber zugenommen hat, haben in den vergangenen Jahren die Fortschritte in der *Reproduktions- und Biotechnologie* gespielt. Künstliche Befruchtung, Präimplantationsdiagnostik, Stammzellentherapie, Organtransplantation, Klonen oder auch Doping haben intensive und kontrovers geführte Diskussionen über die technische Verfügbarkeit des menschlichen Körpers entfacht (vgl. Ach/Pollmann 2006). Die Grenzen zwischen Körper und Technologie verschwimmen oder lösen sich ganz auf (vgl. Viehöver et al. 2004), die Hybridisierung des Menschen schreitet voran (vgl. Haraway 1995; Latour 1995). Solche Formen der technologischen Manipulierbarkeit des menschlichen Körpers werfen neben juristischen vor allem philosophische und ethische Fragen auf, die letztlich die Fundamente der abendländischen Kultur berühren (vgl. für viele Habermas 2001): Was ist Leben? Wann beginnt Leben? Wann endet Leben? Was ist ein Mensch? Wann ist jemand eine Person? Was heißt personale Identität? Wie weit darf der Mensch in die Natur des Menschen eingreifen? Darf der Mensch Schöpfer spielen?

(11) Suchte man nach dem kleinsten gemeinsamen Nenner der bisher genannten zehn Entwicklungsstränge, dann ließe er sich auf die Formel bringen: Der Körper ist zu einem *reflexiven Identitätsprojekt* geworden (vgl. Giddens 1991). Biotechnologische Veränderungen des Körpers, aber auch zum Beispiel die plastische Chirurgie (vgl. Davis 1995, 2003), stellen radikale Eingriffe in die ›Natur‹ des Körpers dar, bei weitem jedoch nicht die einzigen. Die alltägliche Körpermanipulation reicht vom Haarefärben, Schminken, Diäthalten, Sporttreiben, Fitnesstraining bis zu Piercing, Tätowierungen, Branding und anderem mehr. Hintergrund solcher Formen der Körpermanipulation ist die Weigerung, den eigenen Körper als schicksalhafte biologische Gegebenheit hinzunehmen. Der zeitliche und materielle Wohlstand erlaubt es vielen Menschen, ihren Körper als bewusst gestalt- und machbares Projekt zu behandeln, und sie nutzen diese Option. Der Körper wird so zu einem Projekt, in das gezielt Arbeit investiert werden kann, womit in der Regel die Hoffnung verbunden ist, persönliche (z.B. Selbstwert) und soziale (etwa Anerkennung) Gewinne zu erzielen. In dieser Hinsicht ist die reflexive Körperthematisierung immer

auch eine Form von Selbstthematisierung, die Arbeit am Körper immer auch Identitätsarbeit (vgl. Gugutzer 2002; Villa 2008a).

(12) Schließlich kann als ein letzter Grund für das neu erwachte Interesse der Soziologie am Körper – komplementär zur Vernachlässigung des Körpers bei den Klassikern – die Tatsache angeführt werden, dass immer mehr *Frauen* Soziologie studieren und als Soziologinnen im Wissenschaftsbetrieb arbeiten. Soziologinnen haben die Soziologie des Körpers vor allem um die Thematisierung des Geschlechterkörpers bereichert. Sie richten ihr Augenmerk insbesondere auf die sozialen Belastungen, Benachteiligungen und Unterdrückungen des weiblichen Körpers.

2.2 Geistes- und kulturwissenschaftlicher Kontext

Die Soziologie als Gegenwartswissenschaft hat auf die genannten gesellschaftlich-kulturellen Entwicklungen reagiert. Die inzwischen kaum mehr zu überblickende Anzahl körpersoziologischer Untersuchungen ist hierfür das beste Beispiel. Neben diesen empirischen Aspekten haben aber auch theoretische Diskussionen innerhalb der Geistes- und Kulturwissenschaften das aufkommende Interesse der Soziologie am Körper entscheidend beeinflusst. Besonders bedeutsam waren dabei die Debatten zur *Postmoderne*, im *Feminismus* und zum *Konstruktivismus*. Diese sind selbst Ausdruck des gesellschaftlichen Wandels in der zweiten Hälfte des 20. Jahrhunderts, die außerdem an manchen Punkten starke Überschneidungen aufweisen. Einer dieser Schnittpunkte ist das Bestreben, fundamentale Dualismen der abendländischen Kultur kritisch zu hinterfragen. Dazu zählen insbesondere die Trennungen zwischen Körper und Geist, männlich und weiblich, Biologie und Gesellschaft, Natur und Kultur.

(1) Im Mittelpunkt der sozial- und kulturwissenschaftlichen Diskussionen zur *Postmoderne*, die in den 1980er Jahren vor allem in Frankreich, Nordamerika, Großbritannien und Australien aufgekommen waren, steht die Kritik an wesentlichen Prinzipien und Kategorien der neuzeitlichen Philosophie. Dazu gehört unter anderem die Kritik an dem dualistischen Menschenbild von René Descartes. Nach Descartes besteht der Mensch aus zwei ontologisch getrennten Substanzen: *res cogitans* (Geist) und *res extensa* (Körper), die, obgleich ontologisch getrennt, an einer spezifischen

Stelle im Körper aufeinander treffen, nämlich in der Zirbeldrüse (vgl. Waldenfels 2000: 19). Descartes zufolge existiert zwischen Körper und Geist zwar eine Wechselbeziehung, die jedoch eine klare, hierarchische Struktur aufweist: Der Geist (oder die Seele, wie Descartes auch sagt) beherrscht den Körper. Den menschlichen Körper vergleicht Descartes mit einer Maschine, die analog einer aufgezogenen Uhr funktioniere (vgl. Hirschberger 2000: 113). Dieses mechanistische, den Geist über den Körper stellende Menschen- und Körperbild wird in postmodernen Theorien heftig angegriffen. Damit einher geht eine Kritik am Vernunft- und Rationalitätsprinzip der neuzeitlichen Philosophie. Postmoderne Theorien plädieren stattdessen für »Das Andere der Vernunft« (Böhme/Böhme 1983). Bezogen auf die soziologische Handlungstheorie folgt daraus, so Hans Joas, dass diese ihre traditionell rationalistische Orientierung nicht länger beibehalten könne (vgl. Joas 1992: 365). Das Andere der Vernunft – Körper, Sinne, Emotionen – gilt es, gleichberechtigt in die soziologische Handlungstheorie und die Soziologie insgesamt zu integrieren.

Im Anschluss an Jean-François Lyotards (1994) Überlegungen zum »postmodernen Wissen« ist für postmoderne Theorien kennzeichnend, sich von den »Metaerzählungen« und »großen Narrationen« der Moderne (wie Idealismus, Historismus, Aufklärung) zu verabschieden. In diesem Sinne vertreten postmoderne Theorien eine erkenntnistheoretische Position, die auf einen Relativismus und Perspektivismus abzielt (vgl. Turner 1996: 17). Bestritten wird, dass es objektives Wissen und eindeutige Wahrheiten sowie Autoritäten gibt, die diese festlegen können. Daher kann zum Beispiel die Frage, was der Körper ist, nie (eindeutig und letztgültig) beantwortet werden. Auch die Naturwissenschaft ist nicht im Besitz des wahren Wissens vom Körper. Es gibt immer nur kultur- und zeitspezifische Perspektiven auf den Körper, die, so jedenfalls die radikal postmoderne Version, alle gleich wahr sind.

(2) Die Kritik am cartesianischen Dualismus hat auch Eingang in das intellektuelle Programm des *Feminismus* gefunden, und zwar insofern, als der Feminismus die traditionelle Gleichsetzung von ›Körper = Frau‹ und ›Geist = Mann‹ kritisiert. Diese Gleichsetzung war traditionellerweise wertend gemeint: ›Geist/Mann‹ ist, gesellschaftlich betrachtet, mehr wert als ›Körper/Frau‹. Feministische Autorinnen haben dagegen in zweierlei Hinsichten oppo-

niert: *Erstens* haben sie die aus dieser Identifikation resultierenden patriarchalen Gesellschaftsstrukturen kritisiert. Sie haben auf die sozialen Ungleichheiten und Diskriminierungen von Frauen im öffentlichen wie im privaten Leben aufmerksam gemacht, indem sie zum Beispiel die zur Legitimation dieser Benachteiligungen herangezogenen Ideologien aufdeckten. Dazu gehören *zweitens* diskursive Strategien, die das Geschlechterverhältnis naturalisieren beziehungsweise ontologisieren. Damit ist eine Argumentation gemeint, die besagt, Frauen seien von Natur aus körperlich schwächer, anfälliger, gefühlsbetonter etc. als Männer, Männer dagegen von Natur aus vernünftiger, willensstärker, entscheidungsfreudiger etc. als Frauen. Daher sei es naturgegeben, dass Frauen die sozialen Rollen Hausfrau und Mutter und Männer die Rolle des Familienernährers übernehmen, Frauen im Privatbereich und Männer im öffentlichen Leben ihren naturgemäßen sozialen Ort finden. Zur Kritik an dieser Gleichsetzung von natürlichem, das heißt biologischem Geschlecht und sozialer Geschlechtsrolle hat sich im Feminismus die Unterscheidung zwischen *sex* und *gender* durchgesetzt. Bis Ende der 1980er Jahre war dabei die Auffassung vorherrschend, zwischen Frauen und Männern gebe es zwar biologische Unterschiede (*sex*), aus denen aber keinesfalls automatisch Unterschiede in den Geschlechterrollen (*gender*) folgten; diese seien vielmehr gesellschaftliche Konstruktionen. Seit den 1990er Jahren wird diese Position radikalisiert durch die von Judith Butler (1991, 1997) in den feministischen Diskurs eingebrachte These, dass nicht nur das soziale, sondern auch das biologische Geschlecht eine Konstruktion sei, und deshalb die Unterscheidung zwischen *sex* und *gender* aufgegeben werden müsse (vgl. Kap. IV/4.2). Diese These hat für viel Wirbel (nicht nur) innerhalb der feministischen Theorie gesorgt. Obgleich sie immer noch kontrovers diskutiert wird, scheint derzeit die Mehrheit feministischer Autorinnen die Auffassung zu teilen, dass es ein biologisches, vorsoziales Geschlecht nicht gibt. Für die Soziologie des Körpers jedenfalls sind die Diskussionen des Feminismus nicht nur deshalb von enormer Bedeutung, weil sie mit dem Geschlechterkörper ein neues Forschungsfeld eröffnet haben, sondern auch, weil sie zur Infragestellung der ontologischen Basis von Geschlecht und der Geschlechterdifferenz beigetragen haben. Darüber hinaus hat der Feminismus die Soziologie des Körpers für soziale Machtverhältnisse, die sich auf den Körper richten, sensibilisiert.

(3) Die feministische Kritik an naturalistischen Geschlechterkonzepten basiert überwiegend auf einer spezifischen erkenntnistheoretischen Position, dem *Konstruktivismus* (vgl. Turner 1996: 27). Genauer gesagt, sind es zwei Varianten des Konstruktivismus, auf die sich nicht nur der feministische Widerstand gegen Naturalisierungen, Ontologisierungen oder Essenzialismen stützt – allesamt mehr oder weniger Synonyme für die Auffassung, der Körper sei ein natürliches und ahistorisches Phänomen, das eine unveränderliche Substanz oder ein eindeutiges Wesen besitze. Das ist zum einen der *radikale Konstruktivismus* (vgl. von Glasersfeld 1996), demzufolge der Körper eine sprachlich-diskursive Konstruktion ist. Was immer wir mit unserem Körper tun, was wir von ihm wissen und wie wir ihn erfahren, so der radikale Konstruktivismus, ist vermittelt durch die in Diskursen abgelagerten Wissensbestände vom Körper. Diese Spielart des Konstruktivismus findet sich primär im Poststrukturalismus und in hiervon beeinflussten feministischen Ansätzen, wovon jener von Butler der prominenteste ist. Das methodische Vorgehen solcher Ansätze ist die »Dekonstruktion«[26] der diskursiv hergestellten und reproduzierten Körpertexte. Die zweite und für die Soziologie bedeutsamere Spielart des Konstruktivismus ist der *Sozialkonstruktivismus* (vgl. Burr 1995; Radley 1995). Dem Sozialkonstruktivismus zufolge ist der menschliche Körper entscheidend durch soziale (Macht-) Strukturen und Handlungen geprägt. Körperpraxis, Körperhaltung, Körperwahrnehmung etc. sind Resultat gesellschaftlicher Verhältnisse, Institutionen, Werte und Normen. Sozialkonstruktivisten legen in ihren Arbeiten den Fokus darauf, wie der Körper gesellschaftlich reguliert, modelliert und manipuliert wird.

In der Soziologie des Körpers ist der Sozialkonstruktivismus die vorherrschende erkenntnistheoretische und methodologische Position. In den 1990er Jahren hat sich mit der *Phänomenologie* jedoch eine (vermeintliche) Gegenposition zum Sozialkonstruktivismus zu etablieren begonnen (vgl. Howson/Inglis 2001; Jäger 2004: 40ff.; Leder 1990; Shilling 2003: 204). Im französischen und angloamerikanischen Raum vor allem auf die Phänomenologie von Merleau-Ponty (1966, 1967) gestützt, in den deutschsprachigen Ländern rudimentär auch auf die Leibphänomenologie von Schmitz (1965, 1966, 1985, 2011) Bezug nehmend, richtet die phänomenologisch inspirierte Soziologie des Körpers ihren Blick auf den subjektiv wahrnehmbaren Körper, den Leib (siehe Kap. II/2.). Im Unterschied zu sozialkonstruktivistischen Ansätzen wird der Körper hier nicht als Effekt oder Symbol gesellschaftlicher Strukturen thematisiert, sondern, mit Merleau-Ponty gesprochen, in seiner »dialektischen Struktur« (Merleau-Ponty 1966: 113 und 199f.) als wahrnehmender *und* wahrnehmbarer, sehender *und* sichtbarer, bewegender *und* bewegungsempfindender Leib (vgl. Merleau-Ponty 1967: 16f.). Interessiert im Sozialkonstruktivismus der Körper vor allem als *Objekt* gesellschaftlicher Strukturen, so in der Phänomenologie als *Subjekt* leiblicher Erfahrungen. Die beiden Positionen des Konstruktivismus und der Phänomenologie werden in der Soziologie des Körpers zumeist als sich wechselseitig ausschließend behandelt. Turner zufolge sollte eine soziologische Theorie des Körpers jedoch beide Aspekte berücksichtigen. Sie sollte sowohl die epistemologische Frage des Sozialkonstruktivismus ›Was kann man vom Körper wissen?‹ behandeln als auch sich mit der ontologischen Frage der Phänomenologie ›Was ist der Körper?‹ auseinandersetzen (vgl. Turner 1996: 29).

2.3 Forcierte Hinwendung zum Körper

Wegweisend für den einsetzenden *body turn* in der Soziologie war zunächst vor allem die französische Soziologie. Neben kleineren Arbeiten wie etwa einem 1971 erschienenen Artikel von Luc Boltanski zur sozialen Verwendung des Körpers (Boltanski 1976) waren es die herausragenden Beiträge von Michel Foucault und Pierre Bourdieu, welche die Entwicklung der Soziologie des Körpers maßgebend prägten – und dies bis heute tun. Foucaults historische Untersuchungen zur Disziplinierung des Körpers (Foucault 1976) und zur Sexualität (Foucault 1977) einerseits, Bourdieus Ausführungen zum klassenspezifisch geprägten Körper (Bourdieu 1982) sowie sein Habituskonzept (Bourdieu 1970) andererseits waren Meilensteine in der Entwicklung der Soziologie des Körpers. Wohl kaum ein dritter Soziologe hatte einen nachhaltigeren Einfluss auf die Soziologie des Körpers als Bourdieu und insbesondere als Foucault. Ohne große Bedenken kann man beide Autoren als *die* Klassiker der zeitgenössischen Soziologie des Körpers bezeichnen.

Aus dem angloamerikanischen Sprachraum trugen in den 1970er Jahren insbesondere zwei von Jonathan Benthall und Ted Polhemus herausgegebene Sammelbände zum Körper als Ausdrucks- und Kommunikationsmedium (Benthall/Polhemus 1975; Polhemus 1978) zur Entstehung der Soziologie des Körpers bei. In Deutschland wiederum waren es in diesem Zeitraum vor allem die historisch-anthropologischen und soziologischen Arbeiten von Volker Rittner und Dietmar Kamper, die das Projekt einer Soziologie des Körpers auf den Weg brachten (vgl. Kamper 1975, 1976; Kamper/Rittner 1976; Rittner 1975a, 1975b, 1976a). Wichtig für den Fortgang dieses Projekts war sicherlich auch, dass 1976 Elias' Hauptwerk »Über den Prozeß der Zivilisation« als Taschenbuchausgabe neu aufgelegt und so für ein breites Publikum zugänglich wurde.

Zu Beginn der 1980er Jahre erschienen im deutsch- und englischsprachigen Raum zwei Publikationen, die das Projekt der Soziologie des Körpers weiter vorantrieben. In Deutschland handelt es sich um einen von Kamper und Christoph Wulf herausgegebenen Sammelband mit dem programmatischen Titel »Die Wiederkehr des Körpers« (Kamper/Wulf 1982). Die Rede von der Wiederkehr des Körpers wurde in der Soziologie (und anderen sozial- und kulturwissenschaftlichen Disziplinen) zum geflügelten Wort und als Aufforderung gesehen, den Körper in die eigene Disziplin zu integrieren. Denn noch war die Wiederkehr nicht vollendet – wenngleich man kritisch nachfragen kann, ob der Körper je (besonders im Hinblick auf das Alltagsleben der Menschen) verschwunden war, wie es die Rede von der Wiederkehr impliziert.

In Großbritannien erschien 1984 Bryan S. Turners Monographie »The Body & Society«, die international als *die* Initialzündung der Soziologie des Körpers betrachtet werden kann. Die zentrale Bedeutung dieses Buchs ist darin zu sehen, dass es erstmals die Nichtberücksichtigung des Körpers in der Sozialtheorie und Soziologie explizit zum Thema machte und den ersten soziologischen Versuch darstellte, eine systematische Theorie des Körpers zu entwickeln. Ein Jahr später erschien John O'Neills Abhandlung »Five Bodies« (O'Neill 1990 [1985]), die Merleau-Pontys Phänomenologie der Wahrnehmung zum Ausgangspunkt hatte (vgl. Kap.

V/4.2), während Turners Körpertheorie auf der Verknüpfung von Foucaults Disziplinbegriff und Webers Rationalisierungskonzept basiert.[27] Damit repräsentieren diese beiden Werke zwei Zugänge zum Körper, welche die theoretischen Diskussionen innerhalb der Soziologie des Körpers in den 1990er Jahren prägen sollten: *Strukturalismus* und *Phänomenologie.* Seit den 2000er Jahren haben – erneut aus dem französischen und dem angloamerikanischen Wissenschaftsraum kommend – insbesondere *gouvernementalitättheoretische* (vgl. Foucault 2005, 2006) sowie *praxistheoretische* (vgl. Schatzki 1996; Schatzki et al. 2001) Ansätze an Einfluss im körpersoziologischen Diskurs gewonnen.

Mittlerweile ist das Feld gerade der angloamerikanischen Körpersoziologie thematisch so ausdifferenziert, dass es unmöglich ist, noch einen erschöpfenden Überblick zu geben. Daher sei hier auf einige wenige, die theoretische und empirische Vielfalt der angloamerikanischen Körpersoziologie zumindest andeutende Buchpublikationen der vergangenen fünfzehn Jahre verwiesen: Cregan (2006), Crossley (2001, 2006), DeMello (2014), Featherstone (2000), Howson (2004), Howson/Inglis (2001), Kosut/Moore (2010), Lorber/Moore (2008), Malacrida (2008), Shilling (2005, 2007, 2008), Turner (2012).

In der deutschsprachigen Soziologie ist die Körpersoziologie zwar noch nicht in dem Maße etabliert wie in Nordamerika und Großbritannien, doch sind auch hier die körpersoziologischen Publikationen inzwischen kaum mehr zu überschauen. Das gilt erst recht, wenn man zur Körpersoziologie noch die Soziologie der Bewegung, der Emotionen und Sinne hinzuzählt. Eine Beschränkung auf ausgewählte Monographien und Sammelbände, die seit der Jahrtausendwende erschienen sind, kann auch hier lediglich näherungsweise die thematische Breite der deutschsprachigen Körpersoziologie andeuten. So liegen inzwischen Buchpublikationen vor zu Körper/Leib und Alter (Mehlmann/Ruby 2010), Behinderung (Dederich 2007; Kastl 2010; Waldschmidt/Schneider 2007), Bewegung (Klein 2004a), Berührung (Riedel 2008; Schmidt/Schetsche 2012), Biographie (Abraham 2002; Alheit et al. 1999), Film (Hoffmann 2010), Geschlecht (Reuter 2011; Villa 2000), Jugend (Niekrenz/Witte 2011), Medizin (Lindemann 2003; Viehöver/Wehling 2011), Religion (Gugutzer/Böttcher 2012), Scham (Koppetsch 2002), Schönheit (Degele 2004; Penz 2010; Villa 2008), Sexualität (Lautmann 2002; Lewandowski 2003), Sinne (Loenhoff 2001; Prinz 2014), soziale Ordnung (Alkemeyer et al. 2009; Böhle/Weihrich 2010; Meuser/Hahn 2002), soziale Ungleichheit (Steuerwald 2010), Sport (Alkemeyer et al. 2003; Bette 2004; Gugutzer 2006a), Tanz (Klein 2004c, 2009), Technologie (Harraser 2013), Theorie (Gugutzer 2012; Jäger 2004; Lindemann 2014; Uzarewicz 2011) und Wissen (Keller/Meuser 2011).

Lässt man die Entwicklung der nationalen und internationalen Körpersoziologie seit der Jahrtausendwende Revue passieren, kann konstatiert werden: Ein *body turn* hat sich in der Soziologie insofern vollzogen, als der Körper mittlerweile ein anerkannter und gut untersuchter Forschungsgegenstand ist. Ein Desiderat herrscht hingegen weiterhin im Hinblick auf methodologische und grundlagentheoretische Arbeiten, also solchen, die zum einen das wissenschaftliche Erkenntnispotenzial von Leib und Körper ausloten (vgl. dazu Kap. VI), zum anderen Leib und Körper als Grundbegriffe und konzeptionelle Grundlagen der allgemeinen Soziologie ausarbeiten (vgl. dazu Kap. VII).

IV. Der Körper als Produkt gesellschaftlicher Wirklichkeit

Nach dem historischen Zugang zum Körper in der Soziologie bieten dieses und das folgende Kapitel einen systematischen Überblick. Vorgestellt werden zwölf Ansätze, die für die Entwicklung und aktuelle Diskussion der (zumindest deutschsprachigen) Körpersoziologie einflussreich waren beziehungsweise noch immer sind. Kapitel IV bündelt dabei Ansätze, die den Körper als *Produkt gesellschaftlicher Wirklichkeit* im Mittelpunkt stehen haben, Kapitel V solche, die den Körper primär als *Produzenten gesellschaftlicher Wirklichkeit* thematisieren. Kurz gesagt richten soziologische Untersuchungen in der ersten Variante ihr Augenmerk auf gesellschaftliche Formungsprozesse des menschlichen Körpers, insbesondere auf historische, sozialstrukturelle, diskursive, symbolische und systemische Prägungen. Soziologische Arbeiten zur körperlichen Hervorbringung gesellschaftlicher Wirklichkeit interessieren sich dagegen für die Bedeutung von Leib und Körper für soziales Handeln, Interagieren und Kommunizieren.

Vorab sei noch einmal betont, dass es sich bei der Aufteilung in »Produkt« und »Produzent« von Gesellschaft um eine analytische Unterscheidung zu Systematisierungszwecken handelt. Das impliziert, dass so, wie im realen Lebensvollzug der Körper immer zugleich Produkt und Produzent gesellschaftlicher Ordnung ist, auch die im Folgenden vorgestellten Autorinnen und Autoren dieses Zugleich sehen – nur richten sie ihren analytischen Fokus stärker auf die eine oder die andere Seite.

Die Übersicht zum Körper als Produkt der Gesellschaft beginnt mit zwei historisch-soziologischen Zugängen, den Werken von Norbert Elias (1.) und Michel Foucault (2.), sowie dem klassenstrukturellen Ansatz von Pierre Bourdieu (3.). Dem folgen zwei Abschnitte zur diskursiven Formung des Körpers, einmal unter Rückgriff auf die Diskurstheorie von Foucault (4.1), sodann mit Bezugnahme auf Judith Butlers Geschlechtertheorie (4.2). Mit Mary Douglas rückt anschließend die symbolische Verkörperung gesellschaftlicher Strukturen in den Fokus (5.). Das Kapitel endet mit der Darstellung einer systemtheoretischen Perspektive auf den Körper anhand der Arbeiten von Karl-Heinrich Bette (6.).

1. Zivilisierung körperlichen Verhaltens und Empfindens (Norbert Elias)

Norbert Elias (1897-1990) hat mit seinem zweibändigen Werk »Über den Prozess der Zivilisation. Soziogenetische und psychogenetische Untersuchungen« (Elias 1976a, 1976b) einen, ja vielleicht ›den‹ Klassiker der Körpersoziologie geschrieben. Er selbst hätte wohl nicht vermutet, dass sein Buch einmal diesen Status erlangen würde – und hätte sich vielleicht sogar gegen eine solche Auszeichnung gewehrt[28] –, allein weil er es nicht als körpersoziologische Studie angelegt hatte. Elias ging es vielmehr um eine spezifische historisch-soziologische Analyse des wechselseitigen Verhältnisses von Gesellschaftsstruktur und Persönlichkeitsstruktur, wofür er die Ausdrücke »Soziogenese« und »Psychogenese« geprägt hat. In dieser Analyse spielt der Körper nun allerdings eine durchaus wichtige Rolle. Daher kann man sagen, dass »Über den Prozess der Zivilisation« eine implizite soziologische Theorie des Körpers (vgl. Shilling 1993: 150) enthält, insofern das Buch zeigt, wie der europäische Zivilisationsprozess seine Spuren am Körper der Menschen hinterlassen hat. Die Zeitspanne, um die es Elias dabei geht, reicht vom 13. bis zum 18. Jahrhundert, der Kulturkreis ist Westeuropa. Auf der Grundlage ungewöhnlicher historischer Quellen – Anstands-, Manieren- und Benimmbücher, zum Teil auch Dichtung (etwa Minnesang) und Bilder – rekonstruiert Elias einen Wandel körperlicher Ausdrucks-, Einstellungs- und Verhaltensweisen, den man als *Zivilisierung des Körpers* bezeichnen kann. Wie kam es dazu?

Als entscheidenden Motor für den europäischen Zivilisationsprozess sah Elias – ähnlich wie Durkheim (1992) – die zunehmende Bevölkerungsdichte, mit der zugleich eine wachsende Konkurrenz der in diesem Gebiet lebenden Menschen einherging. Die gestiegene Konkurrenz wiederum führte einerseits zur Zentralisierung der Macht und des Gewaltmonopols in der Hand des Staates, andererseits zur funktionalen Differenzierung der Gesellschaft in eine Vielzahl von Arbeitsbereichen (vgl. Elias 1976b: 123ff.), aus der sich eine zunehmende Abhängigkeit der Menschen voneinander ergab. Diese »Verlängerung der Interdependenzketten« bedeutete für den Einzelnen, dass er das eigene »Verhalten immer differenzierter, immer gleichmäßiger und stabiler zu regulieren« (ebd.: 317) hatte, sich planender, vorausschauender und kontrollierter verhalten musste. Im Hinblick auf den gesellschaftlich-kulturellen Wandel war diese Art, in der die Menschen in einer bestimmten historischen Epoche in spezifischen »sozialen Figurationen« (vgl. Elias 1991: 136ff.) zusammenlebten, der Grund dafür, dass sich der Zivilisationsprozess zwar ungeplant, aber nicht ungeordnet vollzogen hat. Der abendländische Zivilisationsprozess weist eine gewisse Ordnung auf, er verlief alles andere als chaotisch oder unzusammenhängend (Elias 1976b: 313). Der Grund hierfür liegt in der historisch zufälligen

»Verflechtung der einzelnen menschlichen Pläne und Handlungen. [...] Aus ihr, der Interdependenz der Menschen ergibt sich eine Ordnung, die zwingender und stärker ist als Wille und Vernunft einzelner Menschen, die sie bilden. Es ist diese Verflechtungsordnung, die den Gang des geschichtlichen Wandels bestimmt, sie ist es, die dem Prozeß der Zivilisation zugrunde liegt« (ebd.: 314).

Neben der *zunehmenden Bevölkerungsdichte* und der *Verlängerung der Interdependenzketten* verweist Elias auf drei weitere, generelle Charakteristika des Zivilisationsprozesses: *Erstens* hat der Zivilisationsprozess *weder einen Anfang noch ein Ende*. Daraus folgt unter anderem, dass das, was wir heutzutage für zivilisiertes Verhalten halten, in einigen Jahrzehnten oder Jahrhunderten womöglich als vollkommen unzivilisiert bewertet werden wird; es bedeutet aber vor allem, dass sich der Zivilisationsprozess keineswegs linear oder kontinuierlich vollzieht, sondern auch verlangsamt oder gar gegenläufig entwickeln kann. *Zweitens* weist nicht nur das europäische Abendland einen Prozess der Zivilisation auf, vielmehr findet er sich auch in *außereuropäischen Kulturen*. Nach Elias lassen sich Zivilisationsprozesse überall dort beobachten, wo Menschen in einer arbeitsteiligen Gesellschaft zusammenleben, es ein Gewaltmonopol gibt und die wechselseitige Abhängigkeit der Menschen voneinander so groß ist, dass sie vorausschauend und unter Rücksichtnahme auf die Handlungen anderer Menschen handeln müssen, um so (mehr oder weniger) friedlich miteinander leben zu können (vgl. ebd.: 336). Solche Gesellschaften gibt es natürlich nicht nur im so genannten westlichen Kulturkreis. *Drittens wiederholt sich der historische Zivilisationsprozess in jedem Men-*

schen aufs Neue, insofern jedes Individuum von Geburt an Sozialisationsprozessen unterworfen ist. So wie der Zivilisationsprozess langfristig an der »›Natürlichkeit‹ des Menschen« gearbeitet hat (Rittner 1976c: 204), so arbeitet die Zivilisation auch an der Natur jedes neugeborenen Menschen. »Die Kinder müssen in verhältnismäßig wenigen Jahren den vorgerückten Stand der Scham und Peinlichkeitsgefühle erreichen, der sich in vielen Jahrhunderten herausgebildet hatte« (Elias 1976a: 190). Kinder müssen in relativ kurzer Zeit lernen, ihre natürlichen Bedürfnisse zu kontrollieren, und zwar entsprechend den Normen, die in der Gesellschaft für die Erwachsenen gelten. Die gesellschaftliche Funktion der Eltern besteht in dieser Hinsicht darin, Kinder auf den gesellschaftlich gültigen Standard der Trieb- und Affektregulierung hin zu »konditionieren« (vgl. ebd.: 329).[29]

Wie Elias gezeigt hat, verlief der historische Prozess der Zivilisierung menschlichen Verhaltens in der Zeit zwischen dem 13. und dem 18. Jahrhundert nach einem typischen Muster. Im frühen Mittelalter war das Verhalten der Menschen vorwiegend affekt- und triebbestimmt. Eine Verfeinerung der Sitten setzte erst gegen Ende des Mittelalters ein, und eine wirklich neue Qualität erhielt das Verhalten mit dem Aufkommen der Manierenbücher in der Renaissance.[30] Die neue Qualität zeigte sich insbesondere in der Aufforderung, das eigene körperliche Verhalten zu beobachten und entsprechend den neuen Benimmvorschriften selbst zu regulieren. »Die verstärkte Neigung der Menschen, sich und andere zu beobachten, ist eines der Anzeichen dafür, wie nun die ganze Frage des Verhaltens einen anderen Charakter erhält: Die Menschen formen sich und andere mit größerer Bewusstheit als im Mittelalter« (ebd.: 102). Im Laufe der nachfolgenden Jahrhunderte nahm die Selbstbeobachtung und -regulation des körperlichen Benehmens weiter zu, bis sie in der ›étiquette‹ der höfischen Gesellschaft Frankreichs einen ersten Höhepunkt erreichte (vgl. Baumgart/Eichener 1991: 60). Die höfisch-aristokratische Gesellschaft setzte die neuen Standards im Umgang mit körperlichen Bedürfnissen, Affekten und Verhaltensweisen. Elias liefert zahlreiche Beispiele aus den Bereichen Essverhalten, Sprechen beim Essen, Sexualität, Schnäuzen, Spucken, Urinieren, Defäzieren und dem Verhältnis von Mann und Frau, anhand derer er zeigt, wie das Benehmen am Hofe zunehmend feiner, sittsamer, zivilisierter und höflicher[31] wurde. Vom Königshof, also den oberen sozialen Schichten ausgehend, diffundierten die verfeinerten Verhaltensweisen in der Folgezeit schließlich in die mittleren und unteren Schichten der Gesellschaft (vgl. Elias 1976b: 338). Da dieser Verhaltenswandel letztlich die gesamte abendländische Gesellschaft erfasste, wäre es unangemessen, nur von einer graduellen oder sozial eingeschränkten Zivilisierung des Verhaltens zu sprechen. Elias zufolge handelt es sich bei dem Wandel körperlicher Ausdrucks- und Einstellungsweisen nicht lediglich um ein Oberflächenphänomen, sondern um einen grundlegenden Wandel der Persönlichkeitsstruktur der Menschen im Abendland. Im Begriff der *Psychogenese* bringt Elias diese tief gehende Modellierung des Seelenhaushalts und des Gesamthabitus der Menschen auf den Punkt.

Die Zivilisierung des Körpers ist der sichtbarste Ausdruck dieser Psychogenese des Zivilisationsprozesses. Das lässt sich konkret an fünf Punkten festmachen:

1. Die Zivilisierung des Körpers drückt sich in einer – historisch gesehen – gesteigerten *Trieb- und Affektbeherrschung* aus. Eine wichtige Rolle hierfür spielte die Zentralisierung der körperlichen Gewalt in der Hand des Staates. Für das Zusammenleben der Menschen hatte dies nämlich zur Folge, dass die Gewaltausübung mehr oder weniger berechenbar, das Leben insgesamt sicherer wurde. Unvorhergesehene Überfälle oder plötzliche Gewalttaten, wie sie in der mittelalterlichen Kriegergesellschaft noch gang und gäbe waren, wurden im gesellschaftlichen Alltag weniger, »die Bedrohung, die der Mensch für den Menschen darstellte, wurde einer strengeren Regelung unterworfen« und damit vorhersehbarer (ebd.: 325). Für den einzelnen Menschen bedeutete die staatliche Monopolisierung der Gewalt jedoch nicht nur mehr Sicherheit, sondern zugleich eine verstärkte Zurückhaltung in der Ausübung körperlicher Aggression und Gewalt. Die staatliche Gewaltmonopolisierung zwang den Einzelnen zu einer mehr oder minder starken Selbstbeherrschung im Umgang mit den eigenen aggressiven Anteilen. Aber nicht nur der Aggressionstrieb unterlag einer zunehmenden Selbstkontrolle, auch andere körperliche Bedürfnisse, Triebe und Affekte galt es angesichts der Verlängerung der Interdependenzketten zunehmend zu beherrschen. Da das existenzielle Überleben immer mehr von anderen Menschen

abhing, war der Einzelne angehalten, im sozialen Umgang mit anderen seine spontanen Empfindungen und Gefühle zu beherrschen. Die Kehrseite der sozialen und ökonomischen Vorteile, die durch Triebverzicht und aufgeschobene Bedürfnisbefriedigung erzielt werden konnten, ist »unter Umständen« eine dauerhafte »Unruhe und Unbefriedigtheit des Menschen«, »eben weil ein Teil seiner Neigungen und Triebe nur noch in verwandelter Form, etwa in der Phantasie, im Zusehen oder Zuhören, im Tag- oder Nachttraum Befriedigung finden kann« (ebd.: 332).

2. Ein wesentliches Kennzeichen für den zivilisierten Körper ist die *Selbstkontrolle* der Affekte und Triebe. Im Laufe des Zivilisationsprozesses sind es immer weniger explizit von außen auferlegte Fremdzwänge (gesellschaftliche Verbote und Sanktionen), die die Kontrolle über den Körper ausüben, sondern zunehmend sind es *Selbstzwänge*, welche dies übernehmen. Selbstzwänge sind dauerhafter als Fremdzwänge, sie äußern sich quasi-automatisch und unabhängig davon, ob eine externe Sanktionsinstanz vorhanden ist. Die Ausbildung dieser Selbstzwangapparatur erfolgt im Zuge verschiedener Sozialisationsprozesse, durch die sich das Individuum die gesellschaftlich gültigen Verhaltensstandards aneignet, und das üblicherweise in einem Ausmaß, aufgrund dessen das eigene Verhalten selbstverständlich und ›natürlich‹ erscheint. Elias hat die Selbstzwangapparatur im Anschluss an Sigmund Freud auch als »Über-Ich« bezeichnet, umgangssprachlich äußert sie sich als das (schlechte) Gewissen, das sich beim Verstoß gegen eine soziale Norm bemerkbar macht. Entscheidend ist, dass das Über-Ich selbst dann das körperliche Verhalten beeinflusst, wenn keine äußerliche Notwendigkeit besteht.

»Zunächst ist es den Menschen ganz selbstverständlich, dass man sich nur im Hinblick auf andere regelmäßig säubert […], also aus gesellschaftlichen Gründen und bewogen durch mehr oder weniger spürbare Fremdzwänge; […] Heute wird dem Einzelnen das Waschen und Säubern von klein auf als eine Art von automatischer Gewohnheit angezüchtet […]; er wäscht sich aufgrund von Selbstzwängen, auch, wenn kein anderer Mensch da ist, der ihn wegen einer Unterlassung tadeln oder bestrafen könnte; wenn er es unterlässt, so ist das heute […] der Ausdruck für eine nicht ganz geglückte Konditionierung auf den bestehenden gesellschaftlichen Standard« (Elias 1976a: 329).

3. Eng mit der unbewussten Selbstkontrolle ist *die Rationalisierung des Körpers* (Elias 1976b: 377ff.) verknüpft. Rationalisierung meint bei Elias die Vergrößerung der Differenz zwischen Vernunft und Bewusstsein einerseits, Trieb und Affekt andererseits. Im Zuge des Zivilisationsprozesses handelt das Individuum zunehmend weniger spontan, vielmehr überlegt und reflektiert. In den Worten Elias': Man übt »Langsicht«, wägt die Angemessenheit des eigenen Verhaltens ab, reflektiert Vor- und Nachteile, indem man beispielsweise überlegt, in welcher Weise das aktuelle Hungerbedürfnis gestillt werden kann, soll oder muss: kalorien-, fett-, kohlehydratarm, mit Fast- oder Slowfood, leichter oder schwerer Kost? Ein zivilisierter Körper ist in diesem Sinne ein durch bewusste Denkakte modifizierter Umgang mit unmittelbaren körperlichen Bedürfnissen. Auch das ist eine ambivalente Angelegenheit: Einerseits wird das Leben durch diese Rationalisierung womöglich gesünder, sicherer etc., andererseits wird es dadurch vielleicht aber auch ereignis- und erlebnisärmer.

4. Eines der Hauptmerkmale der Zivilisierung des Körpers ist »jene eigentümliche Modellierung des Triebhaushalts, die wir als ›Scham‹ und ›Peinlichkeitsempfinden‹ bezeichnen« (ebd.: 397). Elias zufolge haben sich im Zuge des Zivilisationsprozesses die *Scham- und Peinlichkeitsgrenzen weiter nach vorne verschoben*. Scham und Peinlichkeit sind Gefühle, welche Menschen zweifelsohne auch zu anderen Zeiten und in anderen Kulturen kannten beziehungsweise kennen. Für die moderne, zivilisierte Gesellschaft ist jedoch kennzeichnend, dass sich die Menschen schneller und öfter für eine körperliche Äußerung, Geste, Bewegung etc. schämen beziehungsweise sie ihnen peinlich ist, als zu früheren Zeiten. Auch das Empfinden von Ekel gegenüber den ›natürlichen‹ oder ›animalischen‹ Äußerungen des Körpers stellt sich schneller und/oder intensiver ein. Zum Vergleich lohnt ein Blick auf ein Beispiel aus den Manierenbüchern aus dem 16. Jahrhundert, die Elias zitiert. Indem hier ein bestimmtes Verhalten gefordert beziehungsweise als zu unterlassen beschrieben wird, verweist es indirekt auf das, was zu dieser Zeit als normales Verhalten betrachtet wurde, wofür sich die Menschen also in der Regel gerade nicht schämten:

»Dergleichen dass niemand, der sei auch wer er wolle, unter, nach oder vor den Mahlzeiten, spät oder früh, die Wendelsteine, Treppen, Gänge und Gemächer mit dem Urin oder anderem Unflath verunreinigen, sondern wegen solcher Nothdurft an gebührliche, verordnete Orte gehen tue« (Braunschweigische Hofordnung 1589, zit. in Elias 1976a: 177).

Die Scham- und Peinlichkeitsschwellen sind heutzutage in der Regel hoch genug, die Menschen ausreichend zivilisiert, als dass eine solche Benimmregel explizit formuliert werden müsste. Das Beispiel verweist darüber hinaus auf einen weiteren Aspekt der Zivilisierung des Körpers, nämlich auf die *Trennung von Privatheit und Öffentlichkeit*. Die so genannten ›natürlichen‹ Bedürfnisse des Körpers (inklusive Sexualität) werden aus der Öffentlichkeit verbannt und hinter die Kulissen der Privatsphäre verlegt.

5. Die Zivilisierung des Körpers ist ein historischer Prozess, dessen sozialstruktureller Ausgangspunkt in der höfischen Gesellschaft liegt. Die Unterschiede im körperlichen Habitus zwischen den sozialen Oberschichten und den Bauern und Arbeitern waren zunächst gewaltig. Mit dem Fortschreiten des Zivilisationsprozesses begannen diese enormen Unterschiede kleiner zu werden: Die Verhaltensstandards der oberen sozialen Schichten drangen peu à peu in die mittleren und unteren Schichten ein und wurden auch dort zur Norm. In den letzten Jahren und Jahrzehnten ist außerdem eine gegenläufige Bewegung zu beobachten: Körperpraktiken und -einstellungen aus den Unterschichten dringen in die oberen sozialen Schichten ein (z.B. Tätowierung, Piercing, Fußball- und Boxleidenschaft). Das heißt, die körperhabituellen Unterschiede zwischen den sozialen Gruppen gleichen sich zunehmend an. Es kommt zu einer *sozialen Nivellierung des Körpers*, zu einer »Verringerung der Kontraste in der Gesellschaft«, wie Elias sagt (Elias 1976b: 342ff.). Gleichzeitig ist für den Zivilisationsprozess aber auch der entgegengesetzte Effekt charakteristisch – man kann ihn als *Individualisierung des Körpers* (vgl. hierzu auch Bette 1993; Rittner 1989) bezeichnen. Elias spricht hier von der »Vergrößerung der Spielarten« des Umgangs mit Körper und Emotionen: »Die Kontraste des Verhaltens zwischen den jeweils oberen und den jeweils unteren Gruppen verringern sich mit der Ausbreitung der Zivilisation; die Spielarten oder Schattierungen des zivilisierten Verhaltens werden größer« (ebd.: 348). Soziale Nivellierung und

Individualisierung sind somit zwei Seiten der Zivilisierung des Körpers: Gerade weil sich die sozialen Unterschiede zwischen den Gruppen einebnen, trachten die Menschen danach, ihre Individualität auf andere Weise körperlich-symbolisch darzustellen.

Die These von der zunehmenden Zivilisierung des Verhaltens ist selbstverständlich nicht unkritisiert geblieben.[32] Zu offensichtlich scheinen die Gegenbewegungen zum Zivilisationsprozess: Essen mit Fingern, Nackte im öffentlichen Raum, das Dauerreden über Sexualität in Talkshows, Urinieren auf Theaterbühnen, soziale Nobilitierung ehemaliger Pornodarstellerinnen, Selbstverständlichkeit des Duzens, Hooliganismus u.a.m. Solche Phänomene werfen die Frage auf, ob der Umgang mit und die Einstellung zum Körper tatsächlich immer zivilisierter, förmlicher, verfeinerter etc. geworden sind, oder ob wir seit einigen Jahren nicht eher einen Rückgang der Scham- und Peinlichkeitsgrenzen erleben, eine Enttabuisierung und »Informalisierung« (Wouters 1977, 1999) der Körperpraktiken und Körperdiskurse.

Hierzu ist zunächst zu sagen, dass Elias selbst auf solche gegenläufigen Entwicklungen innerhalb des Zivilisationsprozesses hingewiesen hatte. Die entscheidende Antwort auf die Frage, wie solche Informalisierungsphänomene in die Theorie der Zivilisation hineinpassen, hatte er bereits Ende der 1930er Jahre gegeben, als er sich beispielsweise mit der »Lockerung der Sitten« nach dem Ersten Weltkrieg auseinandersetzte: Das lockerere Sprechen

> »von den natürlichen Verrichtungen [...] ist ganz ähnlich wie bei den Bade- und Tanzsitten der neueren Zeit in dieser Form nur möglich, weil der Stand der Gewohnheiten, der technisch-institutionell verfestigten Selbstzwänge, das Maß der Zurückhaltung des eigenen Trieblebens und des Verhaltens selbst entsprechend dem vorgerückten Peinlichkeitsgefühl zunächst im Großen und Ganzen gesichert ist. Es ist eine Lockerung im Rahmen des einmal erreichten Standards« (Elias 1976a: 190).

Zwar gibt es immer wieder soziale Phänomene, die den gegebenen Zivilisationsstandards offensichtlich zuwiderlaufen, doch finden diese Informalisierungsprozesse *im Rahmen eines bestimmten zivilisierten Standards* statt. Ja, Informalisierungsphänomene setzen dieses Zivilisationsniveau geradezu voraus. Weil wir wissen, was es heißt, sich zivilisiert zu benehmen oder zivilisiert über den

Körper zu sprechen, und wir dieses Wissen so sehr verinnerlicht haben, dass es als Selbstkontrolle und Selbstzwang wirksam wird, können wir unzivilisiertes Verhalten auch tolerieren (beziehungsweise, zumindest bei sich selbst, sogar ohne schlechtes Gewissen genießen). Wir tolerieren die Nackten in den Freibädern und die sexuellen Absonderlichkeiten, die in Talkshows öffentlich breitgetreten werden, weil wir sicher sein können, dass dies nicht zum Zusammenbruch des historisch erreichten Niveaus zivilisierten Verhaltens führen wird. Frei nach Stephen Mennell könnte man sagen, es handelt sich in diesen und ähnlichen Fällen um ein ›highly controlled decontrolling of bodily and emotional controls‹ (vgl. Hohl 1993: 32). Erst wenn die Toleranzgrenze deutlich überschritten wird, beispielsweise in Form von Sex in der Öffentlichkeit, werden üblicherweise Maßnahmen ergriffen, etwa durch die Polizei, die das bestehende Zivilisationsniveau sichern beziehungsweise wiederherstellen.

2. Institutionelle Körperdisziplinierungen (Michel Foucault)

Neben dem Werk von Elias zählen die Arbeiten von *Michel Foucault* (1926-1984) zu den bedeutendsten im Kontext einer historischen Soziologie des Körpers. Das gilt zum einen für seine »Geschichte der Sexualität«, auf die ich im Kapitel IV/4.2 eingehen werde, zum anderen für sein 1975 erschienenes Buch »Überwachen und Strafen. Die Geburt des Gefängnisses« (Foucault 1976).

In »Überwachen und Strafen« arbeitet Foucault am Beispiel der Geschichte des Gefängnisses die Entwicklung einer spezifischen Machttechnologie heraus: der *Disziplin*. Macht, eines der zentralen Themen in Foucaults Arbeiten (vgl. Foucault 1987), interessiert ihn hierbei unter der Fragestellung, wie deren Technologien disziplinierend auf Subjekte einwirken. Foucault zeigt, dass die zentrale Zielscheibe disziplinierender Machttechnologien der menschliche Körper ist. »Überwachen und Strafen« ist im eigentlichen Sinne deshalb kein Buch über Gefängnisse, sondern über die variierenden Einstellungen zur Disziplin in der abendländischen Kultur (vgl. Dreyfus/Rabinow 1987: 174). Am Beispiel des Gefängnisses – andere Beispiele sind Schule, Militär, Fabrik,

Hospital – entwirft Foucault eine politische Geschichte des Körpers, die eine Geschichte der politisch-administrativen Mittel und Mechanismen der Körperdisziplinierung darstellt. Im Vergleich zu Elias' historischer Soziologie des Körpers weist Foucaults Analyse der »politischen Technologie des Körpers« (Foucault 1976: 34) mindestens drei Unterschiede auf: *Erstens* diskutiert Foucault den Körper ›enger‹ als Elias, insofern es ihm ausschließlich um dem Körper als Objekt und Instrument geht, während Elias darüber hinaus[33] den Körper auch als Sitz von Bedürfnissen, Affekten, Gefühlen und Trieben thematisiert. *Zweitens* stehen für Foucault die auf den menschlichen Körper einwirkenden politischen und juristischen Instrumentarien im Zentrum[34], wohingegen Elias auch die lebensweltlichen Körperzwänge und deren psychische Auswirkungen behandelt. *Drittens* schließlich, und das ist wesentlich für Foucaults frühes Machtverständnis, zeigt er, dass Macht und Disziplin nicht nur Mechanismen der Körperunterdrückung sind, sondern zugleich auch positive und produktive Effekte haben (können).[35]

Der Zeitraum der Texte, den Foucault für seine historische Rekonstruktion der Geburt des Gefängnisses innerhalb des französischen Strafsystems wählt, reicht vom Ende des 17. bis zum Beginn des 19. Jahrhunderts. Für diese Zeitspanne identifiziert Foucault drei paradigmatische politisch-administrative Figuren der Bestrafung: Marter, Humanistische Reform und Gefängnis.

Die *Souveräne Marter* war die vorherrschende Strafpraxis während des französischen Absolutismus. Kennzeichnend für sie war eine aus heutiger Sicht ungemeine Brutalität und Grausamkeit, mit der die Bestrafung vollzogen wurde. Wie Foucault gleich auf den ersten Seiten seines Buches eindrucksvoll darlegt, wurden Verbrecher in dieser Zeit auf öffentlichen Plätzen gestreckt, gevierteilt, verstümmelt, in kochendes Öl getaucht, in Stücke zerrissen u.a.m. (ebd.: 9ff.). Die mit solchen »peinlichen Strafen« (ebd.: 14) verbundene Intention war, den Straffälligen dazu zu bringen, öffentlich ein Geständnis abzulegen. Das Recht verlangte ein Geständnis, da das Gesetz den Willen des Souveräns repräsentierte und insofern ein Gesetzesbruch einem Angriff auf den König gleichkam. Der König musste entsprechend reagieren, und er tat dies mit unverhältnismäßiger Kraft. Erst mit dieser symbolischen Zurschaustellung seiner Macht war die Schmach getilgt, die er durch die Gesetzesverletzung erlitten hatte. Die Marter war in dem Sinne ein »politisches Ritual« (ebd.: 63), ein juristisch legitimierter Racheakt, mit dem die »Wahrheit« des Verbrechens ans Tageslicht gebracht und die Macht, nicht die Gerechtigkeit, wiederhergestellt wurde. Die Marter war dabei kein unkontrollierter Racheakt, sondern, ganz im Gegenteil, die »differenzierte Produktion von Schmerzen« (ebd.: 47). So gab es eine Reihe von Regeln und Vorschriften, die genau festlegten, auf welche Weise und in welcher Intensität Schmerz zugefügt werden durfte. Besonders schwere Verbrechen erlaubten beziehungsweise erforderten eine besonders schwere Marter.

War für die Marter kennzeichnend, dass die Strafe in den Körper des Verbrechers eingeschrieben wurde, so zielte in der *Humanistischen Reform* die Bestrafung primär auf die »Seele« des Delinquenten (ebd.: 129). Im Laufe des 18. Jahrhunderts nahm die Zahl humanistischer Reformer zu, die gegen die »Tyrannei, die Maßlosigkeit, den Rachedurst des Souveräns und ›das grausame Vergnügen des Bestrafens‹« angingen. Das Maß der Bestrafung sollte das Prinzip der ›Menschlichkeit‹ sein, und »die Strafjustiz, anstatt zu rächen, endlich bestrafen« (ebd.: 94). Ihre Vorschläge artikulierten die Reform-Juristen auf der Grundlage der »Theorie des Gesellschaftsvertrags«, der zufolge sich die Menschen mittels einer vertraglichen Vereinbarung (Gesetzen) zu einer Gesellschaft zusammengeschlossen haben (vgl. Dreyfus/Rabinow 1987: 178). Ein Verbrechen galt daher nicht als Angriff auf den Körper des Königs, sondern als Vertragsbruch, und als Opfer des Verbrechers galt die Gesellschaft als Ganze. Die Gesellschaft hatte deshalb auch das Recht wie die Pflicht zu bestrafen. Da das Verbrechen ein Vergehen an der Gesellschaft war, sollte die Strafe den Schaden an der Gesellschaft ausgleichen und den Straffälligen wieder zu einem Rechtssubjekt machen. Die Idealform der Bestrafung stellte für die Reformer das Einwirken auf die Seele – dem »Sitz der Gewohnheiten« (Foucault 1976: 166) – des Delinquenten in Form von »öffentlicher Arbeit« (ebd.: 140) dar. Der Straffällige sollte in der und für die Öffentlichkeit arbeiten, um zum einen durch die Arbeit der Gesellschaft einen Dienst zu erweisen, zum anderen der Bevölkerung als Anschauungs- und Abschreckungsbeispiel zu dienen. Die Bestrafung kam damit einer öffentlichen Morallektion gleich, die den Zweck hatte, die Seele des Verbrechers umzuerziehen und die Gesellschaft zu moralisieren, so dass zukünftig weder der Delinquent noch die anderen Gesellschaftsmitglieder den Wunsch und die Möglichkeit hätten, die begangene Tat zu wiederholen beziehungsweise nachzuahmen.

Ein Großteil der Pläne der Reformer wurde nie oder nur teilweise realisiert. Stattdessen begann sich im 19. Jahrhundert mit dem *Einsperren in Gefängnissen* ein neuer Straftypus durchzusetzen. Das Gefängnis war insofern die Umkehrung des absolutistischen Strafmodells, als es nun eine öffentliche Gerichtsverhandlung gab, der Strafvollzug hingegen heimlich, hinter Gefängnismauern, ausgeübt wurde. Die zentrale Idee des Gefängnisses als Bestrafungsform bestand darin, durch die genaue Anwendung politisch-administrativer Techniken von Wissen und Macht »Spuren« am Körper des Straffälligen zu hinterlassen, mithin »die Gewohnheiten des Verhaltens« zu ändern (ebd.: 170). Im Gegensatz zur Zeit der Reformer, aber ähnlich zu jener des Absolutismus sollte die Strafe jetzt also auch wieder auf den Körper einwirken, allerdings nicht, um ihn zu zerstückeln oder zu zerstören. Stattdessen lag der Sinn der Bestrafung darin, durch die Machtausübung im Gefängnis einen »fügsamen«, »gelehrigen« und »produktiven Körper« hervorzubringen (ebd.: 177).

Um dieses Programm der Körperdisziplinierung ausführen zu können, war ein Kontrollapparat notwendig, der eine effiziente Überwachung der Strafgefangenen gewährleistete. Das Idealmodell eines solchen ›totalen‹ Überwachungs- und Disziplinarapparats war Jeremy Benthams »Panopticon« (ebd.: 256ff.). Das Panopticon ist eine architektonische Einrichtung, die es ermöglicht, alle Eingeschlossenen von einem zentralen Wachtposten aus zu beobachten, ohne dass die Person auf diesem Posten selbst gesehen werden kann: Die Macht bleibt sichtbar, zugleich aber »uneinsehbar« (ebd.: 258). Das hat zur Folge, dass das Überwachungszentrum unbesetzt bleiben kann, da die Gefangenen nicht wissen, ob sie überwacht werden. Daher werden sie sich so verhalten, als würden sie beobachtet, was heißt, dass sie sich selbst überwachen, selbst kontrollieren und selbst disziplinieren – das Machtverhältnis wird »internalisiert« (ebd.: 260), es geht, in den Worten von Elias, von der Fremd- zur Selbstkontrolle über. Foucault zufolge fand Benthams Überwachungsmodell nicht nur in Gefängnissen Eingang, sondern auch in Fabriken, Schulen, Arbeits- und Armenhäusern, Irrenanstalten und Krankhäusern. Das Panopticon ist die »Perfektionierung der Machtausübung« (ebd.: 264f.), aber nicht um der Macht willen, sondern um die »Gesellschaftskräfte zu steigern – die Produktion zu erhöhen, die Wirtschaft zu entwickeln, die Bildung auszudehnen, das Niveau der öffentlichen Moral zu heben; zu Wachstum und Mehrung beizutragen« (ebd.: 267). Das Panopticon ist eine unkörperliche Form der Machtausübung, die wirkt, indem sie Subjekte individualisiert und diszipliniert.[36]

Von körpersoziologischem Interesse ist diese Geschichte der Geburt des Gefängnisses insbesondere deshalb, weil das Gefängnis exemplarisch für viele andere Überwachungs- und Disziplinierungstechniken moderner Gesellschaften steht. Das Gefängnismodell konnte sich als paradigmatische Bestrafungsform durchsetzen, weil es an in anderen gesellschaftlichen Bereichen bereits vorhandene Machtmechanismen anschloss, deren gemeinsamer Nenner eine »politische Ökonomie des Körpers« (ebd.: 37) war (vgl. Fink-Eitel 1989: 75). Die Bestrafungstechniken des Gefängnisses waren nur der sichtbarste Ausdruck weit verbreiteter Praktiken der Körperdisziplinierung. Da sich solche Praktiken der Körperdisziplinierung im 18. und 19. Jahrhundert in vielen gesellschaftlichen Bereichen durchzusetzen begannen, spricht Foucault auch von der »Formierung der Disziplinargesellschaft« (Foucault 1976: 269, 279).[37]

Techniken der Körperdisziplinierung gab es selbstverständlich auch zu früheren Zeiten (Foucault erwähnt beispielsweise Sklaverei, Armeen, religiöse Askese, klösterliche Zucht), doch unterschieden diese sich sowohl in ihrer Wirkungsweise als auch in ihren Mitteln von jenen Disziplinen, die sich ab dem 18. Jahrhundert zu etablieren begannen. Mit dem Anwachsen der Bevölkerung und der Herausbildung kapitalistischer Industriegesellschaften wandelte sich die Disziplin von einem bloßen Unterwerfungsmechanismus hin zu einer Technologie, die Gefügigkeit mit Nützlichkeit verband. »Die Disziplin steigert die Kräfte des Körpers (um die ökonomische Nützlichkeit zu erhöhen) und schwächt diese selben Kräfte (um sie politisch fügsam zu machen)« (ebd.: 177). Der *gesellschaftsweite Erfolg der Disziplin* liegt genau darin, dass sie *durch die Machtausübung Nützliches hervorbringt:* In der Fabrik wird körperliche Arbeit in viele einzelne Handgriffe zerlegt, in der Schule der Körper ruhig gestellt, im Sport einzelne Körperteile einem präzisen und kalkuliertem Training unterzogen etc., und in all diesen Fällen ist damit ein produktives Ergebnis verknüpft: ökonomische, pädagogische, sportliche[38] Effizienz und Effektivität. Diese positive Wirkung der Disziplinartechniken hat entscheidend damit zu tun, dass sich die Wirkungen der hierbei ausgeübten Macht bis in die kleinsten Bereiche des Körpers erstrecken. Foucault nennt die Disziplin daher auch eine »Mikrophysik der Macht« oder eine »politische Anatomie des Details« (ebd.: 178). Die Mikrophysik der Macht ist omnipräsent, sie äußert sich in den vielen unscheinbaren, aber hoch wirksamen Disziplinierungstechniken der Institutionen, in denen wir uns bewegen: Familie, Kindergarten, Schule, Clique, Verein, Arbeitsgruppe, Partei etc., überall wirken mehr oder minder subtil Disziplinierungsmechanismen auf Körperhaltung, Gestik, Mimik, Tonfall, Bewegung ein, um auf diese Weise die gesellschaftliche Funktion und das gesellschaftliche Überleben dieser Institutionen sicherzustellen.[39]

Foucault zufolge finden sich in modernen Gesellschaften drei hauptsächliche Mechanismen zur Disziplinierung, die aufgrund ihrer Einfachheit auch den Erfolg der Disziplinarmacht erklären: hierarchische Überwachung, normierende Sanktion und Prüfung. Die *hierarchische Überwachung* ist das Kernstück der Disziplinarmacht. »Die Durchsetzung der Disziplin erfordert die Einrichtung des zwingenden Blicks: eine Anlage, in der die Techniken des Sehens Machteffekte herbeiführen und in der umgekehrt die Zwangsmittel die Gezwungenen deutlich sichtbar machen« (ebd.: 221). Blicke sind Machtmittel, die die Körper anderer zu kontrollieren und zu disziplinieren vermögen.[40] Formen des »zwingenden Blicks« finden sich in allen sozialen Institutionen, wobei deren Bandbreite von technischen Überwachungsanlagen im Sinne des Panoptismus bis hin zur *face-to-face*-Kontrolle reichen kann. Überwachung in Disziplinargesellschaften impliziert auch eine Umkehrung traditioneller Machtformen: Sichtbar ist nun nicht mehr die symbolisch zur Schau gestellte Macht der Autorität (des Souveräns), sondern sichtbar sind die Objekte der Machtausübung – die diszipliniert arbeitenden, trainierenden, lernenden, sitzenden, schwitzenden etc. Subjekte.

Disziplinen wirken normierend, den entsprechenden Mechanismus nennt Foucault *normierende Sanktion*. »Die Disziplinen etablieren eine ›Sub-Justiz‹; sie erfassen einen Raum, der von den

Gesetzen übergangen wird; sie bestrafen und qualifizieren Verhaltensweisen, die den großen Bestrafungssystemen entwischen« (ebd.: 230). Jede soziale Institution bedarf für ihre Fortdauer der Einhaltung bestimmter Normen. Entsprechend entwickelt sie spezifische Techniken zur Vermittlung und insbesondere zur Sanktionierung der Nichtbeachtung dieser Normen. Wird gegen eine Norm verstoßen, tritt diese »Sub-« beziehungsweise »Mikro-Justiz« in Kraft: Die Individuen überwachen und sanktionieren sich selbst – die Eltern die Kinder, der Lehrer die Schüler, der Arbeitgeber den Arbeitnehmer, die Arbeitnehmer sich gegenseitig etc. Die ausführenden Akteure dieser Mikro-Justiz sind also wir Alltagsmenschen selbst: Wir beobachten und kontrollieren uns wechselseitig und greifen strafend ein, wenn jemand von der Norm abweicht. Der Nonkonformist wird so – wenn auch nur zeitweise – zum »Objekt der disziplinaren Aufmerksamkeit« (Dreyfus/Rabinow 1987: 188).

Die *Prüfung* schließlich ist jener Disziplinierungsmechanismus, der hierarchische Überwachung und normierende Sanktion verknüpft (Foucault 1976: 238). Prüfungen wirken differenzierend und individualisierend, sie konstituieren »das Individuum als Effekt und Objekt von Macht, als Effekt und Objekt von Wissen« (ebd.: 247). Die Abiturprüfung beispielsweise ist ein solcher Wissen-Macht-Komplex: Die Prüflinge werden hier überwacht, vier Stunden diszipliniert zu sitzen und zu schreiben, um so die Wissensnorm zu erreichen, die für das Bestehen des Abiturs notwendig ist. Die Prüfung stellt in dieser Weise individuelle Unterschiede her, und sie verdeutlicht noch einmal, dass Macht- und Disziplinartechniken produktive Seiten haben können.

Im Hinblick auf den Körper als Objekt und Instrument solcher Macht- und Disziplinartechnologien ist dies einer der entscheidenden Erkenntnisgewinne, die sich aus Foucaults Genealogie des Gefängnisses ergeben: Der *disziplinierte Körper* ist nicht nur der unterdrückte, beherrschte und normierte Körper, sondern auch der *produktive, effektive* und *nützliche Körper*. Entscheidend hierfür ist, dass der Körper im Spannungsfeld von Wissen und Macht steht (Foucault 1977). Wie diese »strategisch-produktive« Macht nicht nur Individuen zu disziplinieren vermag, sondern ganze Bevölkerungsgruppen, wird im Kapitel IV/4.2 ausgeführt.

3. Klassenspezifische Formungen des Körpers (Pierre Bourdieu)

Eine zentrale Erkenntnis der Arbeiten von Elias und Foucault besteht darin, dass der Körper ein Produkt soziohistorischer Entwicklungen ist. Beide Autoren haben gezeigt, dass und inwiefern der individuelle und gesellschaftliche Umgang sowie die Einstellungen zum Körper in Abhängigkeit von historisch gegebenen gesellschaftlichen Strukturen und Institutionen variieren. Eine ähnliche, die gesellschaftliche Produktion des Körpers in den Mittelpunkt rückende Ansicht vertritt *Pierre Bourdieu* (1930-2002). Von Elias und Foucault unterscheidet sich Bourdieu jedoch darin, dass es ihm nicht um den historischen Wandel der soziokulturellen Prägung des Körpers geht, sondern um *klassenspezifische Körper* im 20. Jahrhundert.

Ausgangspunkt seiner Beschäftigung mit dem Körper ist eine Klassenanalyse der französischen Gesellschaft der 1960er und 1970er Jahre. Vor dem Hintergrund eines marxistisch eingefärbten Strukturalismus differenziert Bourdieu die französische Gesellschaft in unterschiedliche soziale Klassen. Eine soziale Klasse bezeichnet eine Gruppe von Akteuren, die relativ ähnliche Lebensbedingungen aufweisen und dadurch vergleichbare Habitusformen sowie Praktiken und Lebensstile entwickeln.[41] Theoretisch lassen sich soziale Klassen anhand von drei Merkmalen bestimmen: Dem Volumen und der Struktur von Kapital sowie dessen zeitlicher Entwicklung (vgl. Bourdieu 1982: 182ff.). Mit »Kapital« wiederum meint Bourdieu »akkumulierte Arbeit, entweder in Form von Materie oder in verinnerlichter, ›inkorporierter‹ Form« (Bourdieu 1983: 183). Er unterscheidet primär drei Arten von Kapital beziehungsweise, »was auf dasselbe herauskommt«, von Macht (ebd.: 184): *ökonomisches* (Geld, Eigentum), *kulturelles* (Wissen, Bildung, Titel) und *soziales* (Beziehungen, Netzwerke) Kapital. Das Volumen dieser Kapitalarten bestimmt die drei großen Klassen der französischen Gesellschaft – herrschende Oberklasse (Großbürgertum), Mittelklasse (Kleinbürgertum) und untere Klasse (Arbeiter- und Bauernschaft)[42] –, die Struktur beziehungsweise die Zusammensetzung des Kapitals die unterschiedlichen »Fraktionen« innerhalb der Klassen.[43] Bourdieu hat die Klassenstruktur Frankreichs ausführlich empirisch untersucht und die Ergebnisse in seinem 1979 erschienenen Buch »Die feinen Unterschiede. Kritik der gesellschaftlichen Urteilskraft« (Bourdieu 1982) veröffentlicht. Dabei hat er zum einen gezeigt, dass die Körperpraktiken der Individuen klassenspezifisch geprägt sind, also von Volumen und Struktur der drei zentralen Kapitalsorten abhängen (s.u.). Zum anderen hat er sich mit dem *körperlichen Kapital* als einer weiteren Kapitalform auseinander gesetzt.

Der Körper ist nach Bourdieu ein Kapital in dem Sinne, dass er in sozialen Situationen und gesellschaftlichen Handlungsfeldern eingesetzt werden kann, um soziale Gewinne wie Anerkennung, Ansehen, materiellen oder immateriellen Erfolg zu erzielen.[44] Formen körperlichen Kapitals können zum Beispiel handwerkliches, sportliches, stimmliches und Bewegungstalent sein, gutes Aussehen, Gesundheit und Fitness, Benehmen und Stil (als eine Seite des körperlichen Habitus), Geschmack, aber auch Fleiß, Ausdauer und Disziplin (als Fähigkeit zur Überwindung körperlicher Trägheit, Faulheit). Kennzeichnend für körperliches Kapital ist, dass es sowohl einen Eigenwert besitzt als auch, zum Teil jedenfalls, in andere Kapitalsorten konvertierbar ist. So kann beispielsweise gutes Aussehen und körperliches Talent in ökonomisches Kapital (Einkommen, Gagen) transformiert werden oder künstlerische und sportliche Begabung in symbolisches Kapital (Ansehen, Prestige).[45]

Der Körper als Kapital weist Gemeinsamkeiten mit und Unterschiede zu den anderen Kapitalarten auf. Eine *Gemeinsamkeit* besteht etwa darin, dass auch der Körper eine Kapitalform ist, in die man »Zeit, Aufmerksamkeit, Sorge und Mühe«, kurz: Arbeit investieren kann (Bourdieu 1983: 196). Der körperliche Kapitalstock kann erhöht werden, indem Arbeitszeit aufgewandt wird. Das scheint ein typisches Merkmal gerade für so genannte post- oder spätmoderne Gesellschaften zu sein, wird hier doch der eigene Körper immer weniger als biologisches Schicksal hingenommen, sondern als ein gemäß den eigenen Wünschen gestalt- und manipulierbares »reflexives Projekt« (Giddens 1991: 56f.) angesehen. Investitionen in das eigene Körperkapital – die Arbeit am und mit dem eigenen Körper – sind augenscheinlich deshalb so lohnenswert, weil sich persönliche und soziale Gewinne individuell herstellen lassen sowie spür- und sichtbar verbucht werden können. Wer in sein Körperkapital Arbeit, Zeit und/oder Geld investiert, hat gute Chancen – auf dem Arbeitsmarkt genauso wie auf dem Heiratsmarkt –, hohe soziale und/oder persönliche Rendite, zum Beispiel in Form von sozialer Anerkennung und Selbstwertgefühl, zu erzielen. Vor allem aber kann mit dieser Art Körperarbeit an der eigenen Identität gearbeitet werden, selbst wenn dies ›nur‹ als »Identitätsdarstellung« (vgl. Goffman 1983) geschieht. Empirisch scheint es gegenwärtig jedenfalls so zu sein, dass immer mehr Menschen die Arbeit an und mit ihrem Körper als Identitätsarbeit begreifen beziehungsweise umgekehrt die Auseinandersetzung mit der eigenen Identität über den Körper austragen (vgl. Gugutzer 2002: 121; siehe hierzu auch Shilling 1993: 175ff.; Turner 1996: 20ff.).

Eine *zweite Gemeinsamkeit* zwischen dem körperlichen und den anderen Kapitalarten ergibt sich aus Bourdieus Gleichsetzung von Kapital mit Macht. So wie Geld, berufliche Position oder soziale Netzwerke als Machtmittel eingesetzt werden können, kann selbstverständlich auch der Körper als Machtmittel genutzt werden. Die Macht von Männern gegenüber Frauen oder von Erwachsenen gegenüber Kindern basiert nicht zuletzt auf unterschiedlicher körperlicher Kraft, Blicke können als Machtmittel benutzt oder körperliches Auftreten als Medium zur Machtdemonstration eingesetzt werden.[46] Eine solche Instrumentalisierung des Körperkapitals zu Machtzwecken bietet sich besonders aufgrund der symbolischen Qualität des Körpers an (siehe hierzu auch Kap. IV/2.3). Der Körper ist nämlich »nicht nur Träger, sondern auch Produzent von Zeichen« (Bourdieu 1982: 310), er ist symbolisches Kapital, das oft genug umkämpft, umstritten oder zumindest umworben ist. Entsprechend ist das körperliche *als* symbolisches Kapital immer wieder Gegenstand sozialer, kultureller oder religiöser Machtkämpfe.[47]

Unterschiede zwischen dem körperlichen Kapital und den anderen Kapitalarten gibt es in mindestens drei Hinsichten (vgl. hierzu auch Shilling 1993: 142ff.). *Erstens* hat das körperliche Kapital nicht den Warencharakter der anderen Kapitalsorten. So ist kulturelles Kapital käuflich erwerbbar, jedenfalls in seiner »objektivierten« (Bilder, Antiquitäten) und zum Teil auch in seiner »institutionalisierten« (Titel) Form – nicht allerdings in seiner »inkorporierten« Variante: Kompetenz, Geschmack[48] – genauso wie auch soziales Kapital beispielsweise qua Bestechung gekauft werden kann.

Körperliches Kapital ist in dieser Weise nicht käuflich. Zwar ist es möglich, zum Beispiel von Eltern Unterstützung hinsichtlich des Erwerbs körperlichen Kapitals zu erhalten (Trainingsstunden, Ausrüstung), den tatsächlichen Erhalt des Körperkapitals (Talent, Geschicklichkeit) garantiert das jedoch nicht. Auch Schönheitsoperationen bedeuten nicht den Kauf körperlichen Kapitals, sondern lediglich den Kauf einer bestimmten Technologie, mit der das angestrebte Körperkapital (Schönheit) per se jedoch nicht garantiert ist. *Zweitens* ist die ›Austauschrate‹ des körperlichen Kapitals keinesfalls sichergestellt. Zum einen ist immer das Risiko gegeben, dass das eventuell mit viel Mühe erworbene körperliche Kapital sozial nicht anerkannt wird, da die Wertschätzung der verschiedenen Arten körperlichen Kapitals nach Zeit und Ort variiert. Auch verändern sich die in einem bestimmten gesellschaftlichen Bereich angemessenen oder erwarteten Formen körperlichen Kapitals in Abhängigkeit von eben diesem, wie Bourdieu sagt, »sozialem Feld«[49]: Mit dem Wandel der »Logik des Feldes« (vgl. Bourdieu/Wacquant 1996: 124-147) ›Wirtschaft‹ ging beispielsweise auch der Wandel vom wohlbeleibten Firmenchef zum schlanken Manager einher (vgl. hierzu Rittner 1989: 374). Zum anderen kann es zu Verlusten bei der Konvertierung in andere Kapitalsorten kommen. Um aus körperlichem Kapital ökonomisches Kapital schlagen zu können, bedarf es mitunter unverhältnismäßig großer Anstrengungen, oder es gelingt überhaupt nicht, weil der dazu notwendige gesellschaftliche Kontext fehlt[50]. Das heißt, die soziale und ökonomische Rendite der Investition ins Körperkapital ist keineswegs gesichert. *Drittens* kann körperliches Kapital nicht unabhängig vom Individuum akkumuliert werden. Während Bilder, Bücher oder Plattensammlungen, Aktien und Grundstücke, Klienten und soziale Kontakte von einer Person an eine andere weitergegeben werden können, sind Talent, Schönheit oder Geschmack nicht übertragbar. Das körperliche Kapital steigt und fällt mit seinem Träger.

Der Körper stellt selbstverständlich nicht für jedes Individuum dieselbe Art von Kapital dar. Ob und wie der Körper als Kapital vom Einzelnen wahrgenommen, eingesetzt und bewertet wird, hängt in den Worten Bourdieus von dessen Klassenzugehörigkeit ab. Der Körper wird spätestens von seiner Geburt an *klassenspezifisch geformt*: Die Art und Weise des Fütterns, der verbalen und nonverbalen Kommunikation, des Umgangstons und der Beziehungsmuster in der Familie, der Vermittlung von Wissen, Werten, Normen etc., all das macht aus dem Körper ein soziales Phänomen. Insofern das frühzeitige Einwirken auf den Körper grundlegend die Art und Weise prägt, in der sich ein Mensch mitsamt seiner körperlichen Fähigkeiten, Fertigkeiten und Vorlieben entwickelt – und diese Prägung reicht bis in die kleinsten, unscheinbarsten körperlichen Praktiken hinein –, trägt der Körper unzweifelhaft den Stempel der sozialen Klasse, aus der er stammt. Bourdieu spricht deshalb davon, dass der Körper die »unwiderlegbarste Objektivierung des Klassengeschmacks« (Bourdieu 1982: 307) ist, also am sichtbarsten die Klassenzugehörigkeit zum Ausdruck bringt. Dies

»zunächst einmal in seinen scheinbar natürlichsten Momenten – seinen Dimensionen (Umfang, Größe, Gewicht, etc.) und Formen (rundlich oder vierschrötig, steif oder geschmeidig, aufrecht oder gebeugt, etc.), seinem sichtbaren Muskelaufbau, worin sich auf tausenderlei Art ein ganzes Verhältnis zum Körper niederschlägt, mit anderen Worten, eine ganz bestimmte, die tief sitzenden Dispositionen und Einstellungen des Habitus offenbarende Weise, mit dem Körper umzugehen, ihn zu pflegen und zu ernähren. In der Tat erweist sich über kulinarische Vorlieben [...] und natürlich auch über den Gebrauch des Körpers im Arbeitsprozess wie in der Freizeit die *klassenspezifische Verteilung der körperlichen Eigenschaften*« (ebd.; Herv. – R.G.).

Bourdieus Rede vom Klassen*geschmack* ist dabei in einem konkret sinnlich-leiblichen Sinne zu verstehen: Geschmack ist die Natur gewordene, das heißt inkorporierte Kultur, Körper gewordene Klasse. Über Geschmack lässt sich nicht streiten, heißt es; mit Bourdieu kann das damit begründet werden, dass Geschmack je nach Klassenzugehörigkeit variiert. Angehörigen aus unteren sozialen Klassen schmecken bestimmte Nahrungsmittel nicht, die Angehörigen oberer sozialer Klassen sehr wohl schmecken – und vice versa. Der Grund liegt darin, dass sie aufgrund ihrer Klassenzugehörigkeit einen anderen Geschmackssinn entwickelt haben. Geschmack bezeichnet Bourdieu deshalb auch als das in Fleisch und Blut übergegangene Klassifikationsprinzip, welches das für den Körper psychisch wie physisch Richtige auswählt und aufnimmt – der klassenspezifisch geprägte Geschmack ›weiß‹, was dem Körper gut tut.

Der Geschmack ist eine leiblich-körperliche Variante dessen, was Bourdieu *Habitus* nennt. Habitus ist in Bourdieus Sozialtheorie die vermittelnde Kategorie zwischen Klassenzugehörigkeit und (Körper-)Praxis. Er bezeichnet das Bindeglied zwischen den objektiven sozialen, ökonomischen und kulturellen Lebensbedingungen einerseits und den konkreten, kontextabhängigen Handlungen andererseits (vgl. Bourdieu 1982: 277ff., 1987: 97-121). Als »strukturierte Struktur« ist der Habitus das Resultat der klassenspezifischen sozioökonomischen Daseinsbedingungen, auf deren Grundlage sich gruppenspezifische und individuelle Dispositionen herausbilden, als »strukturierende Struktur« der »Erzeugungsmodus« für strukturell angepasste, das heißt feldspezifische Praxisformen (vgl. Bourdieu 1987: 98). Üblicherweise wird Bourdieus Habituskonzept als primär oder gar ausschließlich *kognitives Konzept* verstanden, nämlich als ein System von Dispositionen, das in der Alltagspraxis als Denk-, Wahrnehmungs- und Handlungsschemata wirkt. Wie bereits an Bourdieus Geschmacksbegriff zu erkennen ist, integriert der Habitusbegriff jedoch auch körperliche und leibliche Aspekte: Als *körperliches* Konzept verweist der Habitus auf die sichtbare Verkörperung der Lebensgeschichte einer Person, also auf das, was auch alltagssprachlich als Habitus bezeichnet wird, als *leibliches* Konzept[51] auf das leibliche Wissen, den sozialen Spürsinn (vgl. Gugutzer 2002: 119) oder, in Bourdieus Terminologie, den »praktischen Sinn« (Bourdieu 1987: 127), der situationsangemessenes Handeln anleitet.

Bourdieu hat die Relation von Klassenzugehörigkeit, Klassenhabitus und klassenspezifischen Körperpraktiken in »Die feinen Unterschiede« an zahlreichen Beispielen aus den Bereichen Essen, Trinken, Kleidung, Make-up, Rede- und Verhaltensweisen, Diäten und Sport aufgezeigt (Bourdieu 1982: 288-354). Bourdieus Ausführungen zum Sport beispielsweise illustrieren Folgendes (vgl. ebd.: 335-351; zum Sport siehe auch Bourdieu 1985b und Schmidt 2009): Angehörige der *Arbeiterklasse* haben ein primär instrumentelles Verhältnis zum Körper und wertschätzen insbesondere starke und kräftige Körper. Entsprechend haben sie eine Vorliebe für Sportarten, die kämpferischen Einsatz erfordern (Karate, Ringen) sowie das Vermögen beziehungsweise die

Bereitschaft voraussetzen, Schläge einzustecken und Schmerzen auszuhalten (Boxen). Sie präferieren Kraftsportarten wie Gewichtheben und Bodybuilding, Mannschaftssportarten mit hohem Körpereinsatz und gegnerischem Körperkontakt (Fußball, Rugby) sowie Sportarten, die einen Ganzkörpereinsatz erfordern (Motorradrennen, Turnen). Anders die Angehörigen der *mittleren und höheren Klassen*, die den Körper stärker unter ganzheitlichen Gesichtspunkten, als Selbstzweck und unter Stilisierungsaspekten sehen. Daher auch die Vorliebe für so genannte ganzheitliche Sportarten wie asiatische Körper- und Bewegungsformen oder für Gesundheits-, Wellness- und Fitnessaktivitäten, wobei für letztere eine höchst rationalisierte und zukunftsorientierte Sicht auf den Sport kennzeichnend ist, nämlich der Glaube, dass solche Sportarten vernünftig und sinnvoll sind: Jogging, Walking etc. wird ein langfristiger gesundheitsförderlicher und letztendlich lebensverlängernder Effekt unterstellt. Bevorzugt werden von den Angehörigen dieser Klassen außerdem Sportarten mit Naturbezug (Klettern, Kajak- und Kanufahren, Ski-Langlauf), Mannschaftsspiele mit wenig bis keinem gegnerischen Körperkontakt (Volleyball) sowie Sportarten mit hohem symbolischem Gewinn (Golf, Segeln, Polo, Jagd).

Diese Gegenüberstellung weist darauf hin, dass die Auswahl einer sportlichen Aktivität nicht allein vom ökonomischen und kulturellen Kapital (Geld, Bildung), sondern mindestens genauso sehr vom klassenspezifischen körperlichen Kapital abhängt. Ein Sport wird, so Bourdieu (1982: 347), mit umso größerer Wahrscheinlichkeit von den Angehörigen einer sozialen Klasse gewählt, je weniger dieser den klassenspezifischen Vorstellungen, Einstellungen, Bewertungen und Praktiken bezüglich des Körpers widerspricht, je weniger die sportliche (oder eine andere körperliche) Aktivität mit anderen Worten dem Habitus der Person zuwiderläuft.

Zusammenfassend lässt sich zweierlei festhalten: *Erstens*, die soziale Klasse hat entscheidenden Einfluss auf die Art und Weise, wie Individuen ihren Körper wahrnehmen, mit ihm umgehen und welchen symbolischen Wert sie ihm beimessen. Die Produktion körperlichen Kapitals erfolgt klassenspezifisch, weshalb am Körper auch die soziale Klassenzugehörigkeit abgelesen werden kann. *Zweitens*, die solchermaßen sozial konstruierten Körper tragen zur Reproduktion der Klassenstruktur bei. Die vermittelnde Instanz hierfür ist der klassenspezifische Habitus. Der Habitus sorgt dafür, dass das Individuum Aktivitäten und Bereiche wählt, die zu ihm passen, sich stimmig anfühlen. Dadurch werden soziale Ungleichheiten verinnerlicht, gehen in Fleisch und Blut über und werden zu quasi-natürlichen Differenzen, deren soziale Produktion deshalb leicht übersehen wird.

4. Diskursive Verkörperungen

Im Unterschied zu soziologischen Ansätzen, welche die historisch-gesellschaftliche oder klassenstrukturelle Formung menschlicher Körper und damit die *Materialität* des Körpers behandeln, setzen sich diskurstheoretische Ansätze mit der *Diskursivität* des Körpers auseinander, also mit der gesellschaftlichen Produktion des Körpers in und durch Diskurse. Diskursive Verkörperungen spielen in der sozial- und kulturwissenschaftlichen Körpertheorie der vergangenen Jahre eine zentrale Rolle. Aus dem Grund soll hier etwas ausführlicher auf diesen Ansatz eingegangen werden. Dazu werden zunächst die grundlegenden diskurstheoretischen Argumente von Foucault (4.1) und im Kapitel 4.2 Judith Butlers Ausführungen zur diskursiven Verkörperung des Geschlechts vorgestellt.

4.1 Der Körper im Schnittfeld von Wissen, Macht und Sprache (Michel Foucault)

Was ist ein Diskurs? Foucault versteht darunter eine »Menge von Aussagen, die einem gleichen Formationssystem zugehören« (Foucault 1973: 156). Als geregelte Verknüpfungen oder Formationen von sprachlichen Aussagen – so genannten »diskursiven Formationen« (ebd.) – sind Diskurse gewissermaßen die Materialisierung dessen, was in einer Gesellschaft oder Kultur zu einer bestimmten Zeit gesagt und gedacht wird (vgl. Bublitz 2003: 21). Diskurse enthalten zeit- und kulturspezifische Denkschemata, Deutungsmuster, Kategorien, Ideen, Konzepte und Wissensformen, die Foucault in ihrer historischen Genese – »archäologisch« beziehungsweise »genealogisch«[52] – untersucht. Dabei beschäftigt sich Foucault primär mit dem in den Humanwissenschaften gewonnenen Wissen, da diese »die für die gesellschaftliche Moderne zentralen Orte oder Institutionen [sind], an denen Diskurse entstehen, sich fortspinnen, verankert sind« (Keller 1997: 314). Wissenschaftliche Disziplinen wie Psychologie, Psychiatrie, Medizin, Pädagogik, Demographie oder Recht produzieren Wissen, das entscheidend mitbestimmt, worüber und wie in einer Gesellschaft gesprochen wird, was als Thema oder Problem wahrgenommen und diskutiert wird. Mehr noch: Wissenschaftlich produziertes und in Diskursen transportiertes Wissen stellt bestimmte Phänomene allererst her, wie Foucault insbesondere am Beispiel der Sexualität gezeigt hat (Foucault 1977). In diesem Sinne ist die gesellschaftliche Konstruktion von Wirklichkeit im engeren Sinne eine diskursive Konstruktion (vgl. hierzu auch Burr 1995).

Zentral in Foucaults Diskursverständnis ist zweierlei: *Erstens* sind Diskurse nicht auf das Sprechen über Dinge begrenzt, sondern Diskurse sind als »Praktiken zu behandeln, die systematisch die Gegenstände bilden, von denen sie sprechen« (Foucault 1973: 74). Diskurse bilden Realität nicht lediglich sprachlich ab, vielmehr bringen sie das, was sie bezeichnen, erst hervor. Daher versteht Foucault Diskurse als *diskursive Praktiken*. Der menschliche Körper ist ein solcher Gegenstand, der durch diskursive Praktiken hervorgebracht wird. Der Körper ist das Produkt – die Materialisierung – der Diskurse, die es über ihn gibt.

Zweitens sind Diskurse untrennbar mit *Macht* verknüpft. Diskurse können sowohl Instrument als auch Effekt, Produzent wie auch Vermittler von Macht sein, sie können Macht verstärken oder untergraben, aufs Spiel setzen, zerstören oder aufrechterhalten (vgl. Foucault 1977: 122). Macht ist Diskursen immanent, wobei es sich hier primär um Macht »im Sinne einer sich auf unterschiedliche Ressourcen stützenden Macht der *Definition*« (Keller 1997: 316; Herv. im Orig.) handelt. Diskurse definieren, was als wahr oder falsch, normal oder anormal, dazugehörig oder ausgrenzbar zu gelten hat, und damit üben sie Macht aus. Das Wissen, das Diskurse produzieren und distribuieren, zielt entsprechend nicht auf Wahrheit und Erkenntnis ab, sondern auf Macht. Wissen ist Macht. Beziehungsweise ist der Wille zum Wissen, der Foucault zufolge so charakteristisch für die moderne (Wissenschafts-)Gesellschaft ist, letztlich zuallererst der Wille zur Macht. Und umgekehrt: In der Moderne versteckt sich der Wille zur Macht vorzugsweise hinter dem Willen zum Wissen.

Wichtig ist in diesem Zusammenhang das Machtverständnis von Foucault. Hatte Foucault in seinen ersten Schriften einen »juridisch-diskursiven« Machtbegriff verwendet, der Macht als negativ, repressiv, Druck ausübend, erniedrigend etc. versteht, so nutzte er später einen »strategisch-produktiven« Machtbegriff, mit dem er die positiven und produktiven Seiten von Macht in den Blick nahm (vgl. Foucault 1977, 1978; zusammenfassend Lorey 1999).[53] In seinen letzten Arbeiten entwickelte Foucault schließlich einen staats- und subjektorientierten Machtbegriff, der das Verhältnis von staatlichen Herrschaftsformen und subjektiven Selbsttechnologien thematisiert und wofür er das Kunstwort »gouvernementalité« schuf (vgl. Foucault 2005).

Mit Blick auf die diskursive Konstruktion des Körpers interessiert Macht vor allem im strategisch-produktiven Sinne. Macht wirkt, wie bereits am Beispiel der Körperdisziplinierung verdeutlicht (Kap. IV/2), keinesfalls nur unterdrückend, sondern ebenso hervorbringend.[54] Das bevorzugte Terrain, auf dem die strategisch-produktive Macht ihre Wirkung entfaltet, ist der menschliche Körper.

> »Das, was durch Machtverhältnisse entsteht, unter anderem durch diskursive Praktiken, sind Körper. Machtverhältnisse unterdrücken nicht eine Wahrheit, eine Wesenheit, eine eigentliche Identität. Sie sind nicht juridisch. Machtverhältnisse bringen wahre Körper, authentische Selbste usw. erst hervor. Sie sind produktiv und sitzen im Fleisch« (Lorey 1999: 95).

Folgt man der Diskurstheorie Foucaults, dann ist der *diskursive Körper* der verkörperte Schnittpunkt von Wissen, Macht und Sprache. Der diskursive Körper ist der in und durch Diskurse konstruierte Körper, der historisch gewordene, in spezifische Macht-Wissen-Komplexe eingebettete Körper. Die diskursive Konstruktion körperlicher Phänomene geht vonstatten, indem sich bestimmte Wissensformen, Denk- und Deutungsmuster gesellschaftlich durchsetzen und eine Hegemonie über die Wahrnehmung und Bewertung von Körpern erlangen. In der Moderne sind es insbesondere wissenschaftliche Disziplinen, die spezifisches Wissen vom Körper produzieren und ihn damit ›erschaffen‹. Damit ist gemeint, dass es körperliche Phänomene wie Aids oder Krebs, das Immunsystem, Masturbation, kindliche Sexualität, Hirntod oder sexuelle Perversion in einem *sozialen* Sinne erst gibt, nachdem Medizin und Psychiatrie das Wissen von diesen Phänomenen entwickelt und es sprachlich benannt haben.[55] Das bedeutet nicht, dass es zum Beispiel vor der in den 1960er Jahren in der Medizin eingeführten sprachlichen Bezeichnung ›Hirntod‹ (vgl. Lindemann 2003) faktisch keine Menschen mit den Symptomen gegeben hätte, die nun als Hirntod bezeichnet werden – jedoch hat es in gesellschaftlich relevanter Hinsicht, beispielsweise für Organspenden, keine hirntoten Menschen gegeben (vgl. Motakef 2011). Da das Wissen um diese Todesart nicht vorlag, wurde sie auch nicht wahrgenommen und war daher sozial bedeutungslos. Es war ein spezifischer medizinischer Diskurs, der erst hirntote Körper hervorgebracht hat. Am diskursiven Körper interessiert daher nicht die ontologische oder anthropologische Frage, *was* der Körper ist, sondern die konstruktivistische Frage, *wie* er ist – wie er sozial wahrgenommen und bewertet wird (vgl. Villa 2000: 140). Dieses *Wie* wiederum verweist auf die Machtwirkungen, die Diskursen innewohnen. Denn die soziale Gruppe, Institution oder Gesellschaft, der es gelingt, eine bestimmte Vorstellung vom Körper, ein bestimmtes Wissen oder Interpretationsmuster vom Körper als normal, üblich, natürlich oder wünschenswert durchzusetzen, besitzt (Definitions-)Macht. Diese Macht besteht immer auch darin, das Andere, Nicht-Normale, Nicht-Natürliche etc. auszugrenzen. Die Positivität der Macht setzt das voraus, was sie unterdrückt. Entsprechend verweist der diskursiv konstruierte Normalkörper immer auch – mehr oder weniger implizit – auf den diskursiv konstruierten abweichenden Körper (vgl. Bublitz 2003: 73ff.).

Dass und wie der diskursive Körper als Materialisierung eines Macht-Wissens-Komplexes zu begreifen ist, lässt sich exemplarisch an Foucaults Studie über die Geschichte der Sexualität (Foucault 1977) zeigen.[56] Ganz im Sinne der konstruktivistischen Grundhaltung der Diskurstheorie zielt Foucaults genealogische Herangehensweise an das Phänomen Sexualität auf die Frage nach dem *Wie* – *wie* wird Sexualität diskursiv konstruiert, hervorgebracht, wahrgenommen, bewertet? Foucault vertritt die auf den ersten

Blick irritierende These, dass Sexualität ein historisches Konstrukt sei. »Sexualität hatten wir seit dem 18. und Sex seit dem 19. Jahrhundert. Was wir davor hatten, war vermutlich das Fleisch« (Foucault in Dreyfus/Rabinow 1987: 199). Sexualität meint bei Foucault kein biologisches Phänomen, keinen ursprünglichen Trieb, sondern die Materialisierung spezifischer historischer Diskurse, die ein bestimmtes Wissen über und bestimmte Machtpraktiken hinsichtlich der Sexualität hervorbrachten.[57] Die konkrete sexuelle Praxis, das, was gemeinhin als ›Sex‹ bezeichnet wird, ist von diesem Diskurs über Sexualität abhängig[58] (Foucault 1977: 187) – es gibt keinen vordiskursiven Sex. Wie ist das zu verstehen?

Ausgangspunkt von Foucaults Genealogie der Sexualität ist eine Auseinandersetzung mit der von ihm so genannten »Repressionshypothese« (ebd.: 19). Diese besagt, dass im Zuge der Herausbildung der bürgerlich-kapitalistischen Gesellschaft der Körper im Allgemeinen und die Sexualität im Besonderen zunehmend einer »juridisch-diskursiven Macht« unterworfen wurde, das heißt, unterdrückt, verdrängt, verboten, diszipliniert, zensiert und aus der Öffentlichkeit in die Privatsphäre verbannt worden ist. Foucault kritisiert diese Annahme, die sich beispielsweise auch in der Zivilisationstheorie von Elias widerspiegelt, als zu einseitig. Sie übersehe nämlich die zunehmende »›Diskursivierung‹ des Sexes« (ebd.: 21), die sich in den vergangenen drei Jahrhunderten vollzogen habe. Das Reden über den Sex habe in diesem Zeitraum explosionsartig zugenommen.[59] Der Sex sei weniger unterdrückt und verheimlicht als vielmehr in den verschiedenen Institutionen einem permanenten »Geständniszwang« unterworfen worden, damit möglichst viele Details über ihn ans Tageslicht kommen.

> »Um das 18. Jahrhundert herum entsteht ein politischer, ökonomischer und technischer Anreiz, vom Sex zu sprechen. Und das nicht so sehr in Form einer allgemeinen Theorie der Sexualität, sondern in Form von Analyse, Buchführung, Klassifizierung und Spezifizierung, in Form quantitativer oder kausaler Untersuchungen« (ebd.: 35).

Grund hierfür war vor allem das »Auftreten der ›Bevölkerung‹ als politisches und ökonomisches Problem« (ebd.: 37). Die bürgerlich-kapitalistische Gesellschaft habe realisiert, dass für ihre Zukunft die Regulierung des sexuellen Verhaltens der Bevölkerung – besonders im Hinblick auf die Geburtenrate– entscheidend sei. Daher entwickelte sie subtile Regulierungsverfahren, um vor allem die Sexualität von Ehepaaren, Frauen und Kindern zu kontrollieren. Es entstanden Institutionen und dazugehörige Wissenschaften, die die Verwaltung und Untersuchung des Sexualverhaltens der Menschen durchführten.

Die Diskursivierung des Sexes und die historische Genese der Sexualität nimmt hier ihren Ausgang: Immer mehr Institutionen und Wissenschaften befassten sich mit immer mehr Aspekten sexuellen Verhaltens, indem sie immer mehr Menschen dazu zwangen, »Geständnisse« über ihren Sex abzulegen.[60] Das Geständnis, eine säkularisierte »Technik zur Produktion der Wahrheit des Sexes« (ebd.: 87), wurde zum ›Datenerhebungsinstrument‹ schlechthin: Ob in der Familie, der Schule, der Klinik, der Psychiatrie, bei der Polizei oder im Gerichtssaal, überall wurden Daten über das Sexualverhalten der Menschen auf der Grundlage von Geständnissen gesammelt. Das daraus resultierende Wissen gerann zu je spezifischen Diskursen über den Sex. Dass beispielsweise Kinder eine Sexualität haben und es Masturbation gibt, sind Erkenntnisse der Psychiatrie und Medizin des 19. Jahrhunderts. Dieses Wissen entstand nicht außerhalb, sondern in den Zentren der Macht, und es brachte einen spezifischen Diskurs über diese Phänomene hervor. In diesem Sinne spricht Foucault davon, dass »vermöge eines komplexen und vielfältig wirkenden Dispositivs« der »Diskurs an den Sex angeschlossen« wurde (ebd.: 34f.). Das »Dispositiv« der Sexualität – ein Konglomerat aus diskursiven Praktiken, Wissen und Macht – habe allererst zur Entstehung der Kategorie ›Sexualität‹ beigetragen, indem es permanent »wahre Diskurse über den Sex« hervorbrachte (ebd.: 87). Im Gegensatz dazu hatten die Anhänger der »Repressionshypothese« behauptet, dass der Sex mit aller Macht aus den Diskursen ausgeschlossen und zum Schweigen gebracht worden sei.

Innerhalb der generellen Produktion und Zunahme von Diskursen über Sexualität im Laufe des 18. und 19. Jahrhunderts identifiziert Foucault »vier große strategische Komplexe [...], die um den Sex spezifische Wissens- und Machtdispositive entfalten« (ebd.: 125): »Hysterisierung des weiblichen Körpers«, »Pädagogisierung des kindlichen Sexes«, »Sozialisierung des Fortpflanzungsverhaltens« und »Psychiatrisierung der perversen Lust«.

Gemeinsames Merkmal dieser Strategien ist die diskursive Hervorbringung einer je spezifischen Sexualität. Am Beispiel der hysterischen Frau, des masturbierenden Kindes, des Familie planenden Paares und des perversen Erwachsenen zeigt sich deshalb, dass Sexualität keine »Naturgegebenheit« ist, »welche niederzuzwingen die Macht sich bemüht, und auch nicht als ein Schattenreich [zu begreifen ist], den das Wissen allmählich zu entschleiern sucht. ›Sexualität‹ ist der Name, den man einem geschichtlichen Dispositiv geben kann« (ebd.: 128). Schlussendlich zielt das Sexualitätsdispositiv auf die Regulierung der Bevölkerung. Zusammen mit den institutionellen Techniken der Körperdisziplinierung bildet die Kontrolle der Bevölkerung jene gesellschaftliche Ordnungsmacht, die Foucault *»Bio-Macht«* nennt (ebd.: 167), und die als »Macht zum Leben« die souveräne Macht zum Töten ablöst. Der Sex bildet dabei das Bindeglied zwischen den beiden Polen der Bio-Macht, den Disziplinierungen der individuellen Körper und den Regulierungen des Gesellschaftskörpers. Der Sex

> »fügt sich gleichzeitig in beide Register: er gibt Anlass zu unendlich kleinlichen Überwachungen, zu Kontrollen aller Augenblicke, zu äußerst gewissenhaften Raumordnungen, zu endlosen medizinischen oder psychologischen Prüfungen: zu einer ganzen Mikro-Macht über den Körper. Er gibt aber auch Anlass zu umfassenden Maßnahmen, zu statistischen Schätzungen, zu Eingriffen in ganze Gruppen oder in den gesamten Gesellschaftskörper. Der Sex eröffnet den Zugang sowohl zum Leben des Körpers wie zum Leben der Gattung. Er dient als Matrix der Disziplinen und als Prinzip der Regulierungen. Darum wird die Sexualität im 19. Jahrhundert bis ins kleinste Detail der Existenzen hinein verfolgt« (ebd.: 173f.).

Foucaults Arbeiten zum diskursiven Körper, wie sie hier exemplarisch am Beispiel der Diskursivierung des Sexes vorgestellt wurden, waren und sind von enormem Einfluss für die Soziologie des Körpers. Von Turners wegweisenden körpersoziologischen Arbeiten zur Rolle des Körpers in der Religion, Medizinsoziologie und Sozialtheorie (vgl. Turner 1980, 1982a, 1982b, 1987, 1996) über zahlreiche sozialkonstruktivistische Untersuchungen zum medizinischen Wissen, Begehren oder zum Wohlfahrtsstaat (vgl. zusammenfassend Shilling 1993: 74) bis hin zur feministischen

Geschlechterforschung (siehe Kap. 4.2) sind Foucaults Diskurs- und Machtanalysen von prägender Bedeutung gewesen. Shilling hält den Einfluss Foucaults auf die Soziologie des Körpers für so groß, dass es gerechtfertigt sei, von einem »Foucauldian approach to the body« zu sprechen (Shilling 1993: 74). Dennoch ist auch dieser Ansatz nicht unkritisiert geblieben.

Diskurstheoretische Körperstudien im Anschluss an Foucault sind dadurch gekennzeichnet, dass sie das Reden und Schreiben über Körper, das Wissen vom Körper, nicht aber den Körper als Materialität oder eigenleibliche Erfahrung thematisieren. Foucault und seine Nachfolger untersuchen streng genommen nicht den Körper, sondern ›lediglich‹ – was nicht abwertend gemeint ist – *Diskurse über* Körper. Foucaultianer würden dem vermutlich entgegenhalten, dass es keine vordiskursive Materialität und Erfahrung gebe, weshalb es angemessen beziehungsweise unabdingbar sei, die Diskurse zu untersuchen, die den materiellen und phänomenalen Körper hervorbringen. Man kann das als Diskurs-Determinismus bezeichnen und kritisch nachfragen, von welchem Körper hier die Rede ist (vgl. Lindemann 1996: 150) und ob es in der Lebenswirklichkeit von Menschen nichts jenseits von Diskursen gibt. Es sind vor allem phänomenologische Positionen der Körpersoziologie, die eine solche Kritik üben und darauf hinweisen, dass Menschen auch körperliche Wesen mit leiblichen Empfindungen, Gefühlen und Affekten sind, die sich nicht einfach in Diskurse auflösen lassen, sondern erlebt werden. Körper und Leib sind aus dieser Sicht nicht nur diskursive Konstruktionen, sondern besitzen ein Handlungspotenzial, das auch auf Diskurse zurückwirken, sie initiieren und Strukturen verändern kann.

4.2 Der Geschlechterkörper als diskursive Konstruktion (Judith Butler)

Die diskurstheoretische Position ist besonders prominent in der sozialwissenschaftlichen Geschlechterforschung vertreten. Die Popularität wie auch die Bedeutung der diskurstheoretischen Geschlechtersoziologie resultiert daraus, dass sie gesellschaftlich tief verwurzelte (Vor-)Annahmen und Einstellungen zu Geschlecht und zum Geschlechterverhältnis hinterfragt, kritisiert, relativiert. Dazu zählen vor allem Ansichten, die auf eine Naturalisierung beziehungsweise Ontologisierung des Geschlechts hinauslaufen. Damit ist zum Beispiel die für die meisten Menschen unhinterfragte Selbstverständlichkeit gemeint, dass es genau zwei Geschlechter gibt – Frauen und Männer. Eine Selbstverständlichkeit ist diese Sicht für die meisten vermutlich deshalb, weil es eindeutige körperliche Unterschiede zwischen Frauen und Männern zu geben scheint. Bereits wenn ein Mensch auf die Welt kommt, ist klar, welcher Mensch ein Junge und welcher ein Mädchen ist: Ein Junge ist jemand, der einen Penis und Hoden hat, ein Mädchen ist jemand, die eine Vagina hat. Umgekehrt gilt das gleiche: Ein Körper mit einem Penis und Hoden ist selbstverständlich ein Mann, ein Körper mit Vagina und Brüsten ist natürlich eine Frau. Natürlich im Alltagsverständnis ist des Weiteren, dass man dieses körperliche Geschlecht, das man bei Geburt ist, ein Leben lang hat. Normal erscheint vielen außerdem, dass mit dem körperlichen Geschlecht bestimmte soziale Rollen und psychische Eigenschaften unmittelbar verknüpft sind, wie zum Beispiel Mutterliebe, Emotionalität oder Fürsorglichkeit mit Frau, Entscheidungsfreude, Vernünftigkeit oder Sachlichkeit mit Mann. Und schließlich gilt es mehrheitlich als normal (nicht zuletzt aus Gründen der ›natürlichen‹ sexuellen Fortpflanzung), dass Frauen Männer begehren und Männer Frauen; die bekannten Ausnahmen bestätigen diese Regel nur. Das heißt, *common sense* ist, dass es einen eindeutigen Zusammenhang zwischen dem biologischen Körper, dem geschlechtlich bestimmten Körper, der Geschlechtsrolle, der Geschlechtsidentität und dem (hetero-)sexuellen Begehren gibt.

Diese vermeintlich selbstverständlichen Annahmen sind von feministischen Autorinnen seit langem kritisch hinterfragt worden.[61] Spätestens seit Simone de Beauvoirs berühmt gewordenem Satz: »Man kommt nicht als Frau zur Welt, sondern wird es« (Beauvoir 1990: 265), wird von Feministinnen die Ansicht vertreten, dass ›Biologie *kein* Schicksal‹ ist. Was es *heißt*, eine Frau oder ein Mann zu sein, ist nicht biologisch vorherbestimmt, sondern eine gesellschaftliche Festlegung. Im feministischen Diskurs hat sich dafür die Unterscheidung zwischen *sex*, dem biologischen Geschlecht (Frauenkörper, Männerkörper), und *gender*, dem sozialen Geschlecht beziehungsweise der Geschlechtsidentität (Frausein, Mannsein), etabliert. Damit geht die Vorstellung einher, dass es zwei biologisch bedingte, sexuelle Körper (*sex*) gibt, von denen die sozialen Geschlechter (*gender*) unabhängig sind, da diese allein durch gesellschaftliche und kulturelle Werte, Normen, Interaktionen und Machtverhältnisse hervorgebracht werden.[62]

Einen Schritt weiter noch als die Feministinnen Beauvoir'scher Prägung geht die amerikanische Philosophin und Literaturwissenschaftlerin *Judith Butler* (geb. 1956).[63] In ihren 1990 und 1993 erschienenen Büchern »Das Unbehagen der Geschlechter« (Butler 1991) und »Körper von Gewicht« (Butler 1997) führt sie die These aus, dass nicht nur das soziale Geschlecht gesellschaftlich konstruiert ist, sondern auch das biologische Geschlecht. Nach Butler ist es verkürzt gedacht, von einer natürlichen Vorgegebenheit des Körpers auszugehen und lediglich die sozialen Geschlechterrollen und Geschlechtsidentitäten, die dem biologischen[64] Körper zugeordnet werden, als gesellschaftlich hergestellt aufzufassen. »Das ›biologische Geschlecht‹ wird nicht [...] als ein körperlich Gegebenes ausgelegt, dem das Konstrukt des sozialen Geschlechts künstlich auferlegt wird, sondern als eine kulturelle Norm, die die Materialisierung von Körpern regiert« (Butler 1997: 22f.).

Diese selbst innerhalb der Frauen- und Geschlechterforschung als provokant bezeichnete und entsprechend kontrovers diskutierte These (vgl. Annuß 1996; Bordo 1992) bricht mit drei zentralen alltagsweltlichen Annahmen, die das Verhältnis von biologischem Geschlecht und sozialer Geschlechtsidentität betreffen (vgl. Bublitz 2002: 53): *Erstens*, das soziale Geschlecht (Frau-/Mannsein) ist keine natürliche Eigenschaft des Körpers. *Zweitens*, aus der Materialität menschlicher Körper resultiert keine natürliche, binär strukturierte Geschlechterdifferenz. Butler »dekonstruiert« eine solche Naturalisierung des Geschlechterkörpers und der Geschlechterdifferenz, indem sie deren stillschweigende Voraussetzung in Frage stellt – so Butlers Verständnis von »Dekonstruktion« (Butler 1997: 55f.) –, nämlich den Körper als natürliche Tatsache. In einer an Foucault angelehnten »kritischen Genealogie«[65] der Geschlechterdifferenz ermittelt Butler deshalb die historischen (Macht-)Kontexte, innerhalb derer der Körper als Natur *bezeichnet* wurde. »Natur [hat] eine Geschichte«, so Butler (ebd.: 25), was im Falle der Körpernatur heißt, dass sie Resultat wissenschaftlicher (vor allem medizinischer) Diskurse, politischer Interessen und sozialer Machtverhältnisse ist. *Drittens* bricht Butler auch mit der verbreiteten Annahme, dass mit dem vergeschlechtlichten Körper zwangsläufig eine bestimmte sexuelle Identität korrespondiert, konkret, dass aus dem als ›männlich‹ oder ›weiblich‹ bezeichneten biologischen Körper natürlicherweise ein gegengeschlechtliches sexuelles Begehren resultiert (vgl. Butler 1991: 23 und 38f.).

Butlers radikale Infragestellung des kausalen Zusammenhangs von *sex* und *gender*, von Körpermaterie und Geschlechtsidentität ist erkenntnistheoretisch im radikalen (linguistischen) Konstruktivismus fundiert und methodisch von Foucaults Diskurstheorie (vgl. Kap. IV/4.1) inspiriert. Vor diesem Hintergrund untersucht Butler, wie es zu der selbstverständlichen Annahme von zwei naturgegebenen *Geschlechterkörpern* gekommen ist. Ihr Interesse gilt also nicht der ontologischen Frage, *was* der Geschlechterkörper *ist*, sondern der konstruktivistischen Frage, *wie* er *hergestellt* wird. »Wie kommt es, dass uns der Körper als unhinterfragbare, objektive, natürliche Wirklichkeit des Geschlechts vorkommt?« (Villa 2000: 64), so Butlers Fragestellung. Ihre Antwort auf diese Frage lautet vereinfacht gesagt, dass es ein spezifischer kultureller *Diskurs* und die darin transportierten *Normen* sind, die den Geschlechterkörper hervorbringen. Hierbei handelt es sich um den kulturell vorherrschenden Diskurs der »Heteronormativität« beziehungsweise der »Zwangsheterosexualität« (ebd.: 143f.). Damit ist gemeint, dass die Unterscheidung in die beiden Geschlechterkörper ›Frau‹ und ›Mann‹ eine gesellschaftliche Norm darstellt, ein »regulierendes Ideal«, wie Butler im Anschluss an Foucault sagt (Butler 1997: 21), das wie ein Zwang wirkt, dem man/frau sich kaum entziehen kann. Die Geschlechterdifferenz entwickelt ihre normative Kraft, weil sie als ›Natur des Körpers‹ gilt, und sie gewinnt ihren Zwangscharakter dadurch, dass sie nur schwer einen anderen Blick auf geschlechtlich relevante Phänomene zulässt als eben diesen binär strukturierten. Menschliche Körper werden vergeschlechtlicht, werden zu Geschlechterkörpern, weil Körper durch das Raster der Geschlechterdifferenz wahrgenommen werden. An unseren Blick auf menschliche Körper ist zwangsläufig die Vorstellung der Zweigeschlechtlichkeit gebunden; es gehört zu unserer Idee von Körper, dass er genau ein von zwei möglichen Geschlechtern besitzt, und deshalb sehen wir auch nur zwei Geschlechter.

Der Zwangscharakter der heterosexuellen Norm zeigt sich besonders an den sozialen und zum Teil auch psychischen Problemen, mit denen homo- und transsexuelle Frauen und Männer zu kämpfen haben. Butlers politisches Anliegen, das mit ihrer Kritik an der Heteronormativität und ihrer Infragestellung der biologischen Konstruktion der Zweigeschlechtlichkeit verbunden ist, läuft deshalb darauf hinaus, einen Weg zurück zum »Körper als einem Ort für eine Reihe sich kulturell erweiternder Möglichkeiten« (Butler 1997: 10f.) zu ebnen, zum »Körper als einem gelebten Ort der Möglichkeit«, der es gestattet, eine eigene Geschlechtsidentität zu realisieren. Ihr politisches Ziel ist es mit anderen Worten, die Vielfalt und Vielzahl der (Geschlechter-)Körper, denen gesellschaftlich und kulturell Gewicht beigemessen wird, zu vergrößern. Butler bezeichnet solche »Körper von Gewicht« auch als »intelligible«, das heißt, gesellschaftlich anerkannte und daher (über-)lebensfähige Geschlechterkörper und -identitäten (vgl. Butler 1991: 38).

Butlers Nähe zu Foucault zeigt sich in ihrem Konzept des diskursiv konstruierten Geschlechterkörpers. Im Unterschied zu Foucault geht sie jedoch davon aus, dass es *keine vordiskursive Materialität* gibt.[66] Sie betont, dass der biologische Körper beziehungsweise das biologische Geschlecht *Wirkung* und nicht Grundlage kultureller Diskurse ist (vgl. Butler 1991: 26).[67] Das impliziert allerdings nicht, wie ihr immer wieder von Kritikerinnen vorgehalten wird (vgl. Duden 1993; Maihofer 1995), dass Butler den Körper auf etwas rein Diskursives reduziert. Diskurs und Materie versteht sie vielmehr als ineinander verschränkt, die Materialität des Körpers und seine sprachliche »Signifikation« als in einem untrennbaren Zusammenhang stehend (vgl. Butler 1997: 55f.). Körpermaterie meint bei Butler entsprechend nicht etwas vorsprachlich Gegebenes, sondern den *Prozess* der diskursiven Herstellung von Materie: Materie ist der »Prozess der Materialisierung, der im Laufe der Zeit stabil wird, so dass sich die Wirkung von Begrenzung, Festigkeit und Oberfläche herstellt, den wir Materie nennen« (ebd.: 32). Im Sinne Butlers ist es also nicht möglich, den materiellen Körper vom Diskurs über den (Geschlechter-)Körper zu trennen – der Diskurs und die darin enthaltene Norm der Zweigeschlechtlichkeit materialisiert sich als Geschlechterkörper.

Wie aber muss man sich diese Materialisierung der heterosexuellen Norm vorstellen? Wie materialisieren sich die Geschlechternormen als entweder ›weiblicher‹ oder ›männlicher‹ Körper? Für die Beantwortung dieser Fragen spielt Butlers Begriff der »Performativität« eine entscheidende Rolle. Im Anschluss an die Sprechakttheorie des Sprachphilosophen John L. Austin versteht Butler solche Sprechakte als performativ, die das, was sie benennen, allererst hervorbringen. Sprache meint hier ein Tun, durch das ein Phänomen nicht lediglich bezeichnet, sondern im Aussprechen erzeugt wird. Ein *performativer Sprechakt* bildet Wirklichkeit nicht ab, sondern stellt Wirklichkeit her. In dem Sinne ist der Satz des Arztes unmittelbar nach der Geburt »Es ist ein Mädchen« nicht die Beschreibung einer körperlichen Tatsache, sondern die Hervorbringung einer Geschlechterrealität. Mit dieser Aussage wird aus einem materialen Körper genau ein geschlechtlich identifizierter Körper und damit eine soziale Tatsache geschaffen.

Ihre wirklichkeitskonstituierende Wirkung erlangen solche performativen Sprechakte durch ihr *wiederholtes Zitieren*. Performativität ist »jene ständig wiederholende Macht des Diskurses, diejenigen Phänomene hervorzubringen, welche sie reguliert und restringiert« (ebd.: 22). Auf den Geschlechterkörper bezogen: Indem jeder/jede, der/die über Körper und Geschlecht spricht, diese Binarität zitiert, und das immer wieder tut, gewinnt die Zweigeschlechtlichkeit quasi-ontologischen Status. Dass dieses wiederholte Zitieren lediglich ein Rückgriff auf sprachliche Konventionen ist, die sich im hegemonialen Diskurs eingebürgert haben, gerät dabei in Vergessenheit. Butlers De-Ontologisierung des Geschlechterkörpers zielt deshalb darauf zu zeigen, dass der vermeintlich natürliche Geschlechterkörper (*sex*) das Resultat des Diskurses der sozialen Geschlechterdifferenz (*gender*) ist, das biologische Geschlecht mit anderen Worten immer schon ein soziales Geschlecht oder noch kürzer: *sex* das Ergebnis von *gender* ist.

Der vergeschlechtlichte materiale Körper ist also keine Essenz, sondern eine in diskursiven Praktiken prozesshaft hergestellte Konstruktion. Der materiale Körper ist »vollständig erfüllt mit abgelagerten Diskursen um das biologische Geschlecht und Sexualität« (ebd.: 55). Der Diskurs erzeugt die Materialität des Körpers, und da der Diskurs die in performativen Sprechakten (re-)produzierte Norm der Heterosexualität enthält, wird die Materialität des Körpers zwangsläufig als eines von zwei möglichen Geschlechtern wahrgenommen beziehungsweise bezeichnet. Erst durch die performative Wiederholung der heterosexuellen Norm entsteht der Körper als ›männliche‹ oder ›weibliche‹ Gestalt, Figur, Gestik, Mimik, Bewegung, als ›männliches‹ oder ›weibliches‹ Körperbild, als ›männliches‹ oder ›weibliches‹ Geschlecht. Anders gesagt: *Weil* die Norm lautet, Geschlechterkörper *sind* entweder ›männlich‹ oder ›weiblich‹, nehmen wir körperliche Merkmale und Zeichen als entweder ›männlich‹ oder ›weiblich‹ wahr. Die Norm der binären Sexualität wird Butler zufolge dem Körper nicht eingeschrieben, auch verinnerlicht er diese Norm nicht, vielmehr *ist* der Körper die Manifestation der Norm der Zweigeschlechtlichkeit (vgl. Bublitz 2002: 39).

Der Zwangscharakter dieser Norm verhindert es einerseits, körperliche »Wahr-Zeichen« (Bublitz 2001) wie Penis oder Vagina als irrelevant für eine Geschlechterzuschreibung zu betrachten, andererseits andere Körpermerkmale als geschlechtsrelevant wahrzunehmen. Die Evidenz bestimmter Körperteile als Geschlechtsmerkmal ist so enorm, dass es unsinnig erschiene, ihnen den Status als »irreduzibles« (Butler 1997: 53) Geschlechtsmerkmal abzustreiten.[68] Nichtsdestotrotz handelt es sich bei Penis oder Vagina (wie auch bei der materialen Basis des genetischen, Keimdrüsen- und hormonellen Geschlechts)[69] um geschlechtlich unbestimmte Körpermerkmale, die erst durch historisch-kulturelle Definitionsprozesse geschlechtlich bedeutsam werden. Sie zum Kennzeichen von ›Mann‹ und ›Frau‹ zu erklären, ist keineswegs biologisch in ihnen angelegt, sondern genau genommen eine willkürliche Entscheidung.[70] Die Gleichsetzung von ›Penis = Mann‹ und ›Vagina = Frau‹ hat sich diskursiv als Norm durchgesetzt, dennoch wäre es denkbar, dass entweder ganz andere körperliche Merkmale als geschlechtsrelevant bezeichnet werden, oder dass der unmittelbare Zusammenhang zwischen Körper, Geschlecht und (hetero-)sexuellem Begehren gar nicht erst hergestellt wird. Evidenz jedenfalls ist kein Kriterium für Ontologie, der Geschlechterkörper nicht die Essenz der Geschlechtsidentität.

Den Geschlechterkörper als diskursive Konstruktion aufzufassen, wie hier im Anschluss an Butler geschehen, ist natürlich nur eine von mehreren möglichen Sichtweisen. Wie Villa (2000) in ihrer »soziologischen Reise durch den Geschlechterkörper« gezeigt hat, sind mindestens noch zwei andere soziologische Herangehensweisen möglich, die beide zugleich die Grenzen von Butlers Ansatz aufzeigen. Eine *handlungstheoretische* Konzeption des Geschlechterkörpers, wie sie sich insbesondere in der ethnomethodologischen Geschlechterforschung findet (vgl. z.B. Garfinkel 1967; Hirschauer 1989, 1993; Kessler/McKenna 1978), rückt das »doing gender« in den Mittelpunkt, also die interaktive Konstruktion des Geschlechterkörpers. Das ist genauso wenig Butlers Thema wie die leiblich-affektive Konstruktion des Geschlechterkörpers, welche die *leibphänomenologische* Geschlechtersoziologie herausgearbeitet hat (vgl. Kap. V/4.). Die unterschiedlichen Zugänge schließen sich nicht aus, vielmehr ergänzen sie einander. Dies nicht zuletzt deshalb, weil sie alle den Geschlechterkörper als etwas Konstruiertes auffassen, was je nach Ansatz heißt: als in und durch Diskurse, Interaktionen und Empfindungen hergestellten ›weiblichen‹ und ›männlichen‹ Körper.

5. Körperliche Symbolisierungen des Sozialen (Mary Douglas)

In den Arbeiten von Elias, Foucault und Bourdieu ist implizit angelegt, was die britische Sozialanthropologin *Mary Douglas* (1921-2007) in einem ihrer Bücher explizit thematisiert hat: Der Körper ist ein *Symbol* gesellschaftlicher Strukturen. In ihrem 1969 erschienenen Buch »Ritual, Tabu und Körpersymbolik« (Douglas 1974) hat sie auf der Grundlage unterschiedlichster Daten zur Wahrnehmung und Umgangsweise mit dem Körper in Stammes- und Industriegesellschaften gezeigt, dass und wie der menschliche Körper gesellschaftliche Strukturen symbolisch zum Ausdruck bringt. Ausgangspunkt hierfür war eine auf den ersten Blick irritierende Annahme, die ihrem Buch den Originaltitel gibt: Der Körper sei ein »natural symbol«. Irritierend wirkt diese Formulierung, weil ein Symbol bekanntlich immer nur innerhalb eines sozialen oder kulturellen Bezugsrahmens ein Symbol sein kann. Ein natürliches, vom soziokulturellen Kontext unabhängiges Symbol gibt es nicht.

Wenn Douglas gleichwohl vom Körper als einem »natürlichen« Symbol spricht, tut sie das zum einen in dem Sinne, dass sie auf die natürliche, biologische Gegebenheit des Körpers verweist: Die Natur des Menschen ist es, körperlich zu sein (vgl. Kap. II/1). Da alle Menschen körperliche Wesen sind, ist der Körper ein universelles Phänomen und in der Hinsicht eine natürliche Grundlage der Symbolbildung. In allen Kulturen und Epochen wird der Körper als gesellschaftliches Symbol verwendet – vermutlich ist der Körper gar das einzige universelle Phänomen menschlicher Symbolisierungen.

Zum anderen ist der Körper ein natürliches Symbol insofern, als er auf natürliche, das heißt selbstverständliche, unhinterfragte, auch unbewusste Weise soziale Strukturen und Situationen zum Ausdruck bringt. Douglas setzt sich hier mit der These von Mauss (1975; vgl. zu Mauss Crossley 2007; Hunter/Saunders 1995) auseinander, dass es so etwas wie ein natürliches körperliches Verhalten nicht gibt, da jede körperliche Aktivität durch sozial vermittelte Lernprozesse geprägt ist (vgl. Kap. I). Allerdings hält Douglas diese Behauptung, es gebe kein natürliches Verhalten, für irreführend, da sie einen unnötigen Gegensatz von Natur und Kultur aufmache. Douglas Bestreben geht deshalb dahin, »natürliche Tendenzen aufzudecken, bestimmte Situationen durch einen ihnen angemessenen körperlichen Verhaltensstil zum Ausdruck zu bringen« (Douglas 1974: 104). Ein Verhalten weist eine »natürliche Tendenz« auf, wenn es »unbewusst und universell, das heißt, in allen Kulturen anzutreffen« (ebd.) ist. Insofern ein solches Verhalten jedoch immer nur durch die je historisch-kulturell geprägte Wahrnehmung einer sozialen Situation ausgelöst wird, handelt es sich hier um die kulturelle Ausprägung eines natürlichen Ausdrucks. So zeigt sich im symbolischen Ausdrucksverhalten des Körpers die Verflochtenheit von Natur und Kultur.

Das soziologisch Relevante am Körper als einem natürlichen Symbol ist nun die Frage, *wie* der Körper als gesellschaftliches Symbol genutzt beziehungsweise zu einem solchen ›gemacht‹ wird. Als Strukturalistin beantwortet Douglas dieses *Wie* mit Verweis auf das jeweilige Sozialsystem, das auf den Körper einwirkt: *Wie* der Körper symbolhaft wird oder als Symbol verwendet wird, hängt von der jeweiligen Gesellschaft ab. Entsprechend interessiert sie sich für die Beziehung zwischen dem *Sozialsystem* (Gesellschaft, Kultur) und dem *Symbolsystem* (Körper als Ausdrucksmedium) und insbesondere mit dem Einfluss des ersteren auf das zweite.

Douglas betrachtet – hierbei in der Tradition von Durkheim, Mauss und dem englischen Funktionalismus der Sozialanthropologie stehend sowie vom Soziolinguismus Basil Bernsteins beeinflusst – das wechselseitige Bedingungsverhältnis von *sozialem Körper* und *physischem Körper*. Ihre zentrale These zur Relation dieser »zwei Körper« (vgl. hierzu auch Klein 1984) lautet:

> »Der Körper als soziales Gebilde steuert die Art und Weise, wie der Körper als physisches Gebilde wahrgenommen wird; und andererseits wird in der (durch soziale Kategorien modifizierten) physischen Wahrnehmung des Körpers eine bestimmte Gesellschaftsauffassung manifest. Zwischen dem sozialen und dem physischen Körpererlebnis findet ein ständiger Austausch von Bedeutungsgehalten statt, bei dem sich die Kategorien beider wechselseitig stärken. Infolge dieser beständigen Interaktion ist der Körper ein hochgradig restringiertes Ausdrucksmedium« (Douglas 1974: 99).

»Der Körper als soziales Gebilde« (vgl. dazu auch Polhemus 1975) meint die Ideen, Ideologien, Glaubenssätze, Weltbilder, Wert- und Moralmaßstäbe, Wahrnehmungs- und Deutungsmuster, die in einer Gesellschaft kursieren. Sie sind es, die die Wahrnehmung und Bewertung des eigenen Körpers wie auch der Körper anderer prägen. Eine natürliche Auffassung vom und Einstellung zum Körper gibt es aufgrund des Eingebundenseins des Menschen in kulturspezifische Wissens- und Wertesysteme nicht. So prägen zum Beispiel tradierte Alltagstheorien, religiöse Ideensysteme oder milieuspezifische Wertvorstellungen die Wahrnehmung und den Umgang mit dem Körper. Vermittelt werden diese vor allem durch Sozialisationsinstanzen wie Familie, Milieu oder Ethnie. Umgekehrt kommt in der »physischen Wahrnehmung des Körpers« die Wahrnehmung der Gesellschaft zum Ausdruck. Wie wir unseren Körper erleben, mit ihm umgehen, ihn pflegen, ernähren, modellieren, ihm Ruhe gönnen oder ihn belasten, fordern und fördern, korrespondiert mit gesellschaftlichen Kategorien beziehungsweise mit den Kategorien, in denen wir Gesellschaft wahrnehmen.[71] So spiegeln sich zum Beispiel in der Einschätzung des eigenen Körpers als leistungsstark, fit und schön oder in der Bewertung anderer Körper als sportlich, dick und alt gesellschaftliche Konzepte und Alltagstheorien über Leistung, Aussehen und Alter wider.

Das Verhältnis von gesellschaftlichem und physischem Körper, konkret die Prägekraft des Sozialsystems auf den Körper als Symbolsystem, verdeutlicht Douglas anhand der so genannten »Reinheitsregel« (siehe hierzu auch Douglas 1985). Die Reinheitsregel besagt, dass mit der *Zunahme der sozialen Kontrolle* und des sozialen Drucks in einer Situation die *Notwendigkeit der Kontrolle der körperlichen Ausdrucksweisen* steigt: »Je komplexer das Klassifikationssystem einer Gesellschaft und je stärker der es erhaltende Druck ist, umso mehr wird vom sozialen Austausch angenommen, es handele sich bei ihm im Grunde um einen Verkehr zwischen körperlosen Geistern« (Douglas 1974: 109). Gemäß der Reinheitsregel findet sich ein ›priesterlich-aristokratisches‹ Verhalten bei festlichen, hochoffiziellen oder formellen Anlässen, während ausgelassene und ungenierte körperliche Ausdrucksformen in privaten und intimen Situationen gezeigt werden (dürfen). Ist für formelle Anlässe ein hoher Grad sozialer Kontrolle kennzeichnend, so ist im privaten Kontext der soziale Druck relativ niedrig; entsprechend ist bei jenen die Kontrolle des körperlichen Ausdrucksverhaltens stark, bei diesen hingegen gering. Die Reinheitsregel beziehungsweise, wie Douglas sie auch nennt, die »Regel der Distanzierung vom physiologisch Ursprünglichen« (ebd.: 3) besagt mit anderen Worten, dass die Forderung, sich sozial konform zu verhalten, mit dem sozialen Druck der Situation wächst: Je höher der soziale Druck ist, desto höher ist die Erwartung, die ›natürlichen‹ Körpervorgänge und -äußerungen zu unterbinden.

Da der Grad der Körperkontrolle mit dem Grad der sozialen Kontrolle korrespondiert, folgt daraus im Umkehrschluss, dass es möglich (und erwartbar) ist, eine hohe soziale Position durch ein zunehmend entkörperlichtes Verhalten zum Ausdruck zu bringen: »Die Stufen der ›Entkörperlichung‹ werden benutzt, um die Stufen der sozialen Hierarchie zu markieren« (ebd.: 110). Je höher die soziale Stufe ist, die eine Person einnimmt, desto stärker verfeinert sich ihr Verhalten, desto mehr Ausdrucksweisen werden für sie unmöglich – zum Beispiel lautes Schmatzen, Kauen oder Niesen, geräuschvolles Atmen, Rülpsen, unkontrollierte Wutausbrüche etc. Im zivilisierten Verhalten werden somit sozialstrukturelle Zwänge symbolisch zum Ausdruck gebracht. Im Anschluss an Elias kann man daher sagen, dass die Reinheitsregel Resultat des abendländischen Zivilisationsprozesses ist, beziehungsweise dass der abendländische Zivilisationsprozess »ein zunehmendes Wirksamwerden dieser Reinheitsregel« (Rittner 1976b: 203) ist.

Douglas spricht zwar von einem wechselseitigen Bedingungsverhältnis von Sozialsystem und Symbolsystem, doch ist die Stoßrichtung dieses Verhältnisses bei ihr eindeutig: Die gesellschaftlichen Strukturen und kulturellen Kategorien prägen die Möglichkeiten der Umgangs- und Wahrnehmungsweisen des Körpers. Zusammengefasst heißt das, dass der Körper aufgrund sozial wirksamer Normen, Konventionen, Rituale, Weltbilder etc. ein »mikroskopische[s] Abbild der Gesellschaft« ist (Douglas 1974: 109). Der Körper symbolisiert soziale Rollenmuster, Geschlechter- und Generationenverhältnisse, Macht- und Ungleichheitsstrukturen, soziale und kulturelle Zugehörigkeiten. Er ist ein Kommunikationsmedium, dessen Gebrauch von den sozialen Kontrollmechanismen abhängt und von einer extremen Körperinszenierung bis zu einer radikalen Körperverdrängung reichen kann. Zudem wird der Körper in der Sprache in Form von Metaphern genutzt (»Kopf der Mannschaft«, »Fußvolk«), um soziale Hierarchien zu versinnbildlichen (vgl. O'Neill 1990: 39f. und Kap. V/4.2). Jede Gesellschaft(-sgruppe) sorge dafür, so Douglas, dass dieser Primat des Sozialsystems gegenüber den körperlichen Ausdrucksformen gewahrt wird, dass mit anderen Worten die Bedürfnisse des Körpers den gesellschaftlichen Bedürfnissen untergeordnet werden. Das lässt sich gut daran erkennen, dass selbst die Freiheit, sich vollkommen ungezwungen, formlos oder unkontrolliert zu verhalten, gesellschaftlich kontrolliert wird. Typischerweise werden hierfür soziale Enklaven eingerichtet, die es dem Einzelnen erlauben, sich zeitweise ›gehen zu lassen‹ – in Fußballstadien, auf Volksfesten, Faschingsumzügen, Junggesellenabschieden etc. Die körperlichen Exzesse symbolisieren hier die kontrollierte Nichtkontrolle der Gesellschaft.

Der strukturalistischen Herangehensweise von Douglas ist es geschuldet, dass sie den Körper als Einschreibefläche und Symbol gesellschaftlicher Strukturen thematisiert und nicht – abgesehen von wenigen Hinweisen – ebenso die umgekehrte Frage behandelt, ob und wie sich der Körper in die Gesellschaft einschreibt. Douglas sagt zwar, dass ein »ständiger Austausch« zwischen sozialem und physischem Körper herrsche und dass sich »die Kategorien beider wechselseitig stärken« (Douglas 1974: 99), doch geht sie auf die wechselseitige Durchdringung von sozialem und physischem Körper bestenfalls am Rande ein. Das heißt, Douglas lässt letztlich unberücksichtigt, wie gesellschaftliche Strukturen durch körperliches Handeln aufgebrochen, modifiziert oder aufgehoben werden können, kurz: wie der Körper gesellschaftliche Ordnung produziert.

6. Der Körper als Thema systemischer Kommunikation (Karl-Heinrich Bette)

Verglichen mit historisch-soziologischen, strukturalistischen, diskurs- und handlungstheoretischen oder feministischen Ansätzen spielt der systemtheoretische Zugang zum Körper innerhalb der Soziologie des Körpers eine relativ randständige Rolle. Das ist einerseits überraschend, handelt es sich bei der Systemtheorie doch unstrittig um eines der zentralen Paradigmen der Gegenwartssoziologie. Andererseits fällt die Überraschung vielleicht auch nicht ganz so groß aus, folgt man der weit verbreiteten Meinung, dass die Systemtheorie eine antihumanistische und subjektfeindliche Theorie sei (vgl. Habermas 1985; Podak 1984; Zimmermann 1989). Was soll eine soziologische Theorie zum Körper zu sagen haben, die nichts vom Menschen wissen will und den menschlichen Körper als das *Gegenüber* von Gesellschaft, das nicht zur Gesellschaft Gehörende bezeichnet? Da sich die Soziologie des Körpers mit der gesellschaftlichen Formung des menschlichen Körpers und der gesellschaftlichen Konstruktion durch menschliche Körper befasst, worin sollte der körpersoziologische Beitrag der Systemtheorie bestehen, wenn diese den Körper in die *Umwelt* von sozialen Systemen platziert, soziale Systeme also körperlos konzipiert? Wenn Gesellschaft keine Ansammlung von Individuen und damit von individuellen Körpern ist, wie das die Systemtheorie behauptet, wo bleibt dann der Körper – in der Gesellschaft wie auch in der Systemtheorie?

Antworten auf diese Fragen liefert der Sportsoziologe Karl-Heinrich Bette (geb. 1952).[72] »Wo ist der Körper?« lautet die Überschrift eines Aufsatzes von Bette (1987), in dem er der Frage nach dem Ort und Stellenwert des Körpers in der modernen Gesellschaft nachgeht. ›Nirgends und überall‹, so könnte man Bettes zeitdiagnostische Antwort auf diese Frage zugespitzt zusammenfassen. Das kennzeichnende Merkmal des Verhältnisses von Körper und Gesellschaft in der Moderne ist Bette zufolge nämlich ein *Paradox*[73]: Der Körper ist ›nirgends‹, insofern er in vielerlei Hinsichten aus dem gesellschaftlichen Leben verdrängt wurde (Stichworte dafür sind Instrumentalisierung, Disziplinierung, Robotisierung, Virtualisierung des Körpers, Entkörperlichung der Kommunikation etc.), und er ist zugleich ›überall‹, gibt es doch kaum einen Sozialbereich, der vom Körperboom der letzten Jahre unbeeinflusst geblieben ist. Diese »Paradoxie der Gleichzeitigkeit« ist nach Bette Resultat des abendländischen Zivilisations- und Modernisierungsprozesses: »Es ist davon auszugehen, dass es zu einer breit ausfächernden Steigerung von Entkörperlichung und Körperaufwertung erst unter den Bedingungen einer durchgesetzten und fortgeschrittenen funktionalen Differenzierung kommen konnte« (Bette 1989: 40). Anders als jene Autoren, die allein das Verschwinden des Körpers im Zuge des Zivilisationsprozesses thematisieren, behauptet Bette, dass auch der gegenläufige Prozess in den Organisationsprinzipien der modernen Gesellschaft angelegt sei. *Körperverdrängung und Körperaufwertung* haben dieselben gesellschaftlich-strukturellen Ursachen, so die zentrale These Bettes, weshalb man den *paradoxen Körper* als Signum unserer Zeit bezeichnen kann. Die Paradoxie des Körpers bezieht sich

»auf die Behandlung des Körpers als Thema von Kommunikation einerseits und auf die gesellschaftliche Relevanz des Körpers als physisch-organische Einheit andererseits. In der Sichtweise der soziologischen Systemtheorie ist der erstgenannte Aspekt das zentrale Problem: *Wie wird innerhalb von Gesellschaft – auch anhand des Körpers – über den Körper kommuniziert?*« (Bette 1987: 600; Herv. – R.G.).

Unter Bezugnahme auf die Systemtheorie Niklas Luhmanns nach dessen autopoietischer Wende[74] (Luhmann 1984) entwickelt Bette ein Modell vom Körper in der Moderne, das die *Kommunikation über den Körper* in den Mittelpunkt rückt. Nach Luhmann ist Gesellschaft ein soziales System, das sich durch die Elemente, aus denen es besteht, selbst reproduziert. Diese Elemente sind Kommunikationen. Eine Gesellschaft besteht aus nichts anderem als aus Kommunikationen, die an Kommunikationen anschließen.[75] Menschen sind dagegen nicht Teil der Gesellschaft, so Luhmann, sondern gehören zur Umwelt sozialer Systeme. Der Mensch selbst ist kein eigenständiges System, vielmehr ein Konglomerat aus mehreren, getrennt voneinander operierenden Systemen: dem psychischen System (Bewusstsein) und dem physisch-organischen System (Leben).[76] Der menschliche Körper und die menschliche Psyche gehören zwar ›nur‹ zur Umwelt einer ausschließlich aus Kommunikation bestehenden Gesellschaft. Entscheidend aber ist, dass soziale Systeme nicht ohne Umwelt und damit Gesellschaften nicht ohne menschliche Körper existieren können. Die Systemtheorie geht daher von der Einheit der Differenz von System und Umwelt, Gesellschaft und Mensch aus.

»Der Mensch ist in der soziologischen Systemtheorie also nicht etwa in einem Akt der Missachtung vergessen, sondern nur anders zugeordnet worden. Nach wie vor gilt: Er ist als Umweltfaktor eine unverzichtbare Bedingung der Möglichkeit gesellschaftlicher Kommunikation. Wie sollten kommunikative Akte in Wirtschaft, Politik, Recht oder Sport auch vollzogen werden, wenn es nicht wahrnehmungs- und denkfähige Menschen gäbe, die über strukturelle Kopplungen mit der Gesellschaft verbunden wären? Leben und Bewusstsein sind die Materialitätsbasis, ohne die nichts läuft« (Bette 1999: 111).

Dass Körper und Gesellschaft miteinander »strukturell gekoppelt« sind, besagt, dass sie untrennbar aufeinander angewiesen sind, auch wenn sie füreinander Umwelt bleiben. Vereinfacht heißt das: Körper und Gesellschaft sind getrennt und funktionieren selbstbezüglich (*autopoietisch*), zugleich aber hinterlässt sowohl die Gesellschaft »Spuren am Körper« wie umgekehrt der Körper »Spuren auch in der Gesellschaft« hinterlässt (Bette 1989: 8).

Der Systemtheorie zufolge ist das, was im und mit dem Körper von Menschen geschieht, für die Gesellschaft somit zunächst einmal unerheblich. Ob Menschen ihren Körper sportlich trainieren, durch sitzende Tätigkeiten, übermäßigen Alkohol- und Tabakkonsum gesundheitlich schädigen, einer Schönheitsoperation unterziehen, durch Diäten disziplinieren oder durch modische Kleidung inszenieren, all das ist für die Gesellschaft so lange irrelevant, wie diese Körperpraktiken nicht *kommuniziert* werden.

Dabei kommuniziert jedoch nicht *die* Gesellschaft *den* Körper, vielmehr muss der Körper »erst in die Sondersprache des jeweiligen Funktionsbereichs übersetzt werden, bevor er dort als Thema relevant werden darf« (ebd.: 50). Erst wenn in gesellschaftlichen Subsystemen wie dem Sport und dem Gesundheitssystem, der Medizin, den Medien und der Religion körperliche Phänomene thematisiert, das heißt, kommuniziert werden, gewinnt der Körper gesellschaftliche Relevanz.[77]

Dass die Gesellschaft als Ganze nicht den Körper als Ganzen thematisieren kann, hat seinen Grund darin, dass moderne Gesellschaften nach Funktionsbereichen differenziert sind. Moderne Gesellschaften sind »polykontextural« organisiert, sie haben weder ein Zentrum noch eine Spitze, sondern funktionsspezifische Teilbereiche, die auf der Grundlage eigener Leitdifferenzen – so genannter »binärer Codes«[78] – operieren. Dementsprechend zeichnen sich funktional differenzierte Gesellschaften durch eine »polykontexturale Nutzung des Körpers« aus (Bette 1999: 141):

»Sozialsysteme, die aus Kommunikation und nichts als Kommunikation bestehen, berücksichtigen den Umweltfaktor Mensch nicht irgendwie, sondern rekonstruieren ihn entlang ihrer spezifischen Codierungen. Sie nutzen nur das, was in ihre Selbstbezüglichkeit hinein passt« (ebd.: 138).

Jedes Sozialsystem kommuniziert und beobachtet den menschlichen Körper also auf seine je eigene Weise: Für die *Wirtschaft* beispielsweise ist der Körper nur dann relevant, wenn er entsprechend dem Code ›Zahlen/Nichtzahlen‹ behandelt, das heißt, in die Sprache von Preisen übersetzt werden kann. Für das *politische System* gewinnt der Körper Relevanz, sofern er gemäß der Codierung ›Macht haben/nicht haben‹ beobachtet wird, was beispielsweise die Frage der legitimen körperlichen Gewaltausübung oder den Einsatz des Körpers als dramaturgisches Mittel zur Erlangung von Ämtern und Mandaten betrifft (ebd.: 139ff.). Für die *Wissenschaft* wiederum ist der Körper von Bedeutung, sofern er in dessen Leitunterscheidung ›wahr/unwahr‹ passt. Das ist etwa in der Weise der Fall, wenn die Wissenschaft auf den sinnlich wahrnehmbaren Körper zurückgreift, um intersubjektiv geteilte Wahrheiten herzustellen.[79]

Der zentrale systemtheoretische Gedanke, wonach der Körper zur Umwelt der Gesellschaft gehört und diese jenen lediglich als Thema subsystemspezifischer Kommunikation berücksichtigen kann, lässt sich am besten an einem explizit körperorientierten Sozialsystem wie dem *Hochleistungssport* illustrieren.[80] Dass selbst der Sport den Körper ›nur‹ als Umweltfaktor behandelt, mag auf den ersten Blick durchaus überraschen. Aus der Sicht der Systemtheorie, die eine »radikale Soziologisierung der Körperthematik« vornimmt (ebd.: 114), ist diese Zuordnung nicht nur plausibel, sondern zwingend notwendig. Aus systemtheoretischer Perspektive ist der Hochleistungssport ein gesellschaftlich ausdifferenziertes Teilsystem, das seine Kommunikationen entlang dem binären Code »Sieg/Niederlage« beziehungsweise »überlegene/unterlegene Leistung« strukturiert (Bette 1989: 171; vgl. hierzu auch Schimank 1988; Stichweh 1990). Würde diese Leitdifferenz ersetzt durch zum Beispiel ›Spaß haben/nicht haben‹ oder ›Schönheit/Hässlichkeit‹, hörte das Sozialsystem Hochleistungssport auf zu existieren. Nicht Schönspielen oder Spaßhaben zählt hier letzten Endes, sondern allein der Sieg. Dem entsprechend interessiert im Hochleistungssport auch nur der leistungsfähige Körper. Athleten trainieren und bereiten sich auf Wettkämpfe vor, um Höchstleistungen zu erbringen und Siege zu erringen. Die Verbands-, Vereins- und Wettkampfstrukturen des Hochleistungssports sind so angelegt, dass sich der Körper der Sportler der systemimmanenten Logik anpasst. Das System stellt einerseits die Strukturen bereit, damit die sportliche Leistung stetig gesteigert werden kann, andererseits unterwirft es die Körper der Athleten einem gnadenlosen Leistungsimperativ. Wer die geforderten Leistungserwartungen nicht erfüllt oder verletzt ist, scheidet aus diesem System aus oder wird von vornherein nicht zugelassen.

> »Der Spitzensport nutzt so auf eine bisweilen brachiale Art seine Körperumwelt, um eigenen Sinnprinzipien Geltung zu verschaffen. Wo die leitende Differenz von Sieg und Niederlage Handeln und Kommunikation eng führt, erfolgt eine Instrumentalisierung des Körpers entlang dieser Vorgabe« (Bette 1999: 59).

Aufgrund dieser Instrumentalisierung hinterlässt der Hochleistungssport deutliche – nicht zuletzt krank machende – Spuren am Körper der Athleten. Umgekehrt zeigt sich die strukturelle Kopplung zwischen diesem Sozialsystem und dem Körper etwa in der Weise, dass durch die Wahrnehmung und Thematisierung der Dopingpraktiken von Sportlern der Spitzensport vor Legitimationsprobleme gestellt wird und daher Maßnahmen zur Handhabung dieses Problematik entwickeln muss (vgl. Bette/Schimank 1995; Gugutzer 2009).

Der Hochleistungssport ist ein ausgezeichnetes Beispiel dafür, wie es im Modernisierungsprozess innerhalb eines Sozialsystems zur paradoxen Gleichzeitigkeit von Körperverdrängung (beziehungsweise einzelner Dimensionen des Körpers) und Körperaufwertung gekommen ist.

»Der Möglichkeitshorizont für den Körpergebrauch wird durch Spezialisierung erheblich erweitert, dadurch aber auch gleichzeitig verengt. Einerseits wird der Körper in Dimensionen hineingesteigert, die noch vor Jahren nicht für möglich gehalten worden wären. Andererseits tritt hierin eine Rationalität zu Tage, die ihren Sinn in der Übermächtigung und Beherrschung des Körpers in rigider, jahrelanger und energieintensiver Reduktion auf Bestimmtes sieht« (Bette 1989: 167; Herv. weggel.).

Bettes *Zeitdiagnose* zufolge ist diese Paradoxie ein generelles Merkmal moderner Gesellschaften. Einerseits wäre allein die Herausbildung der modernen Gesellschaft ohne *Körperverdrängung* nicht möglich gewesen, da sich die Subsysteme funktional differenzierter Gesellschaften über Kommunikation reproduzieren und »Menschen mit ihren Körpern lediglich eine marginale Bedeutung für den Vollzug gesellschaftlicher Kommunikation besitzen« (Bette 1999: 114). Das wiederum habe vor allem mit der »Durchsetzung symbolisch generalisierter Steuerungsmedien« (Bette 1989: 18) zu tun, die – wie zum Beispiel Macht, Geld, Vertrauen, Glauben oder Wissen – Kommunikation von Menschen und deren leiblich-körperlichen Bedürfnissen, Motiven und Interessen unabhängig machen. So hat sich beispielsweise die Wirtschaft mit der Entwicklung des Mediums Geld von der Abhängigkeit physisch anwesender Individuen emanzipieren können. Weitere sozio-evolutionäre Gründe für die zunehmende Körperverdrängung sind nach Bette die aus der funktionalen Differenzierung folgenden Individualisierungs- und Urbanisierungsprozesse sowie zunehmende Beschleunigungserfahrungen und Technologisierungsphänomene (vgl. Bette 1987).

Der gegenläufige Prozess der *Körperaufwertung*, das heißt die »Steigerung des Körpers als Thema gesellschaftlicher Kommunikation und der hieraus resultierende Erlebnisreichtum«[81], wäre andererseits ohne die sozialen, psychischen, körperlichen und ökologischen Kosten, die der Modernisierungsprozess forderte und fordert, nicht in Gang gekommen (Bette 1989: 41f.). Die verstärkte Inanspruchnahme des Körpers in den letzten Jahren und Jahrzehnten kann nach Bette unschwer als »Reaktion und Opposition auf die sich durchsetzende Moderne« angesehen werden (ebd.: 43). Beispiele für die Vielfalt solcher gegenzivilisatorischer Körperpraktiken sind das Joggen, Skaten oder Le Parkour (vgl. dazu Gugutzer 2012: 137-164) in den Innenräumen der Städte, Erfahrungssuche in der Natur, Abenteuer- und Extremsport, asiatische Tanz-, Körper- und Meditationskünste, Körper- und Bewegungstherapien, neue Formen der Selbstdarstellung und -stilisierung mittels ausgefallener Körper- und Kleidermoden, der Fitness- und Jugendlichkeitskult, die generelle Versportlichung des Lebensstils oder die Ausweitung des Gesundheitssystems. Aus soziologischer Sicht ist wichtig zu beachten, so Bette, dass diese und andere Formen der Körperaufwertung keineswegs die Phänomene der Körperverdrängung ab- oder gar auflösen. Vielmehr bleibe für die Gesellschaft die »paradoxe Simultanpräsenz« von Körperaufwertung und Körperverdrängung »als Daueraufgabe bestehen« (ebd.: 41), wobei diese »Daueraufgabe« auf die unterschiedlichen Funktionsbereiche der Gesellschaft verteilt ist. Bette sieht hierin einen Vorteil fortgeschrittener moderner Gesellschaften im Vergleich zu vormodernen Gesellschaften: »Eine komplexer gewordene Gesellschaft kann auch wesentlich komplexer und differenzierter auf ihre Körper- und Personenumwelt reagieren. Die Konsequenz ist eine Vervielfältigung des Verhältnisses von Körper und Gesellschaft in der Gesellschaft« (Bette 1999: 143).

Zusammenfassend lässt sich sagen: Ein systemtheoretischer Zugang zum Körper wie der hier vorgestellte bringt zum Vorschein, wie *gesellschaftliche Teilsysteme über Körper kommunizieren*. Die Systemtheorie des Körpers exemplifiziert damit auf ihre Weise, was in der Einleitung dieses Buchs zur Soziologie des Körpers allgemein gesagt wurde: *den* Körper gibt es nicht, es gibt ausschließlich beobachterabhängige Körper (wobei es hier soziale Systeme sind, die beobachten, und nicht Menschen) und damit eine Vielzahl an Körpern. Da ein beobachtendes System aber immer nur sehen kann, was es sehen kann, und nicht sehen kann, was es nicht sehen kann, es mit anderen Worten »blinde Flecken«[82] hat, entgeht der Systemtheorie des Körpers zwangsläufig manches, von dem andere Soziologien sagen, dass sie sozial und damit auch soziologisch bedeutsam sind. Ähnlich wie in diskurstheoretischen Ansätzen ist es beispielsweise die soziale Relevanz (etwa geschlechts- oder altersspezifischer) körperlicher Praktiken und leiblich-sinnlicher Erfahrungen, die der Systemtheorie des Körpers aus dem Blick gerät.

V. Der Körper als Produzent gesellschaftlicher Wirklichkeit

Das vorangegangene Kapitel hat gezeigt, in welch unterschiedlichen Hinsichten der menschliche Körper ein Objekt und Produkt gesellschaftlicher Wirklichkeit ist. Körperliches Handeln, Denken und Empfinden, Bilder und Vorstellungen vom Körper, Theorien und Ideologien über den Körper sind Ergebnis und Ausdruck historischer Prozesse, sozialstruktureller Zugehörigkeiten, institutioneller Machtmechanismen, kultureller Diskurse, sozialer Kontrollen und systemischer Kommunikationen. Verkürzt gesagt wurde damit deutlich, wie sich Gesellschaft in den Körper ›einschreibt‹. Mehr oder weniger offen blieb dabei die Frage, wie umgekehrt menschliche Körper und Leiber daran beteiligt sind, gesellschaftliche Wirklichkeit hervorzubringen. Da sozial handelnde Menschen verkörperte Subjekte sind, soziales Handeln damit immer auch ein leiblich-körperliches Handeln ist, stellt sich die Frage, wie leiblich-körperliche Handlungen an der Her- und Darstellung sozialer Ordnung beteiligt sind. Wie ›schreibt‹ sich der Körper in die Gesellschaft ›ein‹?

Mit diesem Thema der von Leib und/oder Körper ausgehenden Konstitution und Konstruktion gesellschaftlicher Wirklichkeit haben sich vor allem handlungs- und praxistheoretische sowie phänomenologische Ansätze auseinander gesetzt. Paradigmatisch hierfür stehen die dramatologische Soziologie Erving Goffmans (1.), die um diesen Ansatz erweiterte Strukturierungstheorie Chris Shillings (2.), die Praxeologie im Anschluss an Pierre Bourdieu und George Herbert Mead (3.) sowie die phänomenologisch fundierten Arbeiten Gesa Lindemanns (4.1) und John O'Neills (4.2.), von denen jene mikrosoziologisch und diese meso- und makrosoziologisch angelegt sind.

1. Körperliche Her- und Darstellung von Interaktionsordnungen (Erving Goffman)

Der prominenteste Autor einer Auseinandersetzung mit der Bedeutung des Körpers für soziales Handeln und (mikro-)soziale Ordnung ist zweifelsohne der amerikanische Soziologe *Erving*

Goffman (1922-1982). Ohne große Bedenken kann man Goffman als *den* Klassiker einer interaktionistischen Soziologie des Körpers bezeichnen. Dabei hat Goffman ebenso wenig wie Elias, dem ersten Klassiker der Körpersoziologie (vgl. Kap. IV/1.), eine explizite Körpertheorie entwickelt. Seine mikrosoziologischen Studien zu den Strukturen und Regeln sozialer Interaktion (Goffman 1971a, 1971b, 1973, 1974, 1980, 1981) sowie zur Präsentation und Wiederherstellung von Identität (Goffman 1975, 1983) liefern gleichwohl zahlreiche Erkenntnisse von hohem körper- und allgemeinsoziologischen Wert.[83] Dazu zählt vor allem, dass er deutlich gemacht hat, welche enorme Bedeutung dem Körper als integralem Bestandteil sozialer Interaktionen und Situationen zukommt.

Goffmans grundlegendes Thema, das sich durch fast alle seine Arbeiten zieht, ist die Analyse jener sozialen Ordnung, die sich zeigt, wenn sich Menschen von Angesicht zu Angesicht – *face-to-face* – begegnen; er nennt dies die *Interaktionsordnung*. Goffman sah seine Hauptaufgabe darin, *face-to-face*-Interaktionen als einen eigenständigen Gegenstandsbereich soziologischer Forschung zu etablieren, als einen »Gegenstand sui generis«.[84]

»Es war in all den Jahren mein Anliegen, Anerkennung dafür zu finden, dass diese Sphäre der unmittelbaren Interaktion der analytischen Untersuchung wert ist – eine Sphäre, die man, auf der Suche nach einem treffenden Namen, *Interaktionsordnung* nennen könnte –, eine Sphäre, die am besten mit den Mitteln der Mikroanalyse untersucht werden sollte« (Goffman 1994: 55; Herv. im Orig.).

Als eines der wesentlichen Merkmale der Interaktionsordnung nennt Goffman die *körperliche Präsenz* mindestens zweier Akteure, die wechselseitig aufeinander reagieren können. Die »vollen Bedingungen« einer solchen Kopräsenz zweier Akteure sind dann gegeben, wenn die Handelnden

»deutlich das Gefühl haben, dass sie einander nahe genug sind, um sich gegenseitig wahrzunehmen bei allem, was sie tun, einschließlich ihrer Erfahrung der anderen, und nahe genug auch, um wahrgenommen zu werden als solche, die fühlen, dass sie wahrgenommen werden« (Goffman 1971a: 28; vgl. hierzu auch Giddens 1992: 116ff.).

So flüchtig eine Begegnung zweier Menschen auch sein mag, in ihrer Interaktion spielen Leib und Körper eine wichtige Rolle. Wenn zwei Menschen sich begegnen, begegnen sich zuallererst zwei Körper; die Wahrnehmung des anderen Körpers, das Wahrgenommenwerden des eigenen Körpers sowie die Empfindungen, welche die an dieser Interaktion Beteiligten beim Wahrnehmen und Wahrgenommenwerden an sich selbst wahrnehmen, haben unmittelbaren Einfluss auf Beginn und Fortgang der Interaktion (vgl. Field 1978). Unter Rückgriff auf ein kommunikationstheoretisches Postulat von Paul Watzlawick und der »Palo Alto-Schule« lässt sich sagen, der Mensch kann »nicht nicht kommunizieren« (Marc/Picard 1991: 55; Watzlawick/Beavin/Jackson 1972): In einer Interaktion, in der die Akteure körperlich anwesend sind, ist es zwar möglich, verbal nicht miteinander zu kommunizieren, allerdings ist es nicht möglich, nicht nonverbal zu kommunizieren. Oder wie Goffman sagt:

> »Ein Mensch kann aufhören zu sprechen, er kann aber nicht aufhören, mit seinem Körper zu kommunizieren; er muss damit entweder das Richtige oder das Falsche sagen; aber er kann nicht gar nichts sagen« (Goffman 1971a: 43).

Selbst wenn sich die Interagierenden verbal nicht miteinander verständigen, findet zumindest *nonverbal* eine Kommunikation statt. Der Körper ist in jeder Situation ein Kommunikationsmittel, Körpersprache darüber hinaus eine hoch konventionalisierte und normative soziale Angelegenheit. Der normative Charakter der Körpersprache zeigt sich darin, dass für soziale Akteure die »Verpflichtung [besteht], im Zusammensein mit anderen bestimmte Informationen zu geben, bestimmte andere Eindrücke aber keinesfalls zu vermitteln – so wie ja auch eine bestimmte Erwartung darüber herrscht, wie sich andere zu präsentieren haben« (ebd.). Im Hinblick auf die Aufrechterhaltung der Interaktionsordnung sind die an der Interaktion Beteiligten also dazu angehalten, mit ihrem Körper in einer sozial erwartbaren Weise zu kommunizieren. Der Einzelne muss daher ein Maß an Körperkontrolle und Gefühlsarbeit (vgl. hierzu Hochschild 1983) aufbringen, das die gemeinsame Situationsdefinition nicht in Frage stellt und damit einen störungsfreien Ablauf der Interaktion gewährleistet. Dazu hat er das in seiner Gesellschaft vorhandene Vokabular der Körpersprache zu kennen und anzuwenden. Er muss die Körpersymbolik der anderen entziffern, sich an die sozialen Körperregeln halten sowie zur Einhaltung derselben bestimmte »Techniken der Imagepflege« (Goffman 1971c) und des Körpermanagements nutzen.

Goffmans Konzentration auf Analysen von *face-to-face*-Interaktionen sind in der lebenspraktischen Bedeutung von Begegnungen begründet: »Es liegt in unserer menschlichen Verfassung begründet, dass die meisten von uns ihren Alltag in unmittelbarer Gegenwart von anderen verbringen« (Goffman 1994: 56). Gesellschaft findet mit anderen Worten in großen Teilen in Form von Interaktionen und Situationen[85] statt. Für Interaktionen unter körperlich Anwesenden gilt, dass sich die Akteure immer als *Rollenträger* begegnen, und sei diese Begegnung noch so privat und intim (vgl. Hitzler 1997). Um die jeweils eingenommene Rolle überzeugend zu spielen und damit zur Aufrechterhaltung der Interaktionsordnung beizutragen, ist es notwendig, deren Regeln zu kennen und einzuhalten, was eben auch heißt, die Körperregeln des normativ richtigen Verhaltens zu kennen und einzuhalten. Damit erhält der Körper in diesen Rollenspielen eine wichtige dramaturgische Bedeutung: Indem wir in Begegnungen in Rollen schlüpfen, stellen wir uns selbst jeweils als jemanden dar; und diese Selbstdarstellung als Träger einer Rolle ist immer auch eine – mehr oder weniger bewusst, gut und überzeugend gespielte – körperliche Selbstdarstellung. In dem Sinne kann man vom Körper als *dramaturgischen Körper* sprechen und das Drama[86] des Alltags als ein durch und durch körperliches Drama bezeichnen.

Goffman hat die Dramaturgie des Alltagslebens und die Rolle, die der Körper hierbei spielt, insbesondere in seinem 1959 erschienenen Buch »Wir alle spielen Theater. Die Selbstdarstellung im Alltag« ausgeführt (Goffman 1983). Die Theater-Metapher dient ihm hier zur Illustration der Organisationsprinzipien, nach denen das alltägliche Zusammenleben abläuft. Danach gleicht die soziale Welt einer Bühne, auf der wir Alltagsschauspieler gemeinsam ein Stück inszenieren, in dem es ganz allgemein um die *Definition der Situation* geht: Durch unser wechselseitig aufeinander bezogenes Handeln legen wir fest, um welche Situation es sich gerade handelt. Anders gesagt: Als Alltagsschauspieler spielen wir, sobald wir in einer sozialen Situation sind, eine Rolle, und die anderen Darsteller tun dies ebenfalls; alle Darsteller bilden zusammen das Ensemble[87], und jedes Ensemblemitglied ist in der Regel darum bemüht, nicht ›aus seiner Rolle zu fallen‹, sondern sie so überzeugend zu spielen, dass das gemeinsam vor einem Publikum aufgeführte Stück störungsfrei ablaufen kann. Ob der Untertitel des Stücks ›Uni-Seminar‹, ›Vorstellungsgespräch‹ oder ›Verkaufssituation‹ heißt, die Struktur sozialer Begegnungen ist immer die gleiche: Darsteller wie Publikum kümmern sich um die »Erhaltung einer einzigen Bestimmung der Situation, und diese Definition muss ausgedrückt, und dieser Ausdruck muss auch im Angesicht zahlreicher potenzieller Störungen durchgehalten werden« (ebd.: 233). Die Situationsdefinition auszudrücken meint, durch körperliches Ausdrucksverhalten bei den anderen Akteuren einen *Eindruck* zu hinterlassen, der zur Aufrechterhaltung der gemeinsam konstruierten Wirklichkeit beiträgt. Im sozialen Zusammenleben geht es weniger um die Wahrhaftigkeit von Selbstdarstellungen als vielmehr um die Vermittlung des richtigen Eindrucks.

»Auch Akteure des Alltags bauen [...], wie Schauspieler vor einer Theaterkulisse, eine (Schein-) Normalität auf. Sie stellen [...] die sozialen Aspekte ihrer Persönlichkeit dar. Sie bewegen sich im sozialen Spielraum gleichsam als gemeinsames Produkt ihrer darstellerischen Leistungen und der Bestätigung durch das Publikum« (Hitzler 1997: 37f.).

Die dramaturgischen Probleme der Selbstdarsteller des Alltags haben daher entscheidend mit der Herstellung und Manipulation von Eindrücken zu tun – mit dem richtigen Eindruck der eigenen Person, des Charakters und Status, persönlicher Absichten und Motivationen. Und diese Eindrucksmanipulation ist in erster Linie eine körperliche Darstellungsleistung, nämlich der sozial angemessene Einsatz von Gestik, Mimik, Blick, Sprache, Stimme, Körperhaltung, Bewegung, Tempo, Kleidung, Benehmen oder Auftreten.

Die Rede vom Selbst*darsteller* verweist auf die Trennung zwischen dem Selbst, das dargestellt wird, und der Rolle, in die das Individuum schlüpft, um sich selbst beziehungsweise einen Teil seines Selbst darzustellen. Goffman bezeichnet die Übernahme einer Rolle als Aufbau einer »persönlichen Fassade« (Goffman

1983: 25), welche dazu dient, bestimmte Informationen an die anderen Interaktionsteilnehmer zu vermitteln, um so auf deren Handeln in gewünschter Weise Einfluss zu nehmen. Diese »Fassadenarbeit« betrifft die körperliche Erscheinung und das körperliche Ausdrucksverhalten, wobei dem Gesicht eine besondere Bedeutung zukommt. Der dramaturgische Körper kommt dabei vor allem auf der »Vorderbühne« der sozialen Welt zum Einsatz, da dies die Region ist, »in der die Vorstellung stattfindet« (ebd.: 100). Hier werden in Anwesenheit Anderer gewünschte Eindrücke inszeniert und andere, die den hervorgerufenen Eindruck beeinträchtigen könnten, unterdrückt. Die unterdrückten Aspekte werden üblicherweise in die »Hinterbühne« des Soziallebens verschoben, also in jene zu einer Vorstellung gehörende Region, in welcher »der durch die Darstellung hervorgerufene Eindruck bewusst und selbstverständlich widerlegt wird« (ebd.: 104).[88] Hinterbühnen erfüllen eine wichtige soziale Funktion, ermöglichen sie es doch den Darstellern, für eine gewisse Zeit ihre Körperkontrolle aufzugeben, ihre Fassade nicht weiter aufrechtzuerhalten und aus ihrer Rolle zu schlüpfen. Goffman betont, dass die alltäglichen Eindrucksmanipulationen am besten dort zu beobachten sind, wo Darsteller von der Vorder- zur Hinterbühne oder umgekehrt wechseln, »denn in diesen Augenblicken kann man entdecken, auf welche geradezu phantastische Weise der Rollencharakter an- und abgelegt wird« (ebd.: 112).

Obgleich die Darsteller eines Stücks normalerweise daran interessiert sind, das Stück aufrechtzuerhalten, ist dennoch keine Vorstellung vor Zwischenfällen gefeit, welche die gemeinsame Situationsdefinition in Frage stellen. Goffman zufolge liegt in der »Tatsache, dass die Eindrücke, die bei Darstellungen erzeugt werden, *Störungen* unterworfen sind« (ebd.: 61; Herv. – R.G.), auch das eigentlich soziologisch Interessante und Relevante, da solche Störungen indirekt auf die Struktur und Ordnung der Interaktion verweisen.[89] Typische Störungen einer Vorstellung sind unbeabsichtigte Gesten, Fauxpas, Taktlosigkeiten, unbeabsichtigte Missgeschicke oder das unpassende Eindringen des Publikums auf die Hinterbühne. Zu einer dramatischen Wende im wörtlichen Sinne kommt es, wenn ein Darsteller ›eine Szene macht‹ und damit eine völlig neue Situation, eine neue Szenerie schafft. Kennzeichnend für den Großteil solcher Störungen ist die dramaturgische Rolle, die der Körper hierbei spielt: Zum einen als Akteur, der zum Beispiel durch das unbeabsichtigte Umschütten des Weinglases oder das ungebetene Betreten des elterlichen Schlafzimmers für eine Störung der Vorstellung sorgt, zum anderen als verkörperter Alltagsschauspieler, dessen intendierter Eindruck in der Situation zerstört wird. Typische leiblich-affektive Begleiterscheinungen solcher Störungen sind Scham beim Darsteller und Peinlichkeit beim Publikum.

Um solche Störungen zu vermeiden und damit eine vom Publikum als erfolgreich wahrgenommene Rolleninszenierung zu erreichen, muss der Darsteller bestimmte »*Techniken der Eindrucksmanipulation*« nutzen (ebd.: 189). Hierbei handelt es sich um Maßnahmen, die einerseits dem Darsteller helfen, seine Rolle weiterzuspielen und damit den Eindruck aufrechtzuerhalten, den er als soziale Person beziehungsweise Rollenträger erwecken will, und die andererseits dazu beitragen, die von den Darstellern und dem Publikum aufgebaute Situationsdefinition sicherzustellen. Goffman unterscheidet zwei Varianten von Eindrucksmanipulation: »Verteidigungsmaßnahmen« werden von den Darstellern angewandt, um die eigene Vorstellung zu retten. Dies gelingt den Darstellern insbesondere dadurch, dass sie »dramaturgische Loyalität« zeigen sowie »dramaturgische Sorgfalt« und »dramaturgische Disziplin« üben (ebd.: 193-208). Der dramaturgische Körper ist hier primär der im Dienste der Situationsdefinition kontrollierte, disziplinierte und bewusst inszenierte Körper. Als »Prüfstein für die Fähigkeiten eines Darstellers« kann Goffman zufolge die »Kontrolle über Gesichtsausdruck und Stimme« gesehen werden (ebd.: 197). »Schutzmaßnahmen« wiederum werden vom Publikum vorgenommen, um die Darsteller bei der Rettung ihrer Vorstellung zu unterstützen. Hauptmittel dafür sind »taktvolles Verhalten« sowie »Diskretion« (ebd.: 209ff.).

Goffmans materialreiche Untersuchungen zum dramaturgischen Körper verdeutlichen die Relevanz des sichtbaren, handelnden Körpers für die Aufrechterhaltung einer Situationsdefinition. Sie zeigen, dass die Interaktionsordnung (insbesondere angesichts möglicher Störungen) in hohem Maße von der Kompetenz der Interaktionsteilnehmer abhängt, die eigenen Emotionen, Bewegungen und körperlichen Ausdrucksformen zu kontrollieren. Der dramaturgische Körper ist somit ein kontrollierter Körper, der in Interaktionssituationen vor allem zur Vermittlung eines sozial angemessenen, normativ richtigen Eindrucks eingesetzt wird.

Goffmans dramatologischer Ansatz rückt, zusammenfassend gesagt, die Bedeutung körperlichen Handelns und Interagierens für die Her- und Darstellung mikrosozialer Ordnung in den Mittelpunkt körpersoziologischer Analysen. Bei aller Anerkennung, die dieser »Klassiker der zweiten Generation« (Hettlage/Lenz) mittlerweile genießt, blieb auch sein Ansatz nicht unkritisiert. Die Kritik richtet sich vor allem auf drei Punkte: Erstens sagt Goffman nichts zum verkörperten Subjekt außerhalb der Interaktionsordnung, also zu dessen Eingebundensein in situationsübergreifende soziale Ordnungen und deren Einfluss auf jene Normen, die den dramaturgischen Einsatz des Körpers beeinflussen. Zweitens finden sich in seiner Körpersoziologie keine Aussagen über den Beitrag des dramaturgischen Körpers zum Wandel sozialer Körperregeln; stattdessen präsentiert Goffman den dramaturgischen Körper als reines Ausdrucks- und Ausführungsmedium bereits existierender normativer Erwartungen. Drittens ist bei Goffman nichts über die makrosoziale Bedeutung verkörperter Handlungen zu erfahren, etwa über strukturelle Macht- oder Ungleichheitseffekte, die aus dramaturgischen Handlungen resultieren (können). Diese Kritikpunkte schmälern jedoch in keinster Weise Goffmans zentrale Bedeutung für die Soziologie des Körpers. Wie Goffmans Ansatz über diesen hinausgehend produktiv genutzt werden kann, zeigt das folgende Kapitel.

2. Verkörperte Interaktionen zwischen Akteur und Struktur (Chris Shilling)

Goffmans Konzept der »Interaktionsordnung« wurde von dem britischen Soziologen *Chris Shilling* (geb. 1961), dem international derzeit vielleicht renommiertesten lebenden Körpersoziologen, aufgegriffen, um damit die »Strukturierungstheorie« von Anthony Giddens (1992) körpersoziologisch zu erweitern. Diese Erweiterung besteht primär darin, dem Körper ein größeres Gewicht bei der Vermittlung von Struktur und Handeln einzuräumen, als Giddens selbst das getan hat. Das Ergebnis der Integration der Interaktionsordnung in die Strukturierungstheorie könnte man als *verkörperte Strukturierungstheorie* bezeichnen.[90] Deren Grundbausteine lauten: Soziale Akteure sind körperliche Wesen, soziales Handeln ist verkörpertes Handeln, verkörpertes soziales Handeln ist durch soziale Strukturen geformt, die umgekehrt durch verkörperte soziale Handlungen hervorgebracht werden (vgl. Shilling 1993, 1997a, 1999, 2003; Shilling/Mellor 1996).

Shilling beginnt die Entwicklung seiner verkörperten Strukturierungstheorie mit einer Kritik an Giddens' Strukturierungs- und Modernisierungstheorie. Giddens' Absicht war es, eine Sozialtheorie zu entwerfen, die einige der klassischen Dualismen in der Soziologie überwindet: den Dualismus zwischen Individuum und Gesellschaft, Makro- und Mikrosoziologie, Objektivismus und Subjektivismus, Strukturalismus und Phänomenologie, Struktur und Handlung. Das Gegenkonzept, das er diesen Dualismen gegenüberstellt, nennt Giddens die »Dualität von Struktur und Handlung« oder kurz: die »Dualität von Struktur« (Giddens 1992). Gemeint ist damit, dass gesellschaftliche Strukturen (bei Giddens Regeln und Ressourcen) und die Handlungen individueller Akteure keineswegs zwei voneinander unabhängige Aspekte gesellschaftlicher Wirklichkeit sind. Vielmehr durchdringen sich beide wechselseitig: Strukturen sind sozialem Handeln immanent, da sie Handeln ermöglichen oder begrenzen, und umgekehrt bringen erst die Handlungen sozialer Akteure gesellschaftliche Strukturen hervor. Struktur und Handlung sind keine Gegensätze, sondern zwei Seiten ein- und derselben Medaille, der sozialen Wirklichkeit.

»Die Strukturierung sozialer Systeme zu analysieren bedeutet, zu untersuchen, wie diese in Interaktionszusammenhängen produziert und reproduziert werden; solche Systeme gründen in den bewusst vollzogenen Handlungen situierter Akteure, die sich in den verschiedenen Handlungskontexten jeweils auf Regeln und Ressourcen beziehen« (ebd.: 77).

Das Zitat enthält im Hinblick auf Shillings verkörperte Strukturierungstheorie zwei wichtige Punkte: Es besagt erstens, dass Interaktionen als Schnittstelle zwischen Struktur und Handlung zu begreifen sowie zweitens Akteure bewusst handelnde Individuen sind. Dem ersten Punkt schließt sich Shilling an, den zweiten kritisiert er, wofür er sich die ›Unterstützung‹ Goffmans holt.

Shillings Kritik zielt darauf, dass Giddens' Akteurbegriff »die fundamentale Bedeutung der Bewusstheit menschlicher Akteure« (ebd.: 78) hervorhebt und das Individuum als reflexiv Handelnden (ebd.: 215) auffasst, der weiß und versteht, was er tut (ebd.: 36). Mit der Betonung des wissenden und reflexiv handelnden Akteurs reproduziert Giddens allerdings den Körper-Geist-Dualismus (vgl. Shilling/Mellor 1996; Turner 1992: 7f.), den er eigentlich überwinden wollte. Das wird, so Shilling, besonders augenfällig in Giddens' modernisierungssoziologischen Analysen zur Selbstidentität (Giddens 1991). Der Körper erhält darin zwar eine prominente Rolle, allerdings nur im Sinne eines »reflexiven Projekts« – als ein Körperding, das machbar, formbar, manipulierbar ist. Der Körper als empfindender Akteur, der soziale Ordnung mitgestaltet und ihr nicht lediglich ausgeliefert ist und sie nicht bloß reproduziert, ist Giddens' Thema nicht.

Was Shilling von Giddens für seine Strukturierungstheorie des Körpers jedoch übernimmt, ist dessen Idee, dass die Vermittlung zwischen Gesellschaft und Individuum, die Produktion und Reproduktion sozialer Strukturen und Ordnungen in den *Interaktionen* menschlicher Individuen stattfindet. Viel deutlicher aber als Giddens weist Shilling darauf hin, dass die Dualität von Struktur und Handeln in fundamentaler Weise von den *sinnlichen Wahrnehmungen, Gefühlen und körperlichen Praktiken* der interagierenden Menschen abhängt. Hierfür greift er auf das von Goffman entwickelte und von Rawls (1987) systematisierte Konzept der Interaktionsordnung (vgl. Kap. V/1) zurück (vgl. Shilling 1997a, 1999).

Das Konzept der Interaktionsordnung eigne sich zur Erweiterung der Strukturierungstheorie deshalb, so Shilling, weil es explizit die Bedeutung des materiellen Körpers in und für soziale Interaktionen hervorhebt. Es erweitert damit zum einen das einseitige, auf Kognition und Reflexion begrenzte Akteurverständnis der Strukturierungstheorie. Zum anderen zeigt es, dass der Körper als Materialität zwar gesellschaftlich geformt, jedoch nicht determiniert ist und insofern das kreativ-konstruktive Potenzial besitzt, soziale Ordnung zu gestalten (vgl. Shilling 1997a: 748f.; siehe dazu auch Shilling 2008). Der »Eigensinn des Körpers« (Barkhaus 2001) ermöglicht es dem Individuum zum Beispiel, »sinnliche Antworten« (*sensual responses*) auf Regeln und Ressourcenvorgaben zu geben (Shilling/Mellor 1996: 5), sich von sozialen Normen und Erwartungen zu distanzieren oder diese zu überwinden (ebd.: 7). Der materielle Körper hat beziehungsweise ist ein gesellschaftliches Widerstands- und Kreativitätspotenzial (siehe auch Gugutzer 2012: 55ff.), zu dem die Strukturierungstheorie von Giddens nichts zu sagen habe. Solche strukturellen Konsequenzen körperlicher Handlungen und Interaktionen aufzeigen zu können, ist nach Shilling ein theoretischer Vorteil, den die Integration der Interaktionsordnung in die Strukturierungstheorie bietet. Ein anderer, komplementärer Vorteil besteht darin, zugleich die Folgen körperlicher Interaktionen für Individuen thematisieren zu können. Diese beiden Aspekte, die *Konsequenzen körperlicher Interaktionen für soziale Strukturen und für individuelle Akteure*, stehen im Zentrum der Erweiterung der Strukturierungstheorie um die Interaktionsordnung (vgl. Shilling 1999: 545).

> »The ›interaction order‹ provides a thoroughly sociological corrective to conflating structure and agency by identifying interaction, the very stuff of the discipline, as a generator of ordering constraints which are consequential for, yet irreducible to, individual action and institutional structures. This makes possible to trace the ›loose coupling‹ of the ›interaction order‹ and social institutions on the one hand, and the ›interaction order‹ and individual actions on the other« (ebd.: 548).

Anknüpfend an Goffman meint Shilling, dass eine Strukturierungstheorie des Körpers Interaktionen beziehungsweise die Interaktionsordnung zum analytischen Ausgangspunkt zu nehmen habe (Shilling 1999: 548). Worauf es soziologisch ankomme, sei, die »lose Kopplung« zwischen der Interaktionsordnung und den strukturellen Gegebenheiten sowie den sozialen Akteuren herauszuarbeiten. Dabei sei immer zu berücksichtigen, dass es verkörperte Akteure sind, die miteinander interagieren, soziale Interaktionen unter Anwesenden also immer körperliche Interaktionen sind und die Interaktionsordnung einen »somatic sector of interaction« darstellt, »which is essential to human life and which needs to be incorporated into any comprehensive social theory« (ebd.: 555). Schematisch lässt sich Shillings Versuch, Goffmans Interaktionsordnung in Giddens Strukturierungstheorie zu integrieren, wie folgt darstellen:

Akteur	↔	**Interaktionsordnung**	↔	**Struktur**
↓		↓		↓
Soziales Selbst		Körperliche Ko-Präsenz		Regeln Ressourcen

Abbildung 1: Shillings verkörperte Strukturierungstheorie

Da die Strukturierungstheorie des Körpers von Shilling die *Vermittlung von Struktur und Akteur* in sozialen, das heißt, *körperlichen Interaktionen* betont, interessieren an dem Schaubild vor allem die Pfeile von der »Interaktionsordnung« weg zur »Struktur« und zum »Akteur« hin. Drei Aspekte stehen dabei im Mittelpunkt: Erstens lassen sich Strukturen zwar nicht auf körperliche Interaktionen reduzieren, doch sind ihre Hervorbringung, Dauerhaftigkeit wie auch ihre (potenzielle) Zerstörung von körperlichen und emotionalen Aspekten sozialer Interaktionen abhängig.[91] Wie Shilling mit Verweis auf Hochschild (1983) zeigt, sind zum Beispiel für das Überleben von Dienstleistungsorganisationen wie eine Fluglinie das körperliche Erscheinungsbild und die »Gefühlsarbeit« der Angestellten von enormer Bedeutung (ebd.). Zweitens: So wenig soziale Strukturen auf körperliche Interaktionen reduzierbar sind, sind es auch die handelnden Individuen. Individuen aber könnten ohne körperlich-emotionale Interaktionen kein stabiles soziales Selbst und keine Selbstidentität entwickeln, was die Entwicklung zu einem sozial kompetenten Akteur beeinträchtigen würde (Shilling 1999: 558). Um bei dem Beispiel von Hochschild zu bleiben: Eine Stewardess bedarf zur Hervorbringung und Stabilisierung ihres sozialen Selbst der körperlichen Interaktion mit anderen und der damit verbundenen körperlich-emotionalen Identitätsarbeit. Drittens, immer noch bei dem Beispiel bleibend, die Vermittlung zwischen der institutionellen Struktur einer Fluglinie und dem sozialen Selbst von Stewardessen erfolgt über die körperliche und emotionale Involviertheit aller Akteure. Oder anders gesagt: Stewardessen sind aufgrund ihrer Zugehörigkeit zu einer bestimmten Institution einem körperlich-emotionalen Sozialisationsprozess unterzogen (worden) und in diesem Sinne sozial verkörperte Akteure. Durch ihr wiederholtes Handeln in

Interaktionen reproduzieren oder modifizieren sie die institutionelle Struktur, der sie angehören.

Shillings verkörperte Strukturierungstheorie stellt, so kann resümiert werden, den Versuch dar, durch die Berücksichtigung der Verkörperung von Interaktionen den Struktur-Akteur-Dualismus zu überwinden. Für die *allgemeine Soziologie* ist der Fokus auf den Körper in Interaktionen Shilling zufolge wichtig, da mit der Tatsache der Verkörperung von Akteuren spezifische Grenzen individuellen Handelns verbunden und soziale Systeme mit spezifischen und grundlegenden Problemen konfrontiert sind, die nicht zu erkennen sind, wenn man soziale Akteure ›körperlos‹ konzipiert (siehe dazu auch Frank 1991).

Mit Blick auf die Soziologie des *Körpers* ist mit Shillings verkörperter Strukturierungstheorie allerdings das Problem verbunden, wie beispielsweise Turner (1992) meint, dass nicht recht klar wird, von welchem Körper Shilling genau spricht. Eine soziologische Theorie des Körpers, die nicht unterscheidet zwischen dem Körper, der etwas tut, mit dem etwas getan wird, der etwas empfindet (sofern diesbezüglich der Ausdruck Körper überhaupt sinnvoll ist) und Gefühlen, wie das bei Shilling der Fall ist, ist begrifflich ungenau und kann daher nur zu eingeschränkten Erkenntnissen gelangen. Turner zufolge ist es für eine umfassende soziologische Theorie des Körpers ratsam, zumindest zwischen Körper und Leib (*lived body*) zu differenzieren, da der spürbar-spürende Leib nicht weniger zur Stabilisierung sozialer Ordnung beitrage wie der aktiv handelnde Körper (siehe dazu Kap. II/2 und V/4). Während Turner deshalb für die Integration der Phänomenologie in die Körpersoziologie plädiert, hält Shilling das für überflüssig. Seiner Ansicht nach braucht es die Phänomenologie nicht, um die »gelebten Erfahrungen« (*lived experiences*) von Individuen soziologisch angemessen zu thematisieren.[92] Dies würden Klassiker der Soziologie wie Simmel, Durkheim und Elias genauso gut leisten (Shilling 2001; vgl. auch Shilling 1997b).

3. Die Körperlichkeit sozialer Praktiken

Mit den beiden zuletzt genannten Körpersoziologien teilt die *Praxeologie des Körpers* die Auffassung, dass der Körper eine zentrale

Bedingung der Konstitution und Konstruktion sozialer Ordnung ist. Im Anschluss an den *performative turn* (vgl. Boschert 2003; Fischer-Lichte 2004; Klein 2004b, 2005; Paragrana 1998, 2001; Wirth 2002; Wulf 2005) und den *practice turn* (vgl. Hörning/Reuter 2004; Reckwitz 2000, 2003; Schatzki et al. 2001) hat die Praxistheorie die Soziologie für die Notwendigkeit sensibilisiert, Sozialität diesseits von Kognition, Rationalität oder Normativität zu analysieren. Anstelle der in der Soziologie vorherrschenden Fokussierung auf den subjektiv gemeinten Sinn, auf Sprache und Kommunikation, auf Institutionen und Strukturen nehmen praxeologische Sozialtheorien explizit die Materialität (Dinge, Artefakte) und Körperlichkeit des Sozialen in den Blick.

In der deutschsprachigen Soziologie hat besonders Andreas Reckwitz (2000, 2003, 2004, 2008) zur Popularisierung der Praxistheorie beigetragen. In seinem Entwurf einer »Theorie sozialer Praktiken« bezeichnet er neben der »impliziten Logik« und dem Spannungsverhältnis von »Routinisiertheit und Unberechenbarkeit« allen voran die »Materialität von Praktiken« als ein Grundelement der Praxistheorie. Die materiellen Instanzen sozialer Praktiken unterscheidet Reckwitz in Artefakte und den menschlichen Körper: Die Praxistheorie betont, dass »Praktiken nichts anderes als Körperbewegungen darstellen und dass Praktiken in aller Regel einen Umgang von Menschen mit ›Dingen‹, ›Objekten‹ bedeuten« (Reckwitz 2003: 290).[93] Soziale Praktiken sind verkörperte Praktiken, insofern sie aus routinisierten Bewegungen und körperlichen Verhaltensweisen bestehen. Die Körperlichkeit sozialer Praktiken wiederum lässt sich nach Reckwitz in zwei Aspekte unterteilen, nämlich in die »Inkorporiertheit« von Wissen[94] und die »Performativität« des Handelns (vgl. Reckwitz 2004: 45). Daraus folgert Reckwitz, dass »sich der Sozialforscher in seiner Rekonstruktion von Praktiken zunächst auf die Beobachtung der ›skillful performances‹ von Körpern« zu konzentrieren habe (Reckwitz 2003: 290).

Bei allen Unterschieden in den theoretischen Bezügen[95] teilt der Großteil der Vertreter des praxeologischen Ansatzes dieses methodologische Prinzip, dass die beobachtbaren Bewegungen menschlicher Körper die kleinste Analyseeinheit des Sozialen zu sein haben[96] (vgl. Alkemeyer 2004: 45; siehe auch Brümmer 2010; Gebauer 1997; Hirschauer 2004; Klein 2004b; Meuser

2004, 2006; Schmidt 2006, 2012). Denn: »Soziale Ordnungen werden über Bewegungen und Körperhaltungen sowohl angeeignet als auch hergestellt« (Meuser 2006: 105). In Abgrenzung zur soziologischen Handlungstheorie formuliert Stefan Hirschauer die Methodologie der Praxistheorie entsprechend wie folgt:

> »Eine Handlung muss in Gang gesetzt werden, sie verlangt nach einem Impuls und einem Sinnstiftungszentrum. Daher fragt man nach ihr mit Warum- und Wozu-Fragen. Eine Praxis dagegen läuft immer schon, die Frage ist nur, *was* sie am Laufen hält und *wie* ›man‹ oder ›Leute‹ sie praktizieren: Wie wird es gemacht und wie ist es zu tun? Nach einer Handlung fragt man am besten die Akteure, eben weil ihre Sinnstiftung im Zentrum steht, Praktiken haben eine andere Empirizität: Sie sind in ihrer Situiertheit vollständig öffentlich beobachtbar« (Hirschauer 2004: 73; Herv. im Orig.).

Wenngleich Praxistheorien ihren analytischen Blick auf Körper in Bewegung richten, heißt das nicht, dass sie den für die soziologische Handlungstheorie (oder auch die Systemtheorie) zentralen Begriff *Sinn* als irrelevant für die soziologische Analyse erachteten. Allerdings unterscheidet sich das praxeologische Sinnverständnis von dem traditionellen, der Verstehenden Soziologie entstammenden Sinnverständnis darin, dass es die Körperlichkeit und Leiblichkeit sozialen Sinns betont (vgl. Meuser 2006: 98-103). Bei Schütz beispielsweise, der seinen Sinn-Begriff in Auseinandersetzung mit jenem von Max Weber entwickelt hatte, ist Sinn eine reflexive Leistung des Individuums – eine bewusste Hinwendung des Individuums auf die vollzogene Handlung. Das Handeln selbst, das körperliche Tun, ist nach Schütz dagegen ebenso wenig sinnhaft wie das subjektive Erleben im Handeln. Im Gegensatz zu diesem dem cartesianischen Dualismus verhafteten Sinnbegriff zielt der praxeologische Sinnbegriff auf die Überwindung der cartesianischen Trennung von Körper und Geist (vgl. Alkemeyer 2008: 224). Als entscheidende Referenzautoren hierfür fungieren die Sozialtheorien von George Herbert Mead und Pierre Bourdieu.

George Herbert Mead hat auf der Grundlage der pragmatistischen Philosophie Sinn als Ergebnis sozialer, und das heißt, körperlicher Praxis konzipiert. Sinn ist Mead zufolge nichts, was das Individuum seinem Handeln zugrunde legt, sondern Sinn resultiert aus der Koordination von Gesten und (signifikanten) Symbolen: »Der Mechanismus des Sinnes ist also in der gesellschaftlichen Handlung vor dem Auftreten des Bewusstseins des Sinns gegeben. Die Handlung oder anpassende Reaktion des zweiten Organismus gibt der Geste des ersten Organismus ihren jeweiligen Sinn« (Mead 1988: 117; vgl. auch Meuser 2002: 26). Ob das körperliche Agieren von *ego* Sinn hat beziehungsweise welchen Sinn es hat, hängt von der Antwort von *alter* ab. Sinn konstituiert sich in Interaktionen, und das bereits in der Gesten vermittelnden, nonverbalen Kommunikation. Aber auch in der symbolisch, besonders sprachlich vermittelten Interaktion ist Sinn ein überindividuelles, interaktives Phänomen: »Die Bedeutung eines signifikanten Symbols besteht in der Handlung, die es auslöst; nun aber nicht mehr wie bei der Geste erst in der ausgeführten, sondern bereits in der antizipierten Handlung« (Meuser 2006: 100). Vor diesem Hintergrund basiert nach Mead Sozialität nicht auf dem bewusst Sinn setzenden Verhalten sozialer Akteure, sondern auf der Praxis sozialer Interaktion, das heißt, auf einer »praktischen Intersubjektivität« (Joas 1980).

Meads intersubjektive Handlungstheorie erweist sich besonders für solche sozialen Felder und Phänomene als fruchtbar, in denen es explizit auf körperliche Verständigungsprozesse ankommt, etwa in Tanz und Sport. Mead selbst hat den Sport immer wieder als Beispiel für durch Gesten vermittelte Kommunikation genutzt. Anknüpfend daran haben etwa Robert Schmidt (2006) und Thomas Alkemeyer (2006, 2008) die »Zeige- und Darstellungsqualitäten« sportlicher Praktiken, allen voran des Boxens und des Fußballspielens, herausgearbeitet. Ein Bezugspunkt dafür ist Meads Auseinandersetzung mit dem Boxen und dem Fechten, insbesondere mit der in diesen Sportarten üblichen Körperpraxis »Finte« (vgl. Mead 1988: 82). Am Beispiel der Finte verdeutlicht Mead, dass und wie soziale Interaktionen weniger auf einem bewusst gesetzten Handlungssinn der Akteure basieren als vielmehr auf einer intuitiven, quasi-instinktiven – »ohne Überlegung« (ebd.) – Abstimmung körperlicher Gesten (vgl. dazu auch Meuser 2002: 24ff.). Der Sinn und das Bewusstsein einer Handlung sind der körperlichen Geste nicht vorgängig, sondern nachgelagert. Eine körperliche Geste im Boxring bedeutet beziehungsweise hat den Sinn »Finte«, sofern der Gegner auf den angetäuschten Angriff hereinfällt und die Täuschung im – aus der Sicht des Täuschenden – erfolgreichen Boxschlag endet.[97] Der Handlungssinn »Finte« geht damit nicht der Bewegung des angreifenden Boxers voraus, sondern ist das beobachtbare Ergebnis der vollzogenen Interaktion körperlicher Bewegungen. Verallgemeinert meint dazu Schmidt:

»Die boxerischen Gesten tragen eine der Interaktion implizite praktische Bedeutung, die nur lokal und temporär im praktischen Vollzug des Boxens existiert: Unabhängig von der praktischen Interaktionssituation kann nicht expliziert werden, welche Merkmale eine Bewegung zu einer Finte machen. Darüber existiert nur ein implizites, an die Praktik des Boxens gebundenes Wissen« (Schmidt 2006: 301).

Der zweite Hauptprotagonist der praxeologischen Körper- und Sozialtheorie, *Pierre Bourdieu*, hat Meads Analyse des Boxens zum Anlass genommen, die spezifische Logik der sozialen Praxis zu verdeutlichen (vgl. Bourdieu 1987: 147ff.). Bourdieus Ausführungen zur »Logik der Praxis« sind für das praxeologische Verständnis der Verkörperung sozialer Praktiken besonders bedeutsam, da sie den »Körper als Agens« (Meuser 2004: 209f.) in den Mittelpunkt rücken.

Die Logik der Praxis beziehungsweise die praktische Logik zeichnet sich nach Bourdieu – im Gegensatz zur wissenschaftlichen Logik – primär durch zwei Aspekte aus: erstens durch ihre Ökonomie, zweitens durch ihr Verhältnis zur Zeit (wobei beide Aspekte zusammenhängen). Das normale, alltägliche Handeln folgt dem »Prinzip der Ökonomie«, welches darin besteht, »nicht mehr Logik einzusetzen, als für die Bedürfnisse der Praxis nötig ist« (Bourdieu 1976: 249). In dieser Hinsicht weist die Praxis eine Logik auf, die als »praktische Schlüssigkeit« (Bourdieu 1987: 157) bezeichnet werden kann. Damit ist gemeint, dass der Handelnde in aller Regel versucht, ohne großen Aufwand, auf möglichst einfache und bequeme Weise (»praktisch«) den Anforderungen der sozialen Situation gerecht zu werden (»schlüssig«). Dass dem so ist, hat mit dem spezifischen Eingebundensein der Praxis in die Zeit zu tun: Jedes von der praktischen Logik geleitete Handeln erfolgt in der Gegenwart, und das heißt, »ohne bewusste Überlegung oder logische Überprüfung«, es ist voll und ganz »gefangen von dem, um was es geht« (ebd.: 167).[98] Weil es in der Praxis fast immer ›um etwas geht‹, ist eines ihrer wesentlichsten Merkmale die »Dringlichkeit« (ebd.: 150).[99] Alltägliches Handeln geschieht normalerweise unter Zeitdruck, oder zumindest innerhalb so enger Zeitgrenzen, dass ein übermäßiges Abwägen oder Überlegen ausgeschlossen ist. Die Ökonomie der Praxis meint somit vor allem eine Zeitersparnis, die der »praktische Sinn« ermöglicht, weil dieser »mit der automatischen Sicherheit eines Instinkts funktioniert« und es gestattet, »augenblicklich auf alle möglichen ungewissen Situationen und Mehrdeutigkeiten der Praxis zu reagieren« (ebd.: 191). In diesem Sinn ist der »praktische Sinn« der ›natürliche‹ Teil des »Habitus«:

> »Der praktische Sinn als Natur gewordene, in motorische Schemata und automatische Körperreaktionen verwandelte Notwendigkeit sorgt dafür, dass Praktiken in dem, was an ihnen dem Auge ihrer Erzeuger verborgen bleibt und eben die über das einzelne Subjekt hinausreichenden Grundlagen ihrer Erzeugung verrät, *sinnvoll*, d.h. mit Alltagsverstand ausgestattet sind. Weil die Handelnden nie ganz genau wissen, was sie tun, hat ihr Tun mehr Sinn, als sie selber wissen« (ebd.: 127; Herv. im Orig.).

Das durch den praktischen Sinn[100] angeleitete Handeln ist dem Zitat zufolge selbst dann sinnvoll, wenn kein Sinn intendiert war, beziehungsweise es ist zweckmäßig, ohne zweckgerichtet zu sein, weil der praktische Sinn für die »praktische Beherrschung« (Bourdieu 1976: 207) der im Feld geltenden Spielregeln sorgt. Durch den praktischen Sinn erfolgt die Wahrnehmung der konkreten Situation und damit die Entscheidung dafür, welche Objekte und situativen Aspekte handlungsrelevant sind, ohne dass dies einen Reflexionsprozess voraussetzte; die Wahrnehmung erfolgt vielmehr im habituellen Vollzug der Praxis. Der in der Praxis erworbene und auf Praxis hin ausgerichtete »Sinn für das Spiel« sichert damit das quasi-automatische »Zusammentreffen von Habitus und Feld, von einverleibter und objektivierter Geschichte, das die fast perfekte Vorwegnahme der Zukunft in allen konkreten Spielsituationen ermöglicht« (Bourdieu 1987: 122).

In diesem Verständnis ist es der durch wiederholtes Training sozial geformte praktische Sinn des Boxers, der es ihm ermöglicht, die Gesten und Bewegungen des Gegners (praktisch, nicht rational) zu verstehen und entsprechend darauf zu reagieren. Im Boxen, so Bourdieu, »enthält jede Körperstellung des Gegners Hinweise, die im Entstehungszustand erfasst werden müssen, im Ausholen zum Schlag oder im ausweichenden Zurückzucken errät man die Zukunft, also Schlag oder Finte« (ebd.: 148).

Wichtig ist hier zu sehen, dass der praktische Sinn ein körperlicher beziehungsweise, genauer gesagt, ein leiblicher Sinn ist. Bourdieu bezeichnet den praktischen Sinn gelegentlich als eine »leibliche Absicht auf die Welt«, als »Innewohnendes (immanence) der Welt, durch das die Welt ihr Bevorstehendes (imminence) durchsetzt als das, was gesagt oder getan werden muss und Gebärde und Sprache unmittelbar beherrscht« (ebd.: 122). Das weist eine Nähe auf zu dem, was Merleau-Ponty als »leibliches Zur-Welt-Sein« und als »ursprüngliche Intentionalität« bezeichnet (vgl. Merleau-Ponty 1966; siehe dazu Gugutzer 2002: 75-83). Der Mensch ist, so Merleau-Ponty, in jedem Moment seines Daseins in einer je konkreten Situation (»Welt«) leiblich verankert, welche spezifische Anforderungen an ihn richtet, auf die sein Leib »instinktiv« reagiert. Der Leib als ursprüngliche Intentionalität wiederum ist das praktische »Vermögen«, in einer konkreten Situation deren implizite Erwartungen, Notwendigkeiten und Optionen vorreflexiv zu erkennen und situationsgemäß zu handeln. Vor diesem phänomenologischen Hintergrund ist der praktische Sinn ein leiblich-praktischer Sinn (so auch Schwingel 1993: 65ff.), und entsprechend Bourdieus Formel »Struktur – Habitus – Praxis« ist der leiblich-praktische Sinn (Habitus) sozial strukturiert und wirkt handlungsgenerierend. Die handlungsgenerierende Funktion des praktischen Sinns bezieht sich auf ein Handeln, das durch die sinnlich-spürende Wahrnehmung einer Situation angeleitet wird und spontan, quasi-automatisch abläuft. Gerade dadurch erweist es sich als situationsangemessen.

Im praxeologischen Verständnis entspricht der praktische Sinn dem Körper als *Agens*, der, indem er situationsgerechtes soziales Handeln ausführt, soziale Ordnung her- und darstellt.[101] Der Körper als Agens ist sozialstrukturell geformt[102] und trägt vermittels vorreflexiv ausgeübter Bewegungen und Gesten nicht nur zur Reproduktion, sondern ebenso zur Produktion gesellschaftlicher Strukturen bei. Das heißt, dem Körper als Agens wohnt auch eine soziale Transformationskraft inne: Aus nicht-intendiertem körperlichen Handeln kann sozialer Wandel resultieren. Wie aber ›macht es‹ der Körper-als-Agens, soziale Ordnung zu transformieren?

Meuser zufolge muss die Praxeologie hierfür die *Widerständigkeit des Körpers* handlungstheoretisch ausarbeiten. Zu berücksichtigen gelte es nämlich, »dass der Körper bei aller kultureller Formung aufgrund seiner physischen Materialität ein Stück weit ›asozial‹ ist und somit das Potenzial der Widerständigkeit in sich trägt« (Meuser 2006: 112). Wie es scheint, tut sich die Praxeologie mit der Erklärung dieses Aspekts jedoch schwer: »Ob und wie diese Widerständigkeit, die Disziplinierungsversuchen Grenzen setzt, Impulse enthält, die in dem Sinne innovativ sind, dass sie körperliche Routinen [und daraus folgend soziale Ordnung; R.G.] zu verändern vermögen, ist eine gänzlich offene Frage« (ebd.). Dass es sich hierbei um eine »offene Frage« handelt, darf als Hinweis auf eine begrenzte Analyse- und Erkenntnisfähigkeit des Agens-Begriffs aufgefasst werden.

So treffend die Einschätzung ist, dass Widerständigkeit ein Merkmal des Körpers als Agens ist, so notwendig ist es, dieses Verständnis zu konkretisieren. Die Praxeologie hat damit ihre Schwierigkeiten, weil der Agens-Begriff selbst ungenau bleibt. Agens wird entweder umschrieben mit Begriffen wie ›implizites Wissen‹, ›leibliche Intelligenz‹, ›automatische Körperreaktion‹ o.Ä., oder er wird – mit Rekurs auf Bourdieu, der für den Agens-Begriff primär Pate steht – im Sinne von Merleau-Pontys Begriff der »leiblichen Intentionalität« (vgl. Meuser 2004: 210) verstanden. In diesem, dem vorherrschenden Sinne wird der Agens-Begriff mithin phänomenologisch fundiert. Das ist naheliegend und überzeugend. Allerdings mangelt es der Praxeologie einer phänomenologischen Ausarbeitung des Agens-Begriffs. Das mag seinen Grund darin haben, dass eine solche Konzeption der praxeologischen Grundhaltung widerspricht, beobachtbare körperliche Bewegungen als kleinste Analyseeinheiten des Sozialen zu nehmen. Die leibliche Intentionalität des Körpers als Agens ist jedoch nicht beobachtbar, eben weil es ein leiblicher Prozess ist. Daher sind die Phänomenologie allgemein und der Leib-Begriff im Besonderen in der Praxeologie wenig beliebt – sachlich zu Unrecht.

4. Verleiblichungen des Sozialen

Praxeologische Ansätze teilen mit der Mehrheit soziologischer Zugänge zum Körper, dass sie sich hauptsächlich für den sichtbaren und aktiv einsetzbaren Körper interessieren, hingegen kaum oder gar nicht für den spürbar-spürenden Leib. Interaktions-, strukturierungs- und praxistheoretische Zugänge setzen sich primär mit der Frage auseinander, wie körperliches Handeln und Interagieren an der Herstellung gesellschaftlicher Wirklichkeit beteiligt sind. Welche Rolle hierfür *leibliche Erfahrungen und leibliche Interaktionen* spielen, ist ihr Thema nicht. Das unterscheidet sie von körpersoziologischen Ansätzen, deren theoretisches Fundament die *Phänomenologie* ist. Phänomenologisch angelegte Körper- beziehungsweise Leibsoziologien beschäftigen sich mit den sozialen Bedingungen und Folgen der Selbst- und Fremdwahrnehmung, wobei Wahrnehmung in dem leiblich-sinnlichen Sinne von sich und andere hören, sehen, riechen, schmecken, fühlen, spüren gemeint ist. Im Fokus solcher Arbeiten stehen mehrheitlich mikrosoziologische Themen. Gemeinsam ist den meisten phänomenologisch-soziologischen Körperansätzen, dass sie Körper *und* Leib als konstitutive Bedingung des Sozialen betrachten. In Formulierungen wie »embodying sociology« (Shilling 2007; siehe auch Burkitt 1999; Crossley 2006; Howson/Inglis 2001; Witz/Marshall 2003; Williams/Bendelow 1998), »carnal sociology« (Crossley 1995a) oder »verkörperte Soziologie« (Gugutzer 2012; Lindemann 2005) hat diese Idee, das Soziale ausgehend vom leiblich-körperlichen Wahrnehmen, Handeln und Interagieren zu analysieren, in den letzten Jahren einen zunehmend populären sprachlichen Ausdruck gefunden (vgl. dazu auch Kap. VII).

Im Folgenden werden die Arbeiten zweier Autoren vorgestellt, mit denen die Bandbreite phänomenologischer Körpersoziologien zumindest angedeutet werden soll: Zum einen Gesa Lindemanns Studie zur leiblich-affektiven Konstruktion mikrosozialer (Geschlechter-)Ordnung, die sie unter Rückgriff auf die Phänomenologie von Hermann Schmitz durchgeführt hat (4.1); zum anderen eine Arbeit von John O'Neill, der ausgehend von Merleau-Pontys Phänomenologie die zwischenleibliche Konstitution meso- und makrosozialer Ordnung thematisiert hat (4.2).

4.1 Leiblich-affektive Konstruktion mikrosozialer Ordnung (Gesa Lindemann)

Gesa Lindemann (geb. 1956) hat sich als eine der ersten deutschsprachigen Soziologinnen mit der Frage auseinandergesetzt, wie der Leib als passive, spürbar-spürende Erfahrung zur Herstellung und Stabilisierung sozialer Ordnung beiträgt. Auf der Grundlage empirischer Untersuchungen zu Transsexualität hat sie nachgezeichnet, dass beziehungsweise inwiefern die binäre Geschlechterordnung über die passiven Leiberfahrungen von Frauen und Männern aufrechterhalten wird, gesellschaftliche Strukturen mithin als gespürte Verkörperungen Realität werden (vgl. Lindemann 1992, 1993a, 1993b, 1994).

Lindemanns Ausgangspunkt ist eine kritische Diskussion der mikrosoziologischen, insbesondere ethnosoziologischen Geschlechterforschung. Sie teilt zwar mit diesen Ansätzen, als deren wichtigste Referenzautoren sie Garfinkel und Goffman nennt, die Auffassung, dass Geschlecht eine soziale Konstruktion und die Geschlechterrealität binär strukturiert sei. Zugleich kritisiert sie an diesen Theorien aber, dass sie die Rolle affektiver und leiblicher Phänomene für die im alltäglichen Handeln vollzogene Stabilisierung der Norm der Zweigeschlechtlichkeit ignorierten.[103] So meint Lindemann, dass »die Mikrosoziologie das passive Eingebundensein [der Individuen; R.G.] in das soziale Feld vorschnell übergeht, und sich stattdessen ausschließlich auf die aktiven Konstruktionsleistungen – auch wenn sie präreflexiv vollbracht werden – konzentriert« (Lindemann 1992: 331). Entsprechend ihrer epistemologischen Grundhaltung betrachte die ethnosoziologische Geschlechterforschung sowohl Geschlecht – »doing gender« (West/Zimmermann 1987) als Stichwort – als auch Gefühle und Leiberfahrungen als durch soziale Handlungen konstruiert. Lindemann hält das für eine einseitige Annahme. Sie ergänzt sie, indem sie Leiblichkeit und Affektivität als »Phänomene sui generis« und das Konzept der »leiblich-affektiven Konstruktion sozialer Realität« einführt (ebd.).[104] Leiblichkeit und Affektivität bezeichnet sie als »soziologische Basiskategorien« beziehungsweise als »Konstituens von Sozialität« (Lindemann 1993a: 21). Die Stabilität der dichotomen Geschlechterordnung als einer Form von Sozialität basiert dem entsprechend nicht allein auf ihrer diskursiv oder interaktiv her- und dargestellten Konstruktion, sondern ist in dem leiblich-affektiven Empfinden der Individuen verwurzelt, eines der beiden Geschlechter zu sein.

Zur Begründung dieser These rekurriert Lindemann auf die philosophische Anthropologie Helmuth Plessners (vgl. hierzu Kap. II/1). Mit dessen »Theorie der exzentrischen Positionalität« (Plessner 1975) rückt sie das spezifische Umweltverhältnis des Menschen in den Mittelpunkt ihrer Analysen. Lindemann reformuliert so die Mikrosoziologie, indem sie soziale Interaktionen vom Leib her denkt – als *Leib-Umwelt-Beziehung*. Dabei handelt es sich um eine doppelsinnige Beziehung, in der der Leib (Plessners »Körpersein«) auf die Umwelt und die Umwelt auf den Leib gerichtet ist. Mit der ersten Relation, der Wirkung des Leibes auf die Umwelt, beschäftigt sich traditionellerweise die Mikrosoziologie, wenn sie die sozialen Handlungen verkörperter Akteure untersucht. Im Unterschied dazu richtet Lindemann ihr Augenmerk auch auf die zweite Relation, das heißt auf die Art, in der der Leib der Umwelt ausgesetzt ist und diese ihm nahe geht. Wann immer eine Person in ein soziales Feld eintritt, ist ihr Handeln nicht nur intentional auf dieses gerichtet, vielmehr wird sie zugleich vom Feld leiblich-affektiv betroffen. Diese durch das soziale Feld hervorgerufenen *passiven Leiberfahrungen* nehmen Einfluss auf den Fortgang der Interaktion und, sofern sich solche Interaktionen auf eine immer gleiche oder ähnliche Weise wiederholen, auf die *(Re-)Produktion sozialer Strukturen*. Die Struktur der Geschlechterbinarität ist ein Beispiel dafür.

Um die Rolle passiver Leiberfahrungen für die alltagsweltliche Stabilisierung der Zweigeschlechtlichkeit genau nachzeichnen zu können, erweitert Lindemann Plessners Theorie der exzentrischen Positionalität um die Leibphänomenologie von Schmitz (vgl. Kap. II/2). Nach Plessner lebt der Mensch, wie in Kapitel II/1 ausgeführt, in einem Spannungsverhältnis von Körpersein und Körperhaben: Der Mensch ist einerseits Organismus und damit an das Hier-Jetzt gebunden (Körpersein), zugleich kann er über seinen Körper verfügen, die Gebundenheit an das Hier-Jetzt hinter sich lassen und zu sich in Distanz treten (Körperhaben). Mit Schmitz' Theorie des Spürens zeigt Lindemann, dass mit dem Körpersein eine *leiblich-affektive Erfahrung* einhergeht. Die Wahrnehmung der eigenen Zuständlichkeit, des eigenen Hier-Jetzt-Seins, ist spürbar affektiv getönt. Angst, Freude, Schreck, Hunger, Wut, Trauer, Nervosität, Lust, Begierde etc. sind Beispiele leiblich-affektiver Erfahrungen. Aufgrund des leiblichen Bezugs zur Umwelt stehen solche passiven Leiberfahrungen in Relation zu den Strukturen des jeweiligen sozialen Umfeldes. Wo Menschen einander begegnen, treten sie nicht nur in symbolische, sondern auch in leibliche Interaktion (vgl. Lindemann 1993b, 1999; Gugutzer 2002: 105ff., 2008a, 2012: 58ff.). Das Spüren des eigenen Leibes wird von der Wahrnehmung von anderen und anderem geprägt. Da Leib und Körper »ineinander verschränkt« sind, hängt die eigenleibliche Erfahrung von dem Körper ab, den man hat (vgl. Kap. II/3). Lindemann zufolge stehen Leib und Körper in einem »Verhältnis wechselseitigen Bedeutens« (Lindemann 1996: 166ff.), wobei der Körper eine »normierende Funktion« für den Leib erfüllt (ebd.: 172). Das meint, der Körper ist ein »Gefühls- und Verhaltensprogramm«, das festlegt, »wie der körperliche Leib[105] zu spüren ist« (Lindemann 1993a: 59f.). Körper beziehungsweise Körperhaben versteht Lindemann als das kulturell geprägte *Wissen* vom Körper, und dieses Körperwissen prägt die eigenleibliche Erfahrung. Wie ich mich spüre, gibt mir das Wissen vor, das ich vom Körper habe. »Wenn ein Individuum seine Zuständlichkeit erlebt, indem es den Leib, der es ist, als den Körper erfährt, den es hat, ist die passive Erfahrung des Leibes durch das alltagsweltlich relevante Wissen über den Körper strukturiert« (Lindemann 1992: 335).

Bezogen auf die soziale Konstruktion Geschlecht impliziert die Verschränkung von Leib und Körper dreierlei: Erstens gibt es ein kulturell normiertes Wissen darüber, dass bestimmte Körperformen genau ein Geschlecht bedeuten: ›Penis = Mann‹, ›Vagina/Busen = Frau‹. »Der sichtbare Körper, der das Geschlecht symbolisiert, wird so gesehen, dass der Körper als Bedeutungsträger und das Geschlecht als Bedeutung nicht voneinander unterschieden werden« (ebd.: 337). Zweitens gehört zum historischen Körperwissen, dass es genau zwei Geschlechterkörper gibt, weshalb menschliche Körper »von der Grundannahme der Zweigeschlechtlichkeit her« gesehen werden (ebd.). Weil man andere Menschen immer vor dem Hintergrund dieses Wissens wahrnimmt, dass es zwei und nur zwei Geschlechter gibt, wird die Norm der Zweigeschlechtlichkeit tagtäglich reproduziert (vgl. Kap. IV/4.2). Alltagsweltlich stabilisiert wird die binäre Geschlechterrealität drittens schließlich dadurch, dass das *Wissen um die binäre Geschlechterrealität eigenleiblich erfahren* wird. Das Spüren des »objektivierte[n] Geschlecht[s]« (Lindemann 1993a: 37) macht dieses zur unleugbaren »subjektiven Tatsache« (Schmitz). Eine Person erfährt sich dann als ein bestimmtes geschlechtliches Wesen, wenn »sie den geschlechtlich signifikant gemachten Körper als die leiblich-affektive Wirklichkeit erlebt, die sie ist, das heißt, diese liefert in der Verschränkung von Körper und Leib eine unleugbare Evidenz des eigenen Geschlechts« (Lindemann 1992: 344). Mit anderen Worten: Mannsein und Frausein macht sich für das Individuum subjektiv daran fest, dass es die Übereinstimmung zwischen dem (selbst und von anderen) geschlechtlich wahrgenommenen Körper und der leiblich-affektiven Selbstwahrnehmung erlebt. Das Wissen um das eigene Geschlecht bedarf somit einer »spürenden Stützung« (Gugutzer 2002: 101ff. und 129ff.). Fehlt diese, gelingt die Verschränkung von Körper(-wissen) und Leib(-erfahrung) also nicht, kann das für die Person zu Identitätsproblemen führen. Die von Lindemann interviewten Transsexuellen sind hierfür ein Beispiel: Sie sind spürbar nicht das Geschlecht, das sie als Körper haben. Die Geschlechtsumwandlung kommt daher dem Versuch gleich, eine Übereinstimmung zwischen Geschlechterkörper und Geschlechtsempfinden herzustellen.

Lindemann hat mit ihrer soziologischen Analyse passiver Leiberfahrungen einen vollkommen neuen Aspekt in die sozialwissenschaftliche Geschlechterforschung eingebracht – Leiblichkeit und Affektivität als konstitutive Momente der Geschlechterordnung. Mit diesem Ansatz rüttelt sie an den sozialkonstruktivistischen Grundfesten der Geschlechterforschung. Sowohl die ethnomethodologische wie auch die poststrukturalistische Geschlechtertheorie unterstellen mehr oder weniger explizit, dass Geschlecht letzten Endes beliebig konstruierbar sei, da sowohl soziale Interaktionen als auch Diskurse kontingent und daher deren Effekte – wie eben die binäre Geschlechterordnung – prinzipiell veränderbar seien. Demgegenüber zeigt Lindemann, dass es »kulturell gezogene ›natürliche‹ Grenzen« des Geschlechts gibt, aus denen sich die unleugbare weil spürbare Evidenz des eigenen Geschlechtseins ableitet (Lindemann 1993a: 51). Diese »kulturell geformten ›natürlichen‹ Grenzen« des Geschlechts sind die »signifikanten Körperformen« Penis/Hoden, Busen und Vagina (ebd.: 196ff.).[106] Dazu Paula-Irene Villa:

»Insofern bestimmte konkrete Formen des Körpers eindeutig ein und nur ein Geschlecht bedeuten, hört die – ansonsten im Sozialkonstruktivismus gern postulierte – Kontingenz des Geschlechts beim Busen, bei der Vagina und allerspätestens beim Penis auf. Diese Körperzeichen sind sicht- und spürbare Regionen des Körpers, die insbesondere im Zusammenhang mit dem sexuellen Begehren Menschen zu Frauen und Männern machen« (Villa 2000: 217).

Das Wissen um die geschlechtliche Bedeutung der signifikanten Körperzeichen ist zwar kulturell konstruiert, doch ändert das nichts daran, dass sie von Frauen und Männern als natürliche Geschlechtsmerkmale spürbar am eigenen Leibe erlebt und sichtbar am Körper anderer wahrgenommen werden. Umgekehrt wiederum wird die Geschlechterordnung als naturhaft empfunden und stabilisiert, weil sie als Körperwissen im Leib der Menschen verankert ist.

Lindemanns Untersuchungen zur sozialen Relevanz des Spürens sind über die Geschlechterforschung hinausgehend für die allgemeine Soziologie bedeutsam. Was Lindemann an der Geschlechterordnung zeigt, lässt sich generell auf die klassische soziologische Frage ›Wie ist soziale Ordnung möglich?‹ übertragen. Denn nicht nur die Stabilität der Geschlechterordnung ist in dem Leib-Umwelt-Verhältnis des Menschen fundiert, vielmehr gilt das für jede Form mikrosozialer Ordnung. Ein Grund dafür ist, dass soziale Ordnung der sozialen Kontrolle bedarf, um dauerhaft zu bestehen, und soziale Kontrolle wiederum am wirkmächtigsten auf einer leiblich-affektiven Ebene ist (worauf bereits Elias hingewiesen hatte). Wenn soziale Kontrolle spürbar erfahren wird, weil und insofern sie auf die eine oder andere Weise nahe geht und betroffen macht, manifestiert sich darin die Realität sozialer Ordnung. Und sofern der Einzelne und viele andere mit ihm diese Kontrolle wiederholt erleben, produzieren sie fortdauernd die je spezifische soziale Ordnung, die sich dadurch stabilisiert. In dem Sinne liegt nach Lindemann

»allgemein die Bedeutung der zuständlichen Leiberfahrung für die Beständigkeit sozialer Ordnung darin, dass sie diese den einzelnen als das präsentiert, was sie unmittelbar sind. Der Leib bildet in diesem Konzept also – wie bei Bourdieu – das Bindeglied zwischen Individuum und objektivierter Struktur« (Lindemann 1992: 345).

Oder mit Duden (1987) gesprochen: Der spürbare Leib *ist* Gesellschaft unter der Haut und aufgrund dieser Intimität *der* Garant von gesellschaftlicher Wirklichkeit und sozialer Ordnung.

Lindemanns Ausführungen zur Bedeutung leiblicher Erfahrungen für die (Re-)Produktion und Stabilisierung mikrosozialer Ordnung sind erhellend, da sie einen neuen Blick auf die soziale Konstruktion von Wirklichkeit gewähren. Kritisch anzumerken ist lediglich, dass dem Leib hier eine etwas einseitige Rolle zugewiesen wird. Lindemanns Arbeiten erwecken den Eindruck, als sei der Leib primär oder gar ausschließlich ein strukturkonservatives Phänomen, als seien leibliche Erfahrungen also lediglich insofern sozial relevant, dass sie soziale Ordnung reproduzieren. Aus dem Blick gerät so aber die potenzielle Widerständigkeit und Kreativität des Leibes, die zur Transformation sozialer Ordnung führen kann (vgl. Gugutzer 2012: 55ff.), beispielsweise zur Transformation der Geschlechterordnung (vgl. Gugutzer 2014: 103). Der Schmerz, den die Untreue des Partners verursacht, führt nicht selten zur Aufhebung der Paarordnung, nämlich zur Trennung. Aber auch in makrosozialer Hinsicht wohnt der Widerständigkeit des Leibes ein Transformationspotenzial inne, etwa wenn der ›Wutbürger‹ – zumindest, wenn er einen langen Atem hat – politische Reformvorhaben stoppt oder auslöst und damit die herrschende kommunale Ordnung verändert. Leibliche Regungen und Erfahrungen tragen also sowohl zu sozialer Ordnung als auch zu sozialem Wandel bei.

4.2 Zwischenleibliche Konstitution meso- und makrosozialer Ordnung (John O'Neill)

Anders als in der deutschsprachigen Phänomenologie und der sich daran anschließenden phänomenologisch orientierten Körpersoziologie üblich verwendet der kanadische Soziologe *John O'Neill* (geb. 1933) nicht das Wort »Leib« als Gegenbegriff zu »Körper«, sondern den Ausdruck *»kommunikativer Körper«* (O'Neill

1989). Dass O'Neill mit dem Ausdruck »kommunikativer Körper« den Leib im phänomenologischen Sinne meint, zeigt sich an dessen Herleitung aus der Phänomenologie Merleau-Pontys. Der kommunikative Körper im Sinne O'Neills ist der belebte Körper, der Körper mit seinen Wahrnehmungsorganen, der dem Menschen seinen Zugang zur Welt und zu sich selbst ermöglicht. Er bezeichnet damit den Sachverhalt, den Merleau-Ponty das leibliche »Zur-Welt-Sein« nennt (Merleau-Ponty 1966: 176). So schreibt O'Neill unter Bezugnahme auf Merleau-Ponty: »Der *kommunikative Körper*, mit dem wir zu denken und umzugehen lernen, ist das allgemeine Medium unserer Welt, ihrer Geschichte und Kultur, ihrer politischen Ökonomie« (O'Neill 1990: 13; Herv. im Orig.; vgl. auch O'Neill 1970, 1989). Was aber heißt das genau?

Der Leib fungiert als *Medium* unserer Welt in der Hinsicht, dass wir unsere soziale und natürliche Umwelt zuallererst mit unseren Sinnesorganen wahrnehmen; Merleau-Ponty spricht daher vom »ontologischen Primat der Wahrnehmung« (Merleau-Ponty 2003; vgl. auch Meyer-Drawe 1984: 142; Waldenfels 1983: 160). *Kommunikativ* ist dieser »fungierende Leib« (Husserl) dabei in der Hinsicht, dass er die *Bedingung der Möglichkeit von Sozialität* ist: Sozialität beginnt dort, wo zwei Subjekte miteinander interagieren, in diesem Sinne ist Sozialität gleichbedeutend mit Intersubjektivität. Vor dem Hintergrund des ontologischen Primats leiblicher Wahrnehmung ist Intersubjektivität zuvorderst »leibliche Intersubjektivität« (Merleau-Ponty 1967: 58ff.), ist »Zwischenleiblichkeit«.[107] O'Neill soziologisiert Merleau-Pontys Verständnis von *Zwischenleiblichkeit*, indem er hervorhebt, dass *Sozialität* auf der »Verleiblichung des kommunikativen Lebens« basiert (O'Neill 1990: 17) beziehungsweise »über menschliche Verleiblichung das fundamentalste Band zwischen dem Selbst und der Gesellschaft erzeugt wird« (ebd.: 20). Es sind die leiblichen Wahrnehmungsweisen und die körperlichen Ausdrucksformen, welche die kommunikative Qualität des Körpers bedingen (O'Neill 1989: 9). Der kommunikative Körper ist das Medium für »schiere Geselligkeit [...], wann immer wir uns kleiden, Hals, Arme, Handgelenke und Augen schmücken, unsere Wangen und Lippen anmalen, uns anlächeln, küssen und einander die Hände schütteln« (O'Neill 1990: 17). Umgekehrt kann der Körper genauso leicht die Verweigerung von Geselligkeit kommunizieren, etwa wenn Jugendliche durch ihr Benehmen und Aussehen gegen gesellschaftliche Erwartungshaltungen oder Zustände demonstrieren.

O'Neills grundlegendes Anliegen ist es, den in der Soziologie vorherrschenden cartesianischen Dualismus zu überwinden, da dieser auf eine Auffassung vom Körper als »willenlosen Diener der moralischen und intellektuellen Ordnung« hinausläuft (ebd.: 14). Gesellschaft findet sich O'Neill zufolge mindestens so sehr im Körper wie im Bewusstsein des Menschen, und dem habe die Soziologie begrifflich-konzeptionell Rechnung zu tragen. Sein Bestreben geht deshalb dahin herauszuarbeiten, »wie wir Institutionen mit unserem Körper neu denken können« (ebd.). ›Institutionen mit dem Körper denken‹ meint, auf der Grundlage des konstitutiven Merkmals von Sozialität, der Zwischenleiblichkeit beziehungsweise des kommunikativen Körpers, Gesellschaftsanalyse zu betreiben. Wenn die basale Form von Sozialität die zwischenleibliche Kommunikation von *ego* und *alter* ist – im ontogenetischen Sinne die leibliche Kommunikation zwischen Säugling und Mutter (vgl. Haneberg 1995) –, dann habe diese Basis der Ausgangsort der Analyse des Sozialen zu sein. Daher besteht O'Neills meso- und makrosoziologische Analyse darin, verschiedene gesellschaftliche Bereiche, Institutionen und Organisationen ›aus der Sicht‹ des kommunikativen Körpers zu untersuchen. Seine Analyse führt ihn zu »Fünf Körpern« – so der Buchtitel von O'Neill (1990) –, welche die kommunikative Kompetenz des Körpers für die Bereiche Kultur (inklusive Religion und Naturwissenschaft), Gesellschaft (einschließlich Sozialwissenschaft), Politik, Ökonomie und Medizin symbolisieren.

1. Mit dem *Welt-Körper* bezeichnet O'Neill das zu allen Zeiten und in allen Kulturen vorfindbare Phänomen, dass Menschen ihre Weltbilder und Kosmologien anthropomorphisieren. Die Kategorien und Klassifikationen, in denen Menschen ihre Welt wahrnehmen und interpretieren, wie auch die Ideen und Vorstellungen, die sie von ihrer Welt entwerfen, beruhen in großen Teilen auf dem menschlichen Körper: »Die Anthropomorphisierung der Welt greift auf alle Teile des Körpers zurück« (ebd.: 39).[108] Das zeigt sich beispielsweise darin, dass, wie Giambattista Vico sagt, »in allen Sprachen die Mehrzahl der Ausdrücke für leblose Dinge übertragen sind vom menschlichen Körper und seinen Teilen; von den menschlichen Sinnen und den menschlichen Leiden-

schaften« (Vico 1924: 171f.; zit. n. O'Neill 1990: 26).[109] Durch den Rückgriff auf Körpermetaphern[110] versuchen Menschen, die Ordnung und das Funktionieren ihres Kosmos zu beschreiben. Zwar haben in der modernen Gesellschaft Aufklärung und (Natur-)Wissenschaft zur »Entzauberung der Welt« (Weber) beziehungsweise zur Entkörperlichung der Welt (im Sinne O'Neills) beigetragen, dennoch ist dieser Welt-Körper »der erste Körper der Gesellschaft [...] – der wilde Körper aller menschlichen Kultur« (ebd.: 39). Um die »Zukunft lebenswert zu machen«, so O'Neill, muss sich der moderne Mensch zuallererst seiner »Verwandtschaft« mit diesem Welt-Körper, »mit der Natur und der Wildnis und den verschiedensten Familien-Kulturen dieser Erde« (ebd.: 43), bewusst sein.

2. So wie die Weltbilder dem Bild vom Körper korrespondieren, fungiert der Körper auch als Symbol für das Verhältnis von Individuum und gesellschaftlichen Institutionen. Die *sozialen Körper* einer Gesellschaft – Gesellschaft im Sinne eines Netzes sozialer Beziehungen, Institutionen und Organisationen – werden sinnbildlich durch den physischen Körper repräsentiert. Soziale Kategorien, Klassifikationen und Relationen werden durch Rückgriff auf Körperorgane, -teile, -gesten oder -bewegungen symbolisch zum Ausdruck gebracht. In dem Sinne ist der physische Körper – vergleichbar mit dem Welt-Körper – die Bedingung der Möglichkeit des sozialen Körpers. Wie O'Neill, angelehnt an Lévi-Strauss und die »Zwei-Körper-Theorien« von Durkheim, Kantorowitz und Douglas, sagt, ist »soziale Ordnung niemals ein bloß kognitives Konstrukt [...] oder ein abstraktes Regel-oder Kategorien-System« (ebd.: 46), sondern auch ein körper-logisches System. Die »Sozio-Logik« einer Gesellschaft ist immer auch eine »verleiblichte Logik der Gesellschaft [...], die eine kommunikative Tiefenstruktur des öffentlichen Lebens bereitstellt« (ebd.). Physischer und sozialer Körper stehen letztlich also in einem wechselseitigen Bedingungsverhältnis: »[W]ir [denken] Gesellschaft mit unseren Körpern« und wir denken »unsere Körper vermittels der Gesellschaft« (ebd.: 48).

3. Den dritten Aspekt des kommunikativen Körpers bezeichnet O'Neill als *politischen Körper*. Hierbei handelt es sich um eine symbolische Nutzung des Körpers in einem politischen Sinne. Das Politische ist hier allerdings nicht als staatliche, institutionelle Politik zu verstehen, sondern eher in Ulrich Becks Verständnis als »Sub-Politik«, als Politik ›von unten‹[111]:

»Von den plebejischen Aufständen in Rom bis zu den 68er-Unruhen an den Hochschulen und den heutigen Anti-Atomkriegs-Protesten hat der menschliche Körper die Sprache und selbst den Text bereitgestellt für jeden politischen Protest und seine Konfrontation mit jenen Behörden, die die Inhumanität des Öffentlichen verwalten« (ebd.).

Der (sub-)politische Körper besitzt eine kommunikative Kompetenz, die von den Gesellschaftsmitgliedern als Widerstand (vergleichbar der in den Kapiteln V/3 und V/4.1 genannten »spürbaren Widerständigkeit«) gegen die »repressiven Akte bürokratischer Rationalität« (ebd.) und gegen den »Verwaltungsstaat mit seinen therapeutischen Apparaten« (ebd.: 65) genutzt werden kann. O'Neill plädiert dafür, die subversive kommunikative Kompetenz des politischen Körpers im Sinne einer »Bürger-Demokratie« zu stärken, welche gegen »Neo-Individualismus und Staatsgläubigkeit« gerichtet ist und eine »familienbezogene Politik« ins Zentrum des politischen Diskurses rückt (ebd.: 80).

4. In ökonomischer Hinsicht tritt der kommunikative Körper als *Konsumenten-Körper* in Erscheinung. Hintergrund hierfür ist die biologische, psychische und soziale Bedürftigkeit des menschlichen Körpers. Von Geburt an gehören körperliche Bedürfnisse wie Essen, Trinken, Schlafen, Sicherheit, Sexualität zu den Grundbedürfnissen des Menschen. Auf diese Grundbedürfnisse bauen im Laufe des Erwachsenwerdens eine Vielzahl anderer Bedürfnisse auf, deren Befriedigung wir uns, mehr oder weniger ausgeprägt, bis zu unserem Lebensende widmen – zum einen, weil wir es müssen, zum anderen, weil wir es wollen (oder glauben, es zu wollen). Für diesen Glauben sorgt nicht zuletzt die Wirtschaft mit ihren Werbestrategien. Die Wirtschaft stellt einerseits die Konsumgüter bereit, die wir zur Befriedigung unserer körperlichen Bedürfnisse benötigen, andererseits schafft sie diese aber auch in erster Linie:

»Entscheidend ist, dass man zum Konsumenten nicht geboren, sondern von Sorge auslösenden Prozessen dazu gemacht wird: Mann und Frau werden dadurch verführt, Dinge haben zu wollen, die einen Bedarf befriedigen, der zuerst aus kommerzieller Erfindung entstanden ist« (ebd.: 99; Herv. weggel.).

Für die Wirtschaft ist die Zufriedenstellung des Konsumenten-Körpers natürlich ein hoch lukratives Geschäft, für den Einzelnen hingegen wird sie mehr und mehr zur aufwändigen und mühseligen »Konsum-Arbeit« (ebd.: 101ff.).

5. Schließlich bezeichnet O'Neill die zugespitzte Variante des kommunikativen Körpers in der modernen Gesellschaft als *medikalisierten Körper*. »Die Medikalisierung des Körpers ist ein dramatisches Stück der durchgängigen Industrialisierung des Körpers [...]. So werden wir dazu erzogen, jede Phase des Lebenszyklus [...] einzubringen in die Verwaltung bürokratischer Zentren professioneller Fürsorge«; das letztendliche Ziel dieses Prozesses ist es, »alles Leben auf den Markt zu bringen, indem man seinen Anfang wie sein Ende der staatlichen Therapie-Verwaltung überlässt« (ebd.: 117f.). Die Medikalisierung des Körpers impliziert all die biomedizinischen und biotechnologischen Eingriffe in den menschlichen Körper, die vom Lebensanfang (z.B. Präimplantationsdiagnostik) bis zum Lebensende (beispielsweise Organtransplantation) reichen. Anknüpfend an Foucaults Konzept der »Bio-Macht« (siehe Kap. IV/4.1) geht O'Neill außerdem davon aus, dass in der modernen Gesellschaft ein politisch-ökonomisch-medizinischer Macht-Wissens-Komplex herrscht, der den individuellen wie auch den Gattungskörper vollkommen »therapeutisch verwaltet«. Folge davon seien auf individueller Ebene »fügsame Subjekte« (ebd.: 133), auf familialer Ebene der »Abriss« der bürgerlichen Familie (ebd.: 142) und auf politischer Ebene der liberale, vor- und versorgende – in den Worten O'Neills: therapeutische – Wohlfahrtsstaat (ebd.: 137ff.).

O'Neills Ausführungen zu diesen »fünf Körpern« münden in ein politisches Plädoyer für Humanismus, Anthropomorphismus und Familialismus. Damit will O'Neill einer Entwicklung gegensteuern, die er als Übergang von der »Geschichte als *Biotext* zur Geschichte als *Soziotext*« (ebd.: 15; Herv. im Orig.) bezeichnet. Seine Kritik an diesem Prozess zielt erstens auf die moderne Technologie, die durchwegs als Bio-Technologie zu betrachten sei, da »jede Macht über Natur eine Macht über uns selbst ist« (ebd.: 150); zweitens auf die Humanwissenschaften, die laufend Diskurse produzieren, mit denen sie »Leben und Denken, Gesundheit, Vernunft und Wissen unter ihre Kontrolle« (ebd.: 151) zu bringen versuchen; sowie drittens auf den therapeutischen Verwaltungsstaat, der seine Macht und Kontrolle über Beginn und Ende menschlichen Lebens kontinuierlich auszuweiten versucht. Sollte dieser Soziotext irgendwann tatsächlich zu Ende geschrieben sein, so O'Neill, würde die Gesellschaft wohl endgültig ihre menschliche Gestalt verlieren. Der kommunikative Körper ist in der Soziologie O'Neills somit eine Art Maßstab für die Menschlichkeit einer Gesellschaft. Daher sein gesellschaftspolitisches und -wissenschaftliches Engagement, Gesellschaft und Geschichte vom Körper ausgehend neu zu denken.

VI. Methodologische Anmerkungen zu Körper und Leib im Forschungsalltag

In den bisherigen Ausführungen wurde der Körper vor allem als Gegenstand soziologischer Theorien und Ansätze behandelt. Wenig gesagt wurde bislang dazu, wie Körper und Leib aus einer soziologischen Sicht empirisch erforscht werden, geschweige denn dazu, welche Rolle der Körper und der Leib der Soziologin und des Soziologen in deren Forschungsalltag spielen. Verglichen mit anderen Themen der Soziologie besteht eine Besonderheit des Körpers und des Leibes ja darin, dass man nicht nur über sie nachdenken und zu ihnen forschen kann, sondern dass man als Wissenschaftlerin und Wissenschaftler selbst leiblich ist und einen Körper hat. Für Körpersoziologinnen und -soziologen ist das Verhältnis zum eigenen Forschungsthema daher sozusagen ›persönlicher‹ oder ›intimer‹ (wenngleich nicht notwendigerweise vertrauter) als beispielsweise der Bezug eines Wirtschaftssoziologen zu seinem Thema Ökonomie oder einer Rechtssoziologin zu ihrem Thema Recht. Rückenschmerzen oder Müdigkeit, Tätowierungen oder körperliche Berührungen sind ›näher‹ am Individuum dran als das Wirtschafts- oder Rechtssystem, und es ist zu fragen, welche forschungspraktische Relevanz dieser Umstand hat.

Die Körpersoziologie sollte diese Besonderheit ihres Gegenstandes mit anderen Worten nicht einfach übergehen, sondern methodologische Reflexionen über den Körper als empirisches *Forschungsobjekt* und *Forschungssubjekt* anstellen. Worauf es dabei zu achten gilt, soll im Folgenden zumindest angedeutet werden. Der Schwerpunkt liegt dabei auf den (vermeintlichen) *Problemen*, die mit dem Körper als Forschungsobjekt einhergehen, und den *Optionen*, die mit dem Leib als Forschungssubjekt verbunden sind.

1. Probleme mit dem Körper als Forschungsobjekt

Für die *quantitative* Sozialforschung stellt der Körper im Großen und Ganzen kein methodisches Problem dar. Wer etwas über die Häufigkeit oder Verteilung eines Körperthemas wissen möchte, entwickelt einen Fragebogen und verteilt ihn an die Menschen, die seine Stichprobe ausmachen; diese füllen den Fragebogen aus, woraufhin die Sozialforscherin ihre statistischen Berechnungen anstellt. Der Körper ist für quantitative Sozialforscher damit ein Thema wie jedes andere Thema auch, das deshalb keine spezifischen methodischen Schwierigkeiten bereitet oder methodologische Herausforderungen stellt. Anders in der *qualitativen* Sozialforschung. Hier wird zumindest immer wieder gesagt, dass es mit dem Körper als Forschungsobjekt ein zentrales Probleme gibt, nämlich seine ›*Sprachlosigkeit*‹ (vgl. Abraham 2002: 15ff.; Fischer 2003: 12ff.). Was ist mit der Sprachlosigkeit des Körpers gemeint und inwiefern resultieren daraus methodische Probleme?

Sprachlos ist der Körper insofern, als er kein unmittelbar verwendbares empirisches Datum ist, sondern lediglich ein mittelbares. Wer etwas über körperliche Belastungen am Arbeitsplatz, das Sexualverhalten in Swinger Clubs oder über den Wandel der Schönheitsideale in Frauenzeitschriften erfahren möchte, wird das nie von Körpern ›direkt‹ erfahren, sondern immer nur sprachlich vermittelt. Im ersten Fall würde man wohl Menschen mittels Leitfaden gestützter Interviews mündlich befragen, welchen körperlichen Belastungen sie an ihrem Arbeitsplatz ausgesetzt sind, im zweiten Fall könnte man als (nicht-)teilnehmende Beobachterin in einen Swinger Club gehen und Menschen bei ihrem sexuellen Tun beobachten, und im dritten Fall müsste man Frauenzeitschriften mehrerer Jahrgänge heranziehen, um die darin verborgenen Diskurse zu Schönheitsidealen herauszuarbeiten. In jedem der Beispiele geht es um Fragen, die mit dem Körper zu tun haben, aber die Antworten auf diese Fragen gibt nicht der Körper selbst, sondern die Person, die über ihre Arbeitsbelastungen spricht, die Soziologin, die ihre Beobachtungen der sexuellen Verhaltensweisen protokolliert, sowie die Zeitschrift, die über das Thema Schönheit schreibt und Bilder dazu abdruckt. Da Interviews in der Regel mit einem Aufzeichnungsgerät aufgenommen und anschließend transkribiert werden, Dokumentationen von Beobachtungen wie auch Beschreibungen von Fotos in schriftlicher Form erfolgen und die Zeitschrift in einer solchen bereits vorliegt, kann gesagt werden: Die empirische Datengrundlage von soziologischen Körperforscherinnen und -forschern sind letztlich *Texte* über den Körper, nicht aber Körper selbst.

In einem methodischen Sinne spricht der Körper also nicht, klammert man die Stimme als körperliches Ausdrucksmittel aus, wenngleich sie durchaus von soziologischem Interesse sein kann. Abgesehen davon aber kann der qualitative Sozialforscher mit dem gesprochenen Wort des Interviewpartners so wenig anfangen wie mit dem, was er live vor Ort oder in Medien gesehen hat. Um wissenschaftlich, und das heißt, methodisch kontrolliert arbeiten zu können, muss das Körperliche in Worte, Sätze, Texte übersetzt werden. Ohne Texte könnte die Sozialforscherin ihr Datenmaterial allein deshalb nicht auswerten, weil sie dafür Zeit braucht. Das gesprochene Wort im Interview und die sichtbaren Körperpraktiken im Swinger Club sind zu flüchtig, als dass sich ohne das schriftliche Festhalten des Gehörten und Gesehenen eine gründliche Analyse anstellen ließe. Auch die Texte in den Zeitschriften müssen dauerhaft verfügbar sein, weil man vergisst, was darin über Schönheitsideale geschrieben wurde, oder man beim ersten Lesen gar nicht erkannt hat, dass darin von einem Schönheitsideal die Rede ist. Kurz: Egal mit welcher der vielen Methoden qualitativer Sozialforschung man versucht, seine körpersoziologische Forschungsfrage zu beantworten, es läuft immer darauf hinaus, dass man mit einem schriftlichen Text und nicht mit Körpern aus Fleisch und Blut seine wissenschaftliche Arbeit durchführt.

Für qualitative Sozialforscherinnen, die mit *Beobachtungsverfahren* (Ethnographie, Lebensweltanalyse) und/oder *medialen Daten* (Fotos, Videos, Filmen) arbeiten, ist damit nun in der Tat ein methodisches Problem verbunden: Wie gelingt eine *angemessene sprachliche Übersetzung* des beobachteten oder visuell dargestellten Körpers? Wie gelingt der Transfer von Körper(n) in Text? Zu bedenken ist hier nämlich, dass im Übergang vom Gesehenen zur Versprachlichung des Gesehenen zum einen Aspekte des körperlichen Ausdrucksverhaltens verloren gehen, da jeder Forscher unweigerlich selektiv wahrnimmt. Zum anderen enthält jede Verschriftlichung bereits Deutungen desjenigen, der das Beobachtete schriftlich festhält. Damit ist die Auswertungsgrundlage nicht mehr der Körper ›an sich‹, sondern ein immer schon interpretierter Körper, eben ein verschriftlichter Körper, ein Text. Im Falle von *qualitativen Interviews* oder von *Gruppendiskussionen* geht dieser Interpretation des Sozialforschers die Übersetzungsarbeit der interviewten Person beziehungsweise der Diskussionsteilnehmer voraus[112], die für ihre Beschreibungen, Erzählungen und Argumentationen ebenfalls auf die ihnen zur Verfügung stehenden kulturellen Wissensbestände und Deutungsmuster zurückgreifen.

Dieses Übersetzungsproblem ist nie vollständig zu lösen. Hier stößt die empirische Sozialforschung an ihre Grenzen. Das ist nun aber kein Grund zur Verzweiflung, sondern sollte vielmehr als Herausforderung gesehen werden, sich so ›nah‹ als möglich an den Körper als Forschungsobjekt anzunähern. Im methodischen Sinne heißt das, sehr genaue Dokumentations-, Protokollierungs- und Transkriptionsverfahren zu entwickeln *und* zu nutzen. Ein Trost mag außerdem darin liegen, dass das Übersetzungsproblem für alle Sozialforscherinnen und -forscher gilt, die mit Beobachtungsverfahren oder medialen Daten arbeiten. Der Körper stellt hinsichtlich seiner Versprachlichung kein größeres methodisches Problem dar als beispielswese eine Subkultur oder (beziehungsweise: wie) der Wissenschaftsbetrieb.

2. Optionen durch den Leib als Forschungssubjekt

Was machen Soziologinnen und Soziologen, wenn sie Soziologie ›machen‹? Im Großen und Ganzen wohl folgendes: Sie sitzen auf Stühlen, lesen Texte, streichen diese vielleicht an, machen sich handschriftlich Notizen, tippen auf einer Tatstatur und schauen in einen Bildschirm. Sie bedienen kleinere und größere technische Geräte und tragen von Zeit zu Zeit Gegenstände (Bücher, Tassen etc.) von hier nach da. Soziologen sprechen mit und vor anderen Menschen, wie sie umgekehrt diesen zuhören. Sie beobachten andere Menschen und werden auch selbst beobachtet (als Vortragende, Interviewer etc.), weshalb sie sich – die einen mehr, die anderen weniger – auf eine bewusste Weise geben, das heißt, ihre Stimme, Gestik, Mimik, Körperhaltung und -bewegung einsetzen. Soziologen gehen zu Tagungen, wo sie wiederum sitzen, zuhören und reden, aber ebenso herumstehen, essen und trinken. Bei all dem denken Soziologen – mal mehr, mal weniger. Vergegenwärtigt man sich diese Tätigkeiten, die den Kern des »*doing sociology*« (Gugutzer 2006b: 38, 2012: 83) ausmachen dürften, wird offensichtlich, dass auch Soziologinnen und Soziologen nicht bloß ›Kopfarbeiter‹ sind, sondern ebenso sehr ›Körperarbeiter‹. Sollten diese körperlichen Tätigkeiten vollkommen unwichtig sein für die Genese soziologischer Erkenntnisse?

Diese Frage stellt sich umso dringlicher, wenn man die leiblichen Dimensionen des *doing sociology* in den Blick nimmt. Aus der in Kapitel II/3 formulierten These der Verschränkung von Körper und Leib folgt ja, dass mit den genannten körperlichen Tätigkeiten ›automatisch‹ leibliche Selbstwahrnehmungen korrespondieren. Wer längere Zeit sitzt, spürt seinen (verlängerten) Rücken, merkt, wie seine Augen brennen, fühlt sich irgendwann müde und bekommt Hunger. Im Interview mit dem einen Experten ist man nervös, unsicher, eingeschüchtert, verlegen, distanziert, im Interview mit der anderen Expertin dagegen locker, selbstsicher, witzig und vielleicht versucht, mit ihr zu flirten. In der Begegnung mit den Menschen und Dingen des fremden Feldes fühlt man sich spontan wohl oder unwohl, ist neugierig oder ängstlich und ziemlich sicher von der Vielzahl an Eindrücken zunächst überfordert. Bei der Analyse eines Spielfilms oder eines Videos langweilt man sich oder ist fasziniert, wie auch das Lesen des einen Textes anstrengend, ermüdend, zäh sein und schwer fallen kann, weil es ein schwerer Text ist, jedenfalls im Vergleich zum anderen, der viel leichter zu lesen ist, da er wirklich leicht ist, vielleicht sogar anregend und beeindruckend, da man denkt, ›ja, genau, so ist es!‹. Die Hauptreferentin auf der Tagung empfindet man als arrogant und nervig, außerdem regt einen ihr Gehampel vor der Leinwand auf, den Hauptreferenten hingegen findet man charmant, pfiffig und schlau, weshalb man bei ersterer nach wenigen Minuten abschaltet und sich anderweitig beschäftigt, während man dem zweiten bis zum Schluss aufmerksam zuhört.

Solche und ähnliche leiblich-affektive Phänomene, die normale Bestandteile alltäglicher soziologischer (wie jeder wissenschaftlicher) Arbeit sind, werden gemeinhin als zu ignorierende oder eliminierende Störvariablen wissenschaftlichen Arbeitens betrachtet, weil sie rein subjektiv sind und damit dem Objektivitätsanspruch von Wissenschaft zuwiderlaufen. So kann man das sehen. Man kann aber auch die Position vertreten, dass gerade die Tatsache ihrer Alltäglichkeit und Unvermeidbarkeit Anlass gibt, sie ernst zu nehmen im Hinblick auf die Produktion wissenschaftlicher Erkenntnisse. Man kann mit anderen Worten anerkennen, dass der wissenschaftliche Akteur ein verkörpertes Wesen ist, dessen *Leiblichkeit* als zumindest *potenzielles Erkenntnismittel* fungiert und in dem Sinne *Forschungssubjekt* ist. Der Leib als Forschungssubjekt ist soziologisch bedeutsam in der Weise, in der Loïc Wacquant vom »Wert einer leiblichen Soziologie« spricht, einer Soziologie, »die sich nicht allein *auf* den Körper im Sinne eines Objekts *bezieht*, sondern vom Körper aus als Untersuchungsinstrument und Vektor der Erkenntnis *ausgeht*« (Wacquant 2003: 270; Herv. im Orig.).

Was aber kann das heißen, den Körper als »Untersuchungsinstrument und Vektor der Erkenntnis« zu nutzen? Es bedeutet ganz allgemein, das, was man im Forschungsalltag leiblich an sich wahrnimmt, wenn und weil man von etwas berührt, abgestoßen, verärgert, angemacht, gefesselt wird etc., bewusst wahrzunehmen und zu reflektieren, welche Bedeutung die leiblich-affektive Resonanz auf das Wahrgenommene haben könnte. Den größten Erkenntniswert dürften dabei wohl ›negative‹ leiblich-affektive Reaktionen haben, also solche, die sich als innerer, *spürbarer Widerstand* bemerkbar machen. Man liest einen Text, versucht dem Autor zu folgen, bis man an eine Stelle gelangt, an der man denkt: »Was soll das denn? So ein Unsinn!« Das denkt man aber nicht nur, das empfindet man auch. Man regt sich nicht nur intellektuell über eine Formulierung, Ansicht, Theorie auf, sondern – sofern man sich wirklich aufregt, weil man die These wirklich ablehnt –, man spürt diese Ablehnung auch. Die typische Folge davon ist zweierlei: Man merkt sich diese These besser, als wenn sie einen kalt gelassen hätte (weil sie zum Beispiel viel zu langweilig ist, als dass es sich lohnte, sich darüber aufzuregen), und man lehnt sie ab, kann sich also zu ihr und damit innerhalb des hier relevanten Diskussionskontextes positionieren, sofern man nicht auf der leiblichen Ebene stehen bleibt, sondern seinen gespürten Widerstand in Worte fasst. Das heißt, wenn man sich spürbar an einem Argument oder einer These stört, dann ist das keine überflüssige oder sinnlose Reaktion, sondern eine sinnvolle leibliche Stellungnahme. Im spürbaren Widerstand zeigt sich Sinn: Die These, die Widerstand hervorruft, spricht etwas im Forscher an, und deshalb bedeutet sie etwas. *Was* die leibliche Stellungnahme bedeutet, ist damit natürlich noch nicht gesagt. Aber *dass* sie etwas bedeutet, ist offenkundig, so dass es darum ginge, dem Widerstand nachzuspüren, ihn in Worte fassen und argumentativ zu nutzen.

Dass der Leib ein ›*Erkenntnisvektor*‹ (Wacquant) ist beziehungsweise ihm ein Erkenntnispotenzial innewohnt (vgl. dazu auch Abraham 2002: Kap. 6; Bockrath et al. 2008; Bourdieu 2001: Kap. 4; Gebauer 2003), ist genau genommen bereits daran erkennbar, wie in der Wissenschaft gesprochen wird. In einigen der genannten Beispielen klang es an: Texte sind ›leicht‹ oder ›schwer‹, ›ermüdend‹ oder ›erregend‹, Thesen lassen einen ›kalt‹ oder sind ›fesselnd‹, Vorträge sind ›schwerfällig‹, ›langatmig‹ oder ›mitreißend‹, Diskussionen sind ›lebendig‹ und ›hitzig‹ oder ›hart‹, ›zäh‹ und ›quälend‹ etc. Zu sagen, all diese Adjektive sind bloße Metaphern und daher nicht wörtlich zu nehmen, wie das mehrheitlich getan wird, ist sachlich unangemessen.[113] In einer ›hitzigen‹ Diskussion wird einem spürbar warm, während man in einer ›harten‹ Auseinandersetzung mit Argumenten aufeinander ›einprügelt‹, bis es womöglich wirklich ›weh‹ tut, man also leiblich-affektiv ge- und betroffen ist. Der Leib ist immer präsent, er reagiert spürbar auf seine wissenschaftliche Umwelt, nimmt auf diese aber auch Einfluss, etwa wenn er den verbalen ›Rückschlag‹ motiviert. Die leiblichen Reaktionen führen vielleicht nicht unmittelbar zu neuen Erkenntnissen, wobei zu überlegen wäre, ob die kreative Lösung wissenschaftlicher Probleme ohne Gespür, Intuition, Ahnung und ähnliche leibliche Phänomene überhaupt denkbar ist. Mittelbar aber sollte es unstrittig sein, dass das leibliche Involviertsein im Forschungsalltag insofern als Erkenntnisquelle fungiert, als das leibliche (Miss-)Befinden den Ursprung rationaler – leiblich gesprochen: ›trockener‹ – Überlegungen abzugeben vermag.

Den Leib als Forschungssubjekt aufzufassen, sein Erkenntnispotenzial wahrzunehmen und es zu nutzen, ist im Wissenschaftsbetrieb keine Selbstverständlichkeit, im Gegenteil. Für die Soziologie des Körpers und insbesondere die Soziologie des Leibes tut sich hier deshalb ein breites *epistemologisches, methodologisches und methodisches Aufgabenfeld* auf. Zentrale Aufgaben wären beispielsweise, die Reflektionen über »leibliches Erkennen« und »leibliches Verstehen« theoretisch-begrifflich voranzutreiben, die Vor- und Nachteile, Stärken und Schwächen des Leibes als Erkenntnismittel zu konkretisieren und zu systematisieren, das Verhältnis von Leib, Körper und Sprache umfassend zu analysieren sowie konkrete methodische Anleitungen dazu zu entwickeln, wie der Leib kontrolliert als Forschungssubjekt eingesetzt werden kann, und entsprechende praktische Workshops zu konzipieren. Die Soziologie des Körpers und Leibes würde mit solchen, bislang spärlich vorgenommenen Reflektionen die vielfältigen erkenntnisgenerierenden Optionen aufzeigen, die sich mit der leiblichen Erkenntnis als Partnerin der rationalen Erkenntnis auftun – und zwar über die Soziologie hinaus.

VII. Von der Körpersoziologie zur Verkörperung der Soziologie: Ein programmatischer Ausblick

Im Laufe dieser Einführung klang es wiederholt an: Der Körper scheint kein ganz ›normaler‹ Gegenstand für die Soziologie zu sein. Diese Einschätzung mag zwar ein Stück weit der Parteilichkeit derjenigen geschuldet sein, die sich selbst als Körpersoziologin, Körpersoziologe verstehen. Denn wer würde schon von sich behaupten, er beschäftige sich mit Banalem oder Unwichtigem? Dennoch kann man diese Ansicht, der Körper sei für die Soziologie etwas Besonders und, so die typische Fortführung dieser Behauptung, die Körpersoziologie daher ›mehr‹ als nur eine der üblichen Teilsoziologien, ernst nehmen und fragen, wie denn das gemeint sei, die Körpersoziologie sei ›mehr‹ als eine Bindestrichsoziologie. Dazu zwei typische Aussagen:

»Demgegenüber wird hier die These vertreten und ausgearbeitet, dass *Körper und Leib zentrale soziale Gegebenheiten und Konstrukte* sind. Sie gehören deshalb nicht in eine der beliebig zu erweiternden Bindestrich- und Spezialsoziologien (etwa: ›Körper-Soziologie‹), sondern ihre Analyse trägt zur Antwort auf die soziologische Kernfrage bei, wie Sozialität und Gesellschaft konstituiert werden« (Fischer 2003: 10; Herv. im Orig.).

Wolfram Fischers Plädoyer, Leib und Körper als »zentrale soziale Gegebenheiten und Konstrukte« sowie als ›konstitutive‹ Merkmale von »Sozialität und Gesellschaft« zu betrachten, wird beispielsweise auch von den britischen Soziologen Simon J. Williams und Gillian Bendelow geteilt. Ihrer Auffassung nach müsse die Soziologie erkennen,

»that social institutions as well as micro-social processes cannot be understood apart from the real, lived experiences and actions of bodies, including practitioners of sociology themselves. *Embodiment*, in short, is central rather than peripheral to the sociological enterprise. The grounding of social theory should, therefore, be rooted in the contingencies and predicaments of human embodiment, and the links this provides to broader issues of social order and transgression, structure and action, agency and identity« (Williams/Bendelow 1998: 8; Herv. im Orig.).

In beiden Zitaten wird gesagt, die Soziologie habe Leib und Körper als grundlegende Dimensionen des Sozialen anzuerkennen und Verkörperung ins Zentrum soziologischer Unternehmungen zu rücken. Mit anderen Worten wird hier dafür plädiert, dass die Körpersoziologie gleichermaßen eine *verkörperte Soziologie* sein solle – eine Soziologie, die gesellschaftliche Wirklichkeit durch die ›Leib-Körper-Brille‹ analysiert.

Dieses ehrgeizige Ziel, die Körpersoziologie in eine verkörperte Soziologie zu transformieren, wurde bislang mehr postuliert als realisiert, auch wenn das von Thomas Csordas in den 1990er Jahren in die Sozial- und Kulturwissenschaftlichen eingeführte Schlagwort »embodiment« (vgl. Csordas 1990, 1994; vgl. dazu auch Fischer-Lichte 2001) regelmäßig aufgegriffen wird (vgl. Gugutzer 2012: 14ff.). Da ich es für ein lohnenswertes Unterfangen halte, eine verkörperte Soziologie in Angriff zu nehmen, sollen hier abschließend einige programmatische Überlegungen dahingehend angestellt werden, wie eine solche, über die Körpersoziologie hinausgehende verkörperte Soziologie aussehen könnte (vgl. zum Folgenden Gugutzer 2006b: 29-35).

Eine verkörperte Soziologie müsste sich mit den grundlegenden Fragen der Soziologie, »›Was ist soziales Handeln?‹, ›Was ist soziale Ordnung?‹, ›Was bestimmt sozialen Wandel?‹« (Joas/Knöbl 2004: 37) auseinandersetzen und Antworten aus einer Leib-Körper-Perspektive geben. Vor dem Hintergrund der in Kapitel II/3 vorgeschlagenen Definition, Verkörperung als Verschränkung von Leib und Körper zu verstehen, und im Sinne eines Resümees der hier vorgestellten körpersoziologischen Ansätze in Kapitel IV und V lassen sich folgende Bausteine einer verkörperten Soziologie skizzieren.

(1) *Verkörperung sozialen Handelns.* Wie hier mehrfach dargelegt, ist menschliches Handeln immer auch ein körperliches und leibliches Geschehen in Raum und Zeit. Daher ist jedes soziale Handeln ein leiblich-körperlich fundiertes und ausgeführtes Handeln. Zwei (oder mehr) Handelnde, die sich in ihrem Handeln wechselseitig aneinander orientieren, tun dies im Medium von Leib und Körper, selbst wenn sie sich in keiner face-to-face-Interaktion befinden.

Daraus folgt erstens: Ausgehend von der soziologischen Grundannahme, dass Sozialität dort beginnt, wo zwei menschliche Subjekte in eine Beziehung miteinander treten, Sozialität deshalb auf einer basalen Ebene als Inter-Subjektivität konstituiert wird und es das »ontologische Primat der Wahrnehmung« (Merleau-Ponty) gibt, lässt sich sagen, dass Intersubjektivität gleichbedeutend ist mit leiblicher Intersubjektivität beziehungsweise mit Zwischenleiblichkeit. Die Konstitution von Sozialität ist im leiblichen Zur-Welt-Sein und der wechselseitigen leiblich-sinnlichen Wahrnehmung sozialer Akteure fundiert. Zwischenleiblichkeit ist darüber hinaus eine konkrete, leibliche Kommunikationsform. Wenn Menschen einander begegnen, kommunizieren und interagieren sie leiblich, auf einer vorreflexiven Ebene, sie nehmen sich sinnlich wahr. Im leiblichen Perspektivenwechsel spüren sie die Verhaltenserwartung des oder der Anderen oft eher oder besser, als dass sie diese bewusst wahrnehmen. Menschen kommunizieren zudem nicht nur mit anderen Menschen leiblich, sondern ebenso mit nicht-menschlichen »Partizipanden« (Hirschauer) wie Artefakten (vgl. Gugutzer 2015a) oder Atmosphären (vgl. Gugutzer 2015b).

So wie Zwischenleiblichkeit ist zweitens Interkorporalität eine konstitutive Bedingung von Interaktionen. Die körperliche Ko-Präsenz sozialer Akteure bringt es mit sich, dass der Körper als interkorporaler Zeichenträger und damit als das »primäre Deutungsobjekt im Fremdverstehen« (Raab/Soeffner 2005: 178) fungiert. Im sozialen Handeln sind »Bewegungen, Wahrnehmungen und Erkenntnisleistungen aufs engste [sic] miteinander verwoben« (ebd.: 171). Entsprechend sind das körperlich-leibliche Interagieren und Verstehen entscheidend an der Her- und Darstellung von Interaktionsordnungen beteiligt.

(2) *Verkörperung sozialer Ordnung.* Eine verkörperte Soziologie fokussiert Einverleibung und Verkörperung als Medien der Reproduktion und Repräsentation sozialer Ordnung. Einverleibung und Verkörperung bezeichnen zwei komplementäre Perspektiven auf das Verhältnis von sozialem Akteur und sozialen Strukturen – zum einen die ›Innensicht‹, zum anderen die ›Außensicht‹. Eine verkörperte Soziologie rückt in den Mittelpunkt, dass sich die dauerhafte Stabilität sozialer Ordnungen in einem entscheidenden Maße dem Umstand verdankt, dass diese von den sozialen Akteuren inkorporiert werden. Eine verkörperte Soziologie thematisiert in diesem Sinne auch das strukturkonservative Moment von Leiberfahrungen: Die gesellschaftlich geprägten leiblichen

Erfahrungen als Garanten sozialer Wirklichkeit und Ordnung. Korrelierend dazu analysiert sie den von außen wahrnehmbaren Körper als symbolische Repräsentation sozialer Strukturen. Eine verkörperte Soziologie richtet ihr Augenmerk auf die soziale Zeichenfunktion körperlicher Erscheinungs- und Verhaltensweisen beziehungsweise, umgekehrt, auf die sichtbaren Verkörperungen sozialer Ordnungen, durch die soziale Strukturen ebenfalls reproduziert werden.

Dabei rekonstruiert eine verkörperte Soziologie, dass und wie handelnde Individuen soziale Strukturen einverleiben und erkennbar verkörpern. Mit Bourdieu gesprochen interessieren hier die »Strukturübungen« (Bourdieu 1987: 139), mittels derer soziale Akteure die grundlegenden Ordnungsschemata des jeweiligen sozialen Feldes lernen, habitualisieren und damit institutionell auf Dauer stellen. Solche Strukturübungen erfolgen typischerweise mimetisch, also in leibkörperlichen Praktiken.

(3) *Verkörperung sozialen Wandels.* Vor dem Hintergrund, dass Leib und Körper die Bedingung und Materialität sozialen Handelns sind, beschäftigt sich eine verkörperte Soziologie mit der Frage, wie die Transformation sozialer Strukturen durch verkörpertes soziales Handeln vonstattengeht. Aus der Sicht einer verkörperten Soziologie erfolgt die Initiierung sozialen Wandels im Medium des eigensinnigen Körpers sowie von körperlichen Praktiken. Der nicht-kontrollierbare, eigenwillige und eigensinnige Körper ist ein bedeutsamer Akteur für impliziten oder latenten Wandel, da er als eine Art Seismograph für krisen- oder konflikthafte soziale Verhältnisse fungiert, der bewusstes Handeln motivieren kann. Gesellschaftliche Missstände, Ungerechtigkeiten, Ungleichheiten, Diskriminierungen wie auch soziale Unstimmigkeiten, Missklänge oder Ärgernisse werden typischerweise als leiblich-affektives Betroffensein wahrgenommen, nicht selten noch vor einer bewusst-rationalen Einschätzung der Situation. Eine verkörperte Soziologie fokussiert zum einen die Bedingungen und Kontexte solcher spürbaren Widerstände, ihre ›Übersetzung‹ in Sprache und intentionales Handeln, zum anderen die strukturellen Transformationsprozesse, die aus der vorgängigen spürbaren Widerständigkeit folgen. Daneben interessiert eine verkörperte Soziologie selbstredend auch jene Formen expliziten sozialen Wandels, die durch die kollektiven Körperpraktiken von Klein- oder Großgrup-

pen ausgelöst werden, etwa Ausschreitungen von Hooligans oder politische Demonstrationen.

(4) *Dualität von Struktur und verkörpertem Handeln*. Mit der Beantwortung der Fragen zum sozialen Handeln, zur sozialen Ordnung und zum sozialen Wandel aus einer Leib-Körper-Perspektive nimmt die verkörperte Soziologie zugleich Stellung zu der zentralen Frage der Soziologie, wie das *Verhältnis* von Gesellschaft und Individuum, von sozialen Strukturen und sozialem Handeln zu verstehen ist. Damit setzt die verkörperte Soziologie eine Ebene tiefer beziehungsweise grundsätzlicher an als der Großteil körpersoziologischer Ansätze, denen es primär um die Überwindung des Körper/Geist-Dualismus geht. Der Körper/Geist-Dualismus repräsentiert die Handlungsseite im Struktur/Handlung-Dualismus, ist also ein Teil desselben und diesem somit nachgeordnet. Wenn die soziologische Beschäftigung mit dem menschlichen Körper tatsächlich nicht bloß zu einer weiteren Teilsoziologie führen, sondern von Bedeutung für die allgemeine Soziologie sein soll, dann reicht es nicht, nur den Körper/Geist-Dualismus aufzuheben. Notwendig ist dann vielmehr die Bewältigung des grundlegenderen Struktur/Handlung-Dualismus, von dem jener eben nur ein Aspekt ist. In dem Sinne markiert der Schritt von der Überwindung des Körper/Geist-Dualismus hin zur Überwindung des Struktur/Handlung-Dualismus den Ebenenwechsel von der Soziologie des Körpers zu einer verkörperten Soziologie.

Als allgemeiner theoretischer Rahmen bietet sich für ein solches Vorhaben die Strukturierungstheorie von Giddens an (vgl. Kap. V/2). In der Terminologie von Giddens lässt sich sagen, dass eine verkörperte Soziologie die »Dualität von Struktur und Handeln« zum Gegenstand hat, und dies unter systematischer Einbeziehung der »Dualität von Körper und Leib« (Gugutzer 2012: 49ff.). Das bedeutet, die Dualität von Körper und Leib – eine andere Formulierung für Verkörperung – an die Stelle von »Handeln« in Giddens Formel zu setzen. Dem entsprechend lautet die Grundformel einer verkörperten Soziologie verkürzt: *Dualität von Struktur und Verkörperung*. Damit ist gesagt, dass die grundlegende Aufgabe einer verkörperten Soziologie darin besteht, die Konstitution von Sozialität unter dem Gesichtspunkt der wechselseitigen Prägung und Hervorbringung von sozialen Strukturen und verkörperten Handlungen herauszuarbeiten. Dafür wählt sie als basale Analyseeinheit Interaktionen, da Interaktionen jener soziale Ort sind, so Giddens (1992: 77), an dem Strukturen und – in unserem Fall: verkörperte – Handlungen aufeinandertreffen.

Abraham, Anke (2002): *Der Körper im biographischen Kontext. Ein wissenssoziologischer Beitrag*, Wiesbaden: Westdeutscher Verlag.

Ach, Johann S./Pollmann, Arnd (Hg.) (2006): *no body is perfect. Baumaßnahmen am menschlichen Körper – Bioethische und ästhetische Aufrisse*, Bielefeld: transcript.

Alheit, Peter/Dausien, Bettina/Fischer-Rosenthal, Wolfram/Hanses, Andreas/Keil, Annelie (Hg.) (1999): *Biographie und Leib*, Gießen: Psychosozial-Verlag.

Alkemeyer, Thomas (2001): »Die Vergesellschaftung des Körpers und die Verkörperung der Gesellschaft. Ansätze zu einer Historischen Anthropologie des Körpers und des Sports in modernen Gesellschaften«. In: Klaus Moegling (Hg.), *Integrative Bewegungslehre, Teil I. Gesellschaft, Persönlichkeit, Bewegung*, Immenhausen/Kassel: Prolog, S. 132-178.

Alkemeyer, Thomas (2004): »Bewegung und Gesellschaft. Zur ›Verkörperung‹ des Sozialen und zur Formung des Selbst in Sport und populärer Kultur«. In: Gabriele Klein (Hg.), *Bewegung. Sozial- und kulturwissenschaftliche Konzepte*, Bielefeld: transcript, S. 43-78.

Alkemeyer, Thomas (2006): »Rhythmen, Resonanzen und Missklänge. Über die Körperlichkeit der Produktion des Sozialen im Spiel«. In: Robert Gugutzer (Hg.), *body turn. Perspektiven der Soziologie des Körpers und des Sports*, Bielefeld: transcript, S. 265-295.

Alkemeyer, Thomas (2008): »Sport als soziale Praxis«. In: Kurt Weis/Robert Gugutzer (Hg.), *Handbuch Sportsoziologie*, Schorndorf: Hofmann, S. 220-229.

Alkemeyer, Thomas/Boschert, Bernhard/Schmidt, Robert/Gebauer, Gunter (Hg.) (2003): *Aufs Spiel gesetzte Körper. Aufführungen des Sozialen in Sport und populärer Kultur*, Konstanz: UVK.

Alkmeyer, Thomas/Brümmer, Kristina/Kodalle, Rea/Pille, Thomas (Hg.) (2008): *Ordnung in Bewegung: Choreographien des Sozialen. Körper in Sport, Tanz, Arbeit und Bildung*, Bielefeld: transcript.

Alkemeyer, Thomas/Schmidt, Robert (2003): »Habitus und Selbst. Zur Irritation der körperlichen Hexis in der populären Kultur«. In: Thomas Alkemeyer et al. (Hg.), *Aufs Spiel gesetzte*

Körper. Aufführungen des Sozialen in Sport und populärer Kultur, Konstanz: UVK, S. 77-102.

Alkemeyer, Thomas/Schmidt, Robert (2006): »Technisierte Körper – verkörperte Technik. Über den praktischen Umgang mit neuen Geräten in Sport und Arbeit«. In: Karl-Siegbert Rehberg (Hg.), *Soziale Ungleichheit und kulturelle Unterschiede. Verhandlung des 32. Kongresses der Deutschen Gesellschaft für Soziologie*, Frankfurt a.M./New York: Campus, S. 569-578.

Alloa, Emmanuel/Bedorf, Tjomas/Grüny, Christian/Klass, Tobias N. (Hg.) (2012): *Leiblichkeit. Geschichte und Aktualität eines Konzepts*. Tübingen: Siebeck (UTB).

Annuß, Evelyn (1996): »Umbruch und Krise der Geschlechterforschung: Judith Butler als Symptom«. In: *Das Argument* 216, S. 505-524.

Barkhaus, Annette (2001): »Körper und Identität. Vorüberlegungen zu einer Phänomenologie des eigensinnigen Körpers«. In: Sabine Karoß/Leonore Welzin (Hg.), *Tanz Politik Identität*, Münster: LIT, S. 27-49.

Barkhaus, Annette/Mayer, Matthias/Roughly, Neil/Thürnau, Donatus (Hg.) (1996): *Identität, Leiblichkeit, Normativität. Neue Horizonte anthropologischen Denkens*, Frankfurt a.M.: Suhrkamp.

Bateson, Gregory/Jackson, Don D./Haley, Jay/Weakland, John H. (Hg.) (1969): *Schizophrenie und Familie. Beiträge zu einer neuen Theorie*, Frankfurt a.M.: Suhrkamp.

Baumgart, Ralf/Eichener, Volker (1991): *Norbert Elias zur Einführung*, Hamburg: Junius.

Beauvoir, Simone de (1990): *Das andere Geschlecht*, Reinbek: Rowohlt.

Beck, Ulrich (1983): »Jenseits von Stand und Klasse? Soziale Ungleichheiten, gesellschaftliche Individualisierungsprozesse und die Entstehung neuer Formationen und Identitäten«. In: Reinhard Kreckel (Hg.), *Soziale Ungleichheiten (Soziale Welt Sonderband 2)*, Göttingen: Schwartz, S. 35-74.

Beck, Ulrich (1993): *Die Erfindung des Politischen. Zu einer Theorie reflexiver Modernisierung*, Frankfurt a.M.: Suhrkamp.

Beck, Ulrich/Beck-Gernsheim, Elisabeth (Hg.) (1994): *Riskante Freiheiten. Individualisierung in modernen Gesellschaften*, Frankfurt a.M.: Suhrkamp.

Becker-Schmidt, Regina/Knapp, Gudrun-Axeli (Hg.) (1995): *Das Geschlechterverhältnis als Gegenstand der Sozialwissenschaften*, Frankfurt a.M./New York: Campus.

Benthall, Jonathan/Polhemus, Ted (Hg.) (1975): *The Body as Medium of Expression. Essays Based on a Course of Lectures Given at the Institute of Contemporary Arts*, London: Allen Lane.

Berger, Johannes (1988): »Modernitätsbegriff und Modernitätskritik in der Soziologie«. In: *Soziale Welt* 39, S. 224-235.

Berger, Peter L./Luckmann, Thomas (1969): *Die gesellschaftliche Konstruktion der Wirklichkeit. Eine Theorie der Wissenssoziologie*, Frankfurt a.M.: S. Fischer.

Berthelot, Jean-Michel (1986): »Sociological discourse and the body«. In: *Theory, Culture & Society* 3, S. 155-164.

Berthelot, Jean-Michel (1995): »The Body as a Discursive Operator: or the Aporias of a Sociology of the Body«. In: *Body & Society* 1, S. 13-24.

Bette, Karl-Heinrich (1984): *Strukturelle Aspekte des Hochleistungssports in der Bundesrepublik. Ansatzpunkte für eine System-Umwelt-Theorie des Hochleistungssports*, Sankt Augustin: Richarz.

Bette, Karl-Heinrich (1987): »Wo ist der Körper?« In: Dirk Baecker/Jürgen Markowitz/Rudolf Stichweh/Hartmann Tyrell/Helmut Willke (Hg.), *Theorie als Passion. Festschrift zum 60. Geburtstag von Niklas Luhmann*, Frankfurt a.M.: Suhrkamp, S. 600-628.

Bette, Karl-Heinrich (1989): *Körperspuren. Zur Semantik und Paradoxie moderner Körperlichkeit*, Berlin/New York: de Gruyter.

Bette, Karl-Heinrich (1992): *Theorie als Herausforderung. Beiträge zur systemtheoretischen Reflexion der Sportwissenschaft*, Aachen: Meyer & Meyer.

Bette, Karl-Heinrich (1993): »Sport und Individualisierung«. In: *Spectrum der Sportwissenschaft* 5, S. 34-55.

Bette, Karl-Heinrich (1999): *Systemtheorie und Sport*, Frankfurt a.M.: Suhrkamp.

Bette, Karl-Heinrich (2001): »Körper, Sport und Individualisierung«. In: Gero von Randow (Hg.), *Deutscher Studienpreis*, Hamburg: edition Körber-Stiftung, S. 88-100.

Bette, Karl-Heinrich (2004): *X-treme. Zur Soziologie des Abenteuer- und Risikosports*, Bielefeld: transcript.

Bette, Karl-Heinrich (2007): »Sporthelden. Zur Soziologie sozialer Prominenz«. In: *Sport und Gesellschaft* 4, Heft 3, S. 243-264.

Bette, Karl-Heinrich (2010): *Sportsoziologie*, Bielefeld: transcript.
Bette, Karl-Heinrich (2012): *Sportsoziologische Aufklärung. Studien zum Sport der modernen Gesellschaft*, Bielefeld: transcript.
Bette, Karl-Heinrich/Gugutzer, Robert (2012): »Sport als Sucht. Zur Soziologie einer stoffungebundenen Abhängigkeit«. In: *Sport und Gesellschaft* 9, Heft 2, S. 107-130.
Bette, Karl-Heinrich/Kühnle, Felix/Thiel, Ansgar (2012): *Dopingprävention. Eine soziologische Expertise*, Bielefeld: transcript.
Bette, Karl-Heinrich/Schimank, Uwe (1995): *Doping im Hochleistungssport. Anpassung durch Abweichung*, Frankfurt a.M.: Suhrkamp.
Bockrath, Franz/Boschert, Bernhard/Franke, Elk (Hg.) (2008): *Körperliche Erkenntnis. Formen reflexiver Erfahrung*, Bielefeld: transcript.
Böhle, Fritz/Fross, Dirk (2009): »Erfahrungsgeleitete und leibliche Kommunikation und Kooperation in der Arbeitswelt«. In: Thomas Alkemeyer/Kristina Brümmer/Rea Kodalle/Thomas Pille (Hg.), *Ordnung in Bewegung. Choreographien des Sozialen. Körper in Sport, Tanz, Arbeit und Bildung*, Bielefeld: transcript, S. 107-126.
Böhle, Fritz/Porschen, Stephanie (2011): »Körperwissen und leibliche Erkenntnis«. In: Reiner Keller/Michael Meuser (Hg.), *Körperwissen*, Wiesbaden: Springer VS, S. 53-67.
Böhle, Fritz/Weihrich, Margit (Hg.) (2010): *Die Körperlichkeit sozialen Handelns. Soziale Ordnung jenseits von Normen und Institutionen*, Bielefeld: transcript.
Böhme, Gernot (1992): »Leib: Die Natur, die wir selbst sind«. In: ders. (Hg.), *Natürlich Natur. Über Natur im technischen Zeitalter ihrer Reproduzierbarkeit*, Frankfurt a.M.: Suhrkamp, S. 77-93.
Böhme, Gernot (2003): *Leibsein als Aufgabe. Leibphilosophie in pragmatischer Hinsicht*. Kusterdingen: Die Graue Edition.
Böhme, Hartmut/Böhme, Gernot (1983): *Das Andere der Vernunft. Zur Entwicklung von Rationalitätsstrukturen am Beispiel Kants*, Frankfurt a.M.: Suhrkamp.
Bohn, C. (2000): »Kleidung als Kommunikationsmedium«. In: *Soziale Systeme* 6, S. 111-135.
Boltanski, Luc (1976): »Die soziale Verwendung des Körpers«. In: Dietmar Kamper/Volker Rittner (Hg.), *Zur Geschichte des Kör-*

pers. Perspektiven der Anthropologie, München/Wien: Hauser, S. 138-183.

Bordo, Susan (1992): »Review essay: postmodern subjects, postmodern bodies«. In: *Feminist Studies* 18, S. 159-175.

Bourdieu, Pierre (1970): *Zur Soziologie der symbolischen Formen*, Frankfurt a.M.: Suhrkamp.

Bourdieu, Pierre (1976): *Entwurf einer Theorie der Praxis auf der ethnologischen Grundlage der kabylischen Gesellschaft*, Frankfurt a.M.: Suhrkamp.

Bourdieu, Pierre (1982): *Die feinen Unterschiede. Kritik der gesellschaftlichen Urteilskraft*, Frankfurt a.M.: Suhrkamp.

Bourdieu, Pierre (1983): »Ökonomisches Kapital, kulturelles Kapital, soziales Kapital«. In: Reinhard Kreckel (Hg.), *Soziale Ungleichheiten (Soziale Welt Sonderband 2)*. Göttingen: Schwarz, S. 183-193.

Bourdieu, Pierre (1985a): *Sozialer Raum und ›Klassen‹. Leçon sur la Leçon. Zwei Vorlesungen*, Frankfurt a.M.: Suhrkamp.

Bourdieu, Pierre (1985b): »Historische und soziale Voraussetzungen des modernen Sports«. In: *Merkur* 39, S. 575-590.

Bourdieu, Pierre (1987): *Sozialer Sinn. Kritik der theoretischen Vernunft*, Frankfurt a.M.: Suhrkamp.

Bourdieu, Pierre (2001): *Meditationen. Zur Kritik der scholastischen Vernunft*, Frankfurt a.M.: Suhrkamp.

Bourdieu, Pierre/Wacquant, Loïc J.D. (1996): *Reflexive Anthropologie*, Frankfurt a.M.: Suhrkamp.

Boschert, Bernhard (2003): »Körpergewissheit und performative Wende«. In: Thomas Alkemeyer/Bernhard Boschert/Robert Schmidt/Gunter Gebauer (Hg.), *Aufs Spiel gesetzte Körper. Aufführungen des Sozialen in Sport und populärer Kultur*, Konstanz: UVK, S. 281-294.

Breuer, Stefan (1987): »Foucaults Theorie der Disziplinargesellschaft. Eine Zwischenbilanz«. In: *Leviathan* 15, S. 319-337.

Brümmer, Kristina (2010): »Action and Practice: Approaching Concepts of Sport Science from a Praxeological Perspective«. In: *Sport und Gesellschaft* 7, S. 191-212.

Bublitz, Hannelore (2001): »Wahr-Zeichen des Geschlechts. Das Geschlecht als Ort diskursiver Technologien«. In: Andreas Lösch/Dominik Schrage/Dierk Spreen/Markus Stauff (Hg.),

Technologien als Diskurse. Konstruktionen von Wissen, Medien und Körpern, Heidelberg: Synchron, S. 167-184.

Bublitz, Hannelore (2002): *Judith Butler zur Einführung*, Hamburg: Junius.

Bublitz, Hannelore (2003): *Diskurs*, Bielefeld: transcript.

Burkitt, Ian (1999): *Bodies of Thought. Embodiment, Identity and Modernity*, London et al.: Sage.

Burr, Vivien (1995): *An Introduction to Social Constructionism*, London: Routledge.

Butler, Judith (1991): *Das Unbehagen der Geschlechter*, Frankfurt a.M.: Suhrkamp.

Butler, Judith (1997): *Körper von Gewicht. Die diskursiven Grenzen des Geschlechts*, Frankfurt a.M.: Suhrkamp.

Coenen, Herman (1985a): *Diesseits von subjektivem Sinn und kollektivem Zwang. Schütz, Durkheim, Merleau-Ponty: Phänomenologische Soziologie im Feld des zwischenleiblichen Verhaltens*, München: Fink.

Coenen, Herman (1985b): »Leiblichkeit und Sozialität. Ein Grundproblem der phänomenologischen Soziologie«. In: Hilarion Petzold (Hg.), *Leiblichkeit. Philosophische, gesellschaftliche und therapeutische Perspektiven*, Paderborn: Junfermann, S. 197-228.

Connell, Robert W. (1999): *Der gemachte Mann. Konstruktion und Krise von Männlichkeiten*, Opladen: Leske + Budrich.

Cregan, Kate (2006): *The Sociology of Body: Mapping the Abstraction of Embodiment*, London et al.: Sage.

Crossley, Nick (1994): *The Politics of Subjectivity. Between Foucault and Merleau-Ponty*, Aldershot: Avebury.

Crossley, Nick (1995a): »Body technics, agency and intercorporeality: On Goffman's ›Relation in Public‹«. In: *Sociology* 29, S. 133-149.

Crossley, Nick (1995b): »Merleau-Ponty, the elusive body and carnal sociology«. In: *Body & Society* 1, S. 43-64.

Crossley, Nick (1996): *Intersubjectivity. The Fabric of Social Becoming*, London et al.: Sage.

Crossley, Nick (2001): *The Social Body. Habit, Identity and Desire*, London et al.: Sage.

Crossley, Nick (2006): *Reflexive Embodiment in Contemporary Society*, New York: Open University Press.

Crossley, Nick (2007): »Researching embodiment by way of ›body techniques‹«. In: Chris Shilling (Hg.), *Embodying Sociology. Retrospect, Progress and Prospects*, Oxford: Blackwell, S. 80-94.

Csordas, Thomas (1990): »Embodiment as a paradigma for Anthropology«. In: *Ethos* 18, S. 5-47.

Csordas, Thomas (1994): »Introduction: the body as representation and being-in-the-world«. In: ders. (Hg.), *Embodiment and Experience. The Existential Ground of Culture and Self*, Cambridge: Cambridge University Press, S. 1-24.

Davis, Kathy (1995): *Reshaping the Female Body. The Dilemma of Cosmetic Surgery*, New York et al.: Routledge.

Davis, Kathy (Hg.) (1997): *Embodied Practices. Feminist Perspectives on the Body*, London et al.: Sage.

Davis, Kathy (2003): *Dubious Equalities and Embodied Differences. Cultural Studies on Cosmetic Surgery*, Lanham: Rowman & Littlefield.

Dederich, Markus (2007): *Körper, Kultur und Behinderung. Eine Einführung in die Disability Studies*, Bielefeld: transcript.

Degele, Nina (2004): *Sich schön machen. Zur Soziologie von Geschlecht und Schönheitshandeln*, Wiesbaden: Springer VS.

Degele, Nina/Gramespacher, Elke/Schmitz, Sigrid/Mangelsdorf Marion (Hg.) (2009): *Gendered Bodies in Motion*, Opladen: Budrich.

DeMello, Margo (2014): *Body Studies: An Introduction*, New York: Routledge.

Douglas, Mary (1974): *Ritual, Tabu und Körpersymbolik. Sozialanthropologische Studien in Industriegesellschaft und Stammeskultur*, Frankfurt a.M.: S. Fischer.

Douglas, Mary (1985): *Reinheit und Gefährdung. Eine Studie zu Vorstellungen von Verunreinigung und Tabu*, Berlin: Reimer.

Drew, Paul/Wootton, Anthony (Hg.) (1988): *Erving Goffman. Exploring the Interaction Order*, Cambridge: Polity Press.

Dreyfus, Hubert/Rabinow, Paul (1987): *Michel Foucault. Jenseits von Strukturalismus und Hermeneutik*, Frankfurt a.M.: Athenäum.

Duden, Barbara (1987): *Geschichte unter der Haut. Ein Eisenacher Arzt und seine Patientinnen um 1730*, Stuttgart: Klett-Cotta.

Duden, Barbara (1991): »Geschlecht, Biologie, Körpergeschichte.

Bemerkungen zu neuer Literatur in der Körpergeschichte«. In: *Feministische Studien* 2, S. 105-122.

Duden, Barbara (1993): »Die Frau ohne Unterleib. Zu Judith Butlers Entkörperung«. In: *Feministische Studien* 11, S. 24-33.

Duerr, Hans-Peter (1988ff.): *Der Mythos vom Zivilisationsprozeß*. 5 Bände, Frankfurt a.M.: Suhrkamp.

Durkheim, Émile (1969): »Der Dualismus der menschlichen Natur und seine soziale Bedingungen«. In: Friedrich Jonas (Hg.), *Geschichte der Soziologie, Band III: Französische und italienische Soziologie. Mit Quellentexten*, Reinbek: Rowohlt, S. 178-190.

Durkheim, Émile (1992): *Über soziale Arbeitsteilung. Studie über die Organisation höherer Gesellschaften*, Frankfurt a.M.: Suhrkamp.

Durkheim, Émile (1994): *Die elementaren Formen des religiösen Lebens*, Frankfurt a.M.: Suhrkamp.

Duttweiler, Stefanie (2004): »Körper, Geist und Seele bepuscheln... Wellness als Technologien der Selbstführung«. In: Barbara Orland (Hg.), *Artifizielle Körper – lebendige Technik. Technische Modellierungen des Körpers in historischer Perspektive*, Zürich: Chronos, S. 261-278.

Duttweiler, Stefanie (2007): *Sein Glück machen. Arbeit am Glück als neoliberale Regierungstechnologie*, Konstanz: UVK.

Eichberg, Henning (1995): »Body, soma – and nothing else? Bodies in language«. In: *Sport Science Review* 4, S. 5-25.

Elias, Norbert (1976a): *Über den Prozeß der Zivilisation. Erster Band: Wandlungen des Verhaltens in den weltlichen Oberschichten des Abendlandes*, Frankfurt a.M.: Suhrkamp.

Elias, Norbert (1976b): *Über den Prozeß der Zivilisation. Zweiter Band: Wandlungen der Gesellschaft. Entwurf zu einer Theorie der Zivilisation*, Frankfurt a.M. Suhrkamp.

Elias, Norbert (1991): *Was ist Soziologie?* Weinheim/München: Juventa.

Elias, Norbert/Dunning, Eric (1982): *Sport im Zivilisationsprozeß*, Münster: LIT.

Engelmann, Peter (Hg.) (1993): *Postmoderne und Dekonstruktion. Texte französischer Philosophen der Gegenwart*, Stuttgart: Reclam.

Engels, Friedrich (1845): *Die Lage der arbeitenden Klasse in England, Nach eigner Anschauung und authentischen Quellen*, Leipzig: Otto Wigand.

Falk, Pasi (1994): *The Consuming Body*, London et al.: Sage.

Featherstone, Mike (1982): »The Body in Consumer Culture«. In: *Theory, Culture and Society* 1, S. 18-33.

Featherstone, Mike (Hg.) (2000): *Body Modification*, London et al.: Sage.

Featherstone, Mike/Hepworth, Mike (1991): »The mask of ageing and the postmodern life course«. In: Mike Featherstone/Mike Hepworth/Bryan S. Turner (Hg.), *The Body. Social Process and Cultural Theory*, London et al.: Sage, S. 371-389.

Featherstone, Mike/Hepworth, Mike/Turner, Bryan S. (Hg.) (1991): *The Body. Social Process and Cultural Theory*, London et al.: Sage.

Featherstone, Mike/Turner, Bryan S. (1995): »Body & Society: An Introduction«. In: *Body & Society* 1, S. 1-12.

Field, David (1978): »Der Körper als Träger des Selbst. Bemerkungen zur sozialen Bedeutung des Körpers«. In: Kurt Hammerich/Michael Klein (Hg.), *Materialien zur Soziologie des Alltags (Sonderheft 20 der Kölner Zeitschrift für Soziologie und Sozialpsychologie)*, Opladen: Westdeutscher Verlag, S. 244-264.

Fink-Eitel, Hinrich (1989): *Foucault zur Einführung*, Hamburg: Junius.

Fischer, Wolfram (2003): »Körper und Zwischenleiblichkeit als Quelle und Produkt von Sozialität«. In: *Zeitschrift für qualitative Bildungs-, Beratungs- und Sozialforschung*, S. 9-31.

Fischer-Lichte, Erika (2001): »Verkörperung/Embodiment. Zum Wandel einer alten theaterwissenschaftlichen in eine neue kulturwissenschaftliche Kategorie«. In: Erika Fischer-Lichte/Christian Horn/Matthias Warstat (Hg.), *Verkörperung*, Tübingen/Basel: Francke, S. 11-25.

Fischer-Lichte, Erika (2004): *Ästhetik des Performativen*, Frankfurt a.M.: Suhrkamp.

Foucault, Michel (1973): *Archäologie des Wissens*, Frankfurt a.M.: Suhrkamp.

Foucault, Michel (1976): *Überwachen und Strafen. Die Geburt des Gefängnisses*, Frankfurt a.M.: Suhrkamp.

Foucault, Michel (1977): *Der Wille zum Wissen. Sexualität und Wahrheit 1*, Frankfurt a.M.: Suhrkamp.

Foucault, Michel (1978): *Dispositive der Macht. Über Sexualität, Wissen und Wahrheit*, Berlin: Merve.

Foucault, Michel (1987): »Das Subjekt und die Macht«. In: Hubert L. Dreyfus/Paul Rabinow (Hg.), *Michel Foucault. Jenseits von Strukturalismus und Hermeneutik*, Frankfurt a.M.: Beltz Athenäum, S. 243-261.

Foucault, Michel (2005): »Die Gouvernementalität«. In: ders. (Hg.), *Analytik der Macht*, Frankfurt a.M.: Suhrkamp, S. 148-174.

Foucault, Michel (2006): *Geschichte der Gouvernementalität. Bd. 1 und 2*, Frankfurt a.M.: Suhrkamp.

Frank, Arthur W. (1990): »Bringing bodies back in: a decade review«. In: *Theory, Culture & Society* 7, S. 131-162.

Frank, Arthur W. (1991): »For a sociology of the body: an analytical review«. In: Mike Featherstone/Mike Hepworth/Bryan S. Turner (Hg.), *The Body. Social Process and Cultural Theory*, London et al.: Sage, S. 36-102.

Frank, Arthur W. (1996): »Reconciliatory alchemy: bodies, narratives and power«. In: *Body & Society* 2, S. 53-71.

Freund, Peter E.S. (1982): *The Civilized Body. Social Domination, Control, and Health*, Philadelphia: Temple University Press.

Freund, Peter E.S. (1988): »Understanding socialized human nature«. In: *Theory and Society* 17, S. 839-864.

Gahlings, Ute (2006a): *Phänomenologie der weiblichen Leiberfahrungen*, Freiburg/München: Karl Alber.

Gahlings, Ute (2006b): »Edith Stein als Pionierin der Leibphilosophie«. In: Robert Kozljanic (Hg.), *Leib-Denken. II. Jahrbuch für Lebensphilosophie*, München: Albunea, S. 137-159.

Garfinkel, Harold (1967a): *Studies in Ethnomethodology*, Englewood Cliffs, NJ: Prentice-Hall.

Garfinkel, Harold (1967b): »Passing and the managed achievement of sex status in an intersexed person«. In: ders. (Hg.), *Studies in Ethnomethodology*, Englewood Cliffs, NJ: Prentice-Hall.

Garfinkel, Harold/Sacks, Harvey (1979): »Über formale Strukturen praktischer Handlungen«. In: Elmar Weingarten/Fritz Sack/Jim Schenkein (Hg.), *Ethnomethodologie. Beiträge zu einer Soziologie des Alltagshandelns*, Frankfurt a.M.: Suhrkamp, S. 130-176.

Gebauer, Gunter (1997): »Bewegung«. In: Christoph Wulf (Hg.), *Vom Menschen. Handbuch Historische Anthropologie*, Weinheim/Basel: Beltz, S. 501-516.

Gebauer, Gunter (2003): »Der Körper als Medium von Erkenntnis«. In: Thomas Alkemeyer/Bernhard Boschert/Robert Schmidt/Gunter Gebauer (Hg.), *Aufs Spiel gesetzte Körper. Aufführungen des Sozialen in Sport und populärer Kultur*, S. 229-233.

Gebauer, Gunter/Wulf, Christoph (1998): *Spiel, Ritual, Geste. Mimetisches Handeln in der sozialen Welt*, Reinbek: Rowohlt.

Gehlen, Arnold (1993a): »Zur Geschichte der Anthropologie«. In: ders. (Hg.), *Anthropologische und sozialpsychologische Untersuchungen*, Reinbek: Rowohlt, S. 7-25.

Gehlen, Arnold (1993b): »Ein Bild vom Menschen«. In: ders. (Hg.), *Anthropologische und sozialpsychologische Untersuchungen*, Reinbek: Rowohlt, S. 44-54.

Giddens, Anthony (1991): *Modernity and Self-Identity. Self and Society in the Late Modern Age*, Cambridge: Polity Press.

Giddens, Anthony (1992): *Die Konstitution der Gesellschaft. Grundzüge einer Theorie der Strukturierung*, Frankfurt a.M./New York: Campus.

Giddens, Anthony (1993): *Wandel der Intimität. Sexualität, Liebe und Erotik in modernen Gesellschaften*, Frankfurt a.M.: S. Fischer.

Giddens, Anthony (1999): *Soziologie*, Graz/Wien: Nausner & Nausner.

Gildemeister, Regine (1992): »Die soziale Konstruktion von Geschlechtlichkeit«. In: Ilona Ostner/Klaus Lichtblau (Hg.), *Feministische Vernunftkritik. Ansätze und Traditionen*, Frankfurt a.M./New York: Campus, S. 220-239.

Gildemeister, Regine/Wetterer, Angelika (1992): »Wie Geschlechter gemacht werden. Die soziale Konstruktion der Zweigeschlechtlichkeit und ihre Reifizierung in der Frauenforschung«. In: Gudrun-Axeli Knapp/Angelika Wetterer (Hg.), *TraditionenBrüche. Entwicklungen feministischer Theorie*, Freiburg i.B.: Kore, S. 201-254.

Glasersfeld, Ernst von (1996): *Radikaler Konstruktivismus. Ideen, Ergebnisse, Probleme*, Frankfurt a.M.: Suhrkamp.

Goffman, Erving (1971a): *Verhalten in sozialen Situationen. Strukturen und Regeln der Interaktion im öffentlichen Raum*, Gütersloh: Bertelsmann.

Goffman, Erving (1971b): *Interaktionsrituale. Über Verhalten in direkter Kommunikation*, Frankfurt a.M.: Suhrkamp.

Goffman, Erving (1971c): »Techniken der Imagepflege«. In: ders. (Hg.), *Interaktionsrituale. Über Verhalten in direkter Kommunikation*, Frankfurt a.M.: Suhrkamp, S. 10-53.

Goffman, Erving (1973): *Interaktion. Spaß am Spiel. Rollendistanz*, München: Piper.

Goffman, Erving (1974): *Das Individuum im öffentlichen Austausch. Mikrostudien zur öffentlichen Ordnung*, Frankfurt a.M.: Suhrkamp.

Goffman, Erving (1975): *Stigma. Über Techniken der Bewältigung beschädigter Identität*, Frankfurt a.M.: Suhrkamp.

Goffman, Erving (1980): *Rahmen-Analyse. Ein Versuch über die Organisation von Alltagserfahrungen*, Frankfurt a.M.: Suhrkamp.

Goffman, Erving (1981): *Strategische Interaktion*, München/Wien: Hanser.

Goffman, Erving (1983): *Wir alle spielen Theater. Die Selbstdarstellung im Alltag*, München/Zürich: Piper.

Goffman, Erving (1994): »Die Interaktionsordnung«. In: ders., *Interaktion und Geschlecht*, Frankfurt a.M./New York: Campus, S. 50-104.

Grosz, Elisabeth (1994): *Volatile Bodies. Towards a Corporeal Feminism*, Bloomington, Ind.: Indiana University Press.

Grosz, Elisabeth/Probyn, Elsbeth (Hg.) (1995): *Sexy Bodies. The Strange Carnalities of Feminism*, London/New York: Routledge.

Gugutzer, Robert (2002): *Leib, Körper und Identität. Eine phänomenologisch-soziologische Untersuchung zur personalen Identität*, Wiesbaden: Westdeutscher Verlag.

Gugutzer, Robert (2004): »Trendsport im Spannungsfeld von Körper, Selbst und Gesellschaft. Leib- und körpersoziologische Überlegungen«. In: *Sport und Gesellschaft*, Jg. 1, Heft 3, S. 219-243.

Gugutzer, Robert (2005): »Der Körper als Medium von Identität – Essstörungen«. In: Markus Schroer (Hg.), *Soziologie des Körpers*, Frankfurt a.M.: Suhrkamp, S. 323-355.

Gugutzer, Robert (Hg.) (2006a): *body turn. Perspektiven der Soziologie des Körpers und des Sports*. Bielefeld: transcript.

Gugutzer, Robert (2006b): »Der body turn in der Soziologie. Eine programmatische Einführung«. In: Robert Gugutzer (Hg.), *body turn. Perspektiven der Soziologie des Körpers und des Sports*, Bielefeld: transcript, S. 9-53.

Gugutzer, Robert (2007): »Soziologie des Körpers«. In: Karl-Heinz Hillmann (Hg.), *Wörterbuch der Soziologie*, Stuttgart: Alfred Körner, S. 840f.

Gugutzer, Robert (2008a): »Transdifferente Leiblichkeit. Leibphänomenologische Überlegungen zu einer Soziologie der Transsubjektivität«. In: Britta Kalscheuer/Lars Allolio-Näcke (Hg.), *Kulturelle Differenzen begreifen. Das Konzept der Transdifferenz aus interdisziplinärer Sicht*, Frankfurt/New York: Campus, S. 317-336.

Gugutzer, Robert (2008b): »Körper«. In: Sina Farzin/Stefan Jordan (Hg.), *Lexikon Soziologie und Sozialtheorie. Hundert Grundbegriffe*, Stuttgart: Reclam, S. 141-143.

Gugutzer, Robert (2009): »Doping im Spitzensport der reflexiven Moderne«. In: *Sport und Gesellschaft* 6, Heft 1, S. 3-29.

Gugutzer, Robert (2010): »Soziologie am Leitfaden des Leibes. Zur Neophänomenologie sozialen Handelns am Beispiel der Contact Improvisation«. In: Fritz Böhle/Margit Weihrich (Hg.), *Die Körperlichkeit sozialen Handelns. Soziale Ordnung jenseits von Normen und Institutionen*, Bielefeld: transcript, S. 165-184.

Gugutzer, Robert (2011): »Körperpolitiken im Sport. Zur sportiven Verschränkung von Körper, Geschlecht und Macht«. In: Daniela Schaaf/Jörg-Uwe Nieland (Hg.), *Die Sexualisierung des Sports in den Medien*, Köln: Halem, S. 34-56.

Gugutzer, Robert (2012): *Verkörperungen des Sozialen. Neophänomenologische Grundlagen und soziologische Analysen*. Bielefeld: transcript.

Gugutzer, Robert (2014): »Leibliche Praktiken der Geschlechterdifferenz. Eine neophänomenologische Kritik der Körperpraxeologie in handlungstheoretischer Absicht«. In: Cornelia Behnke/Diana Lengersdorf/Sylka Scholz (Hg.), *Wissen – Methode – Geschlecht: Erfassen des fraglos Gegebenen*. Wiesbaden: Springer VS, S. 91-106.

Gugutzer, Robert (2015a): »Leibliche Interaktion mit Dingen, Sachen und Halbdingen. Zur Entgrenzung des Sozialen (nicht nur) im Sport«. In: Hannah K. Göbel/Sophia Prinz (Hg.), *Die Sinnlichkeit des Sozialen. Wahrnehmung und materielle Kultur*. Bielefeld: transcript.

Gugutzer, Robert (2015b): »Public Viewing. Ein sportiv gerahmtes kollektivleibliches Situationsritual«. In: Robert Gugutzer/Michael Staack (Hg.), *Körper und Ritual. Sozial- und kulturwissenschaftliche Zugänge und Analysen*. Wiesbaden: Springer VS.

Gugutzer, Robert/Böttcher, Moritz (Hg.) (2012): *Körper, Sport und Religion. Zur Soziologie religiöser Verkörperungen*. Wiesbaden: VS-Verlag.

Gugutzer, Robert/Duttweiler, Stefanie (2012): »Körper – Gesundheit – Sport. Selbsttechnologien in der Gesundheits- und Sportgesellschaft«. In: *Sozialwissenschaften und Berufspraxis* 35, Heft 1, S. 5-19.

Habermas, Jürgen (1985): *Der philosophische Diskurs der Moderne. Zwölf Vorlesungen*, Frankfurt a.M.: Suhrkamp.

Habermas, Jürgen (2001): *Die Zukunft der menschlichen Natur. Auf dem Weg zu einer liberalen Eugenik?* Frankfurt a.M.: Suhrkamp.

Hahn, Kornelia/Meuser, Michael (Hg.) (2002): *Körperrepräsentationen. Die Ordnung des Sozialen und des Körpers*, Konstanz: UVK.

Hakim, Catherine (2011): *Erotisches Kapital. Das Geheimnis erfolgreicher Menschen*, Frankfurt/New York: Campus.

Haneberg, Björn (1995): *Leib und Identität. Die Bedeutung der Leiblichkeit für die Bildung der sozialen Identität*, Würzburg: Ergon.

Haraway, Donna (1995): *Die Neuerfindung der Natur. Primaten, Cyborgs und Frauen (hg. u. eingel. v. Carmen Hammer und Immanuel Stieß)*, Frankfurt a.M./New York: Campus.

Hare, A. Paul/Blumberg, Herbert H. (1988): *Dramaturgical Analysis of Social Interaction*, New York: Praeger.

Harraser, Karin (2013): *Körper 2.0. Über die technische Erweiterbarkeit des Menschen*, Bielefeld: transcript.

Heikkala, Juha (1993): »Discipline and excel: techniques of the self and body and the logic of competing«. In: *Sociology of Sport Journal* 10, S. 397-412.

Heimerl, Birgit (2013): *Die Ultraschallsprechstunde. Eine Ethnografie pränataldiagnostischer Situationen*, Bielefeld: transcript.

Hertz, Robert (1960): *Death and the Right Hand*, London: Cohen & West.

Hettlage, Robert/Lenz, Karl (1991): *Erving Goffman – ein soziologischer Klassiker der zweiten Generation*, Bern/Stuttgart: Haupt (UTB).

Hinz, Michael (2002): *Der Zivilisationsprozess: Mythos oder Realität? Wissenschaftssoziologische Untersuchungen zur Elias-Duerr-Kontroverse*, Opladen: Leske+Budrich.

Hirschauer, Stefan (1989): »Die interaktive Konstruktion von Geschlechtszugehörigkeit«. In: *Zeitschrift für Soziologie* 18, S. 100-118.

Hirschauer, Stefan (1993): *Die soziale Konstruktion der Transsexualität. Über die Medizin und den Geschlechtswechsel*, Frankfurt a.M.: Suhrkamp.

Hirschauer, Stefan (2004): »Praktiken und ihre Körper. Über materielle Partizipanden des Tuns«. In: Karl H. Hörning/Julia Reuter (Hg.), *Doing Culture. Neue Positionen zum Verhältnis von Kultur und sozialer Praxis*, Bielefeld: transcript, S. 73-91.

Hirschberger, Johannes (2000): *Geschichte der Philosophie. Band I: Altertum und Mittelalter* (12. Aufl.), Frankfurt a.M.: Zweitausendeins.

Hitzler, Ronald (1991a): »Ist Sport Kultur? Versuch, eine Gretchenfrage zu beantworten«. In: *Zeitschrift für Soziologie* 20, S. 479-487.

Hitzler, Ronald (1991b): »Der banale Proteus. Eine ›postmoderne‹ Metapher?« In: Helmuth Kuzmics/Ingo Mörth (Hg.), *Der unendliche Prozess der Zivilisation. Zur Kultursoziologie der Moderne nach Norbert Elias*, Frankfurt a.M./New York: Campus, S. 219-228.

Hitzler, Ronald (1992): »Der Goffmensch. Überlegungen zu einer dramatologischen Anthropologie«. In: *Soziale Welt* 43, S. 449-461.

Hitzler, Ronald (1997): »Die Rolle des Körpers des Spielers«. In: *Universitas* 52, S. 34-41.

Hochschild, Arlie R. (1983): *The Managed Heart. Commercialization of Human Feeling*, Berkeley: University of California Press.

Hoefert, Hans-Wolfgang/Klotter, Christoph (Hg.) (2013): *Gesundheitszwänge*, Lengerich: Pabst.

Hörning, Karl H./Reuter, Julia (Hg.) (2004): *Doing Culture. Neue Positionen zum Verhältnis von Kultur und sozialer Praxis*, Bielefeld: transcript.

Hoffmann, Dagmar (Hg.) (2010): *Körperästhetiken. Filmische Inszenierungen von Körperlichkeit*, Bielefeld: transcript.

Hohl, Joachim (1993): »Die zivilisatorische Zähmung des Subjekts. Der Beitrag von Norbert Elias zu einer historischen Sozialpsychologie«. In: Heiner Keupp (Hg.), *Zugänge zum Subjekt. Perspektiven einer reflexiven Sozialpsychologie*, Frankfurt a.M.: Suhrkamp, S. 21-53.

Honegger, Claudia (1992): *Die Ordnung der Geschlechter. Die Wissenschaften vom Menschen und das Weib* (2. Aufl.), Frankfurt a.M./New York: Campus.

Honer, Anne (1985): »Beschreibung einer Lebenswelt. Zur Empirie des Bodybuilding«. In: *Zeitschrift für Soziologie* 14, S. 131-139.

Honneth, Axel/Joas, Hans (1980): *Soziales Handeln und menschliche Natur. Anthropologische Grundlagen der Sozialwissenschaften*, Frankfurt a.M./New York: Campus.

Howson, Alexandra/Inglis, David (2001): »The body in sociology: tensions inside and outside of sociological thought«. In: *The Sociological Review* 49, S. 297-317.

Howson, Alexandra (2004): *The Body in Society: An Introduction*, Cambridge: Polity.

Hunter, Ian/Saunders, David (1995): »Walks of life: Mauss on the human gymnasium«. In: *Body & Society* 1, S. 65-81.

Hypatia. A Journal of Feminist Philosophy (1991): Special Issue: Feminism and the Body, Bloomington.

Inglehart, Ronald (1977): *The Silent Revolution. Changing Values and Political Styles Among Western Publics*, Princeton, NJ: Princeton University Press.

Jäger, Ulle (2004): *Der Körper, der Leib und die Soziologie. Entwurf einer Theorie der Inkorporierung*, Königstein, Ts.: Ulrike Helmer.

Joas, Hans (1980): *Praktische Intersubjektivität*, Frankfurt a.M. Suhrkamp.

Joas, Hans (1992): *Die Kreativität des Handelns*, Frankfurt a.M.: Suhrkamp.

Joas, Hans/Knöbel, Wolfgang (2004): *Sozialtheorie. Zwanzig einführende Vorlesungen*, Frankfurt a.M.: Suhrkamp.

Johnson, Mark (1987): *The Body in the Mind. The Bodily Basis of Meaning, Imagination, and Reason*, Chicago/London: The University of Chicago Press.

Kamper, Dietmar (Hg.) (1975): *Abstraktion und Geschichte. Rekonstruktionen des Zivilisationsprozesses*, München/Wien: Hanser.

Kamper, Dietmar (1976): »Einleitung: Vom Schweigen des Körpers«. In: Dietmar Kamper/Volker Rittner (Hg.), *Zur Geschich-*

te des Körpers. Perspektiven der Anthropologie, München: Hanser, S. 7-12.

Kamper, Dietmar/Rittner, Volker (Hg.) (1976): *Zur Geschichte des Körpers. Perspektiven der Anthropologie*, München: Hanser.

Kamper, Dietmar/Wulf, Christoph (Hg.) (1982): *Die Wiederkehr des Körpers*, Frankfurt a.M.: Suhrkamp.

Kamper, Dietmar/Wulf, Christoph (1984): *Das Schwinden der Sinne*, Frankfurt a.M.: Suhrkamp.

Kastl, Jörg Michael (2010): *Einführung in die Soziologie der Behinderung*, Wiesbaden: Springer VS.

Kaufmann, Jean-Claude (1994): *Schmutzige Wäsche. Zur ehelichen Konstruktion von Alltag*, Konstanz: UVK.

Kaufmann, Jean-Claude (1996): *Frauenkörper – Männerblicke*, Konstanz: UVK.

Kaufmann, Jean-Claude (1999): *Mit Leib und Seele. Theorie der Haushaltstätigkeit*, Konstanz: UVK.

Keller, Reiner (1997): »Diskursanalyse«. In: Ronald Hitzler/Anne Honer (Hg.), *Sozialwissenschaftliche Hermeneutik. Eine Einführung*, Opladen: Leske + Budrich (UTB), S. 309-333.

Keller, Reiner/Meuser, Michael (2011a): *Körperwissen*, Wiesbaden: Springer VS.

Keller, Reiner/Meuser, Michael (2011b): »Wissen des Körpers – Wissen vom Körper. Körper- und wissenssoziologische Erkundungen«. In: dies. (Hg.), *Körperwissen*, Wiesbaden: Springer VS, S. 9-27.

Kellermann, Paul (1976): »Herbert Spencer«. In: Dirk Käsler (Hg.), *Klassiker des soziologischen Denkens. Erster Band: Von Comte bis Durkheim*, München: Beck, S. 159-200.

Kessler, Suzanne J./McKenna, Wendy (1978): *Gender. An Ethnomethodological Approach*, New York: Wiley.

Klages, Helmut (1985): *Wertorientierungen im Wandel. Rückblick, Gegenwartsanalyse, Prognosen* (2. Aufl.), Frankfurt a.M./New York: Campus.

Klein, Gabriele (1992): *FrauenKörperTanz. Eine Zivilisationsgeschichte des Tanzes*, Weinheim/Berlin: Quadriga.

Klein, Gabriele (1995): »›Dance is Body‹ – The body as main element of a theory of dance«. In: *Sport Science Review* 4, S. 26-37.

Klein, Gabriele (2004a): *Bewegung. Sozial- und kulturwissenschaftliche Konzepte*, transcript: Bielefeld.

Klein, Gabriele (2004b): »Bewegung denken. Ein soziologischer Entwurf«. In: dies. (Hg.): *Bewegung. Sozial- und kulturwissenschaftliche Konzepte*, transcript: Bielefeld, S. 131-154.

Klein, Gabriele (2004c): *Electronic Vibrations. Pop Kultur Theorie.* Wiesbaden: Springer VS.

Klein, Gabriele (2005): »Die Theater des Körpers. Zur Performanz des Körperlichen«. In: Markus Schroer (Hg.), *Soziologie des Körpers*, Frankfurt a.M.: Suhrkamp, S. 73-91.

Klein, Gabriele (Hg.) (2009): *Tango in Translation. Tanz zwischen Medien, Kulturen, Kunst und Politik*, Bielefeld: transcript.

Klein, Michael (1984): »›Social body‹, persönlicher Leib und der Körper im Sport«. In: ders. (Hg.), *Sport und Körper*, Reinbek: Rowohlt, S. 7-20.

Knapp, Gudrun-Axeli/Wetterer, Angelika (Hg.) (1992): *TraditionenBrüche. Entwicklungen feministischer Theorie*, Freiburg i.B.: Kore.

Kneer, Georg/Nassehi, Armin (1993): *Niklas Luhmanns Theorie sozialer Systeme. Eine Einführung*, München: Fink (UTB).

Knoblauch, Hubert (1994): »Erving Goffmans Reich der Interaktion – Einführung«. In: Erving Goffman, *Interaktion und Geschlecht*, Frankfurt a.M./New York: Campus, S. 7-49.

Knoblauch, Hubert (2005): »Kulturkörper. Die Bedeutung des Körpers in der sozialkonstruktivistischen Wissenssoziologie«. In: Markus Schroer (Hg.), *Soziologie des Körpers*, Frankfurt a.M.: Suhrkamp, S. 92-110.

König, Eugen (1989): *Körper – Wissen – Macht. Studien zur historischen Anthropologie des Körpers*, Berlin: Reimer.

Koppetsch, Cornelia (Hg.) (2000): *Körper und Status. Zur Soziologie der Attraktivität*, Konstanz: UVK.

Kosut, Mary/Moore, Lisa Jean (Hg.) (2010): *The Body Reader: Essential Social and Cultural Readings*, New York: University Press.

Kozljanic, Robert Josef (Hg.) (2006): *Leib-Denken. II. Jahrbuch für Lebensphilosophie*, München: Albunea.

Krais, Beate/Gebauer, Gunter (2002): *Habitus*, Bielefeld: transcript.

Kuhlmann, Ellen (2004): »Die Entdeckung der Körper – eine Herausforderung für die Soziologie«. In: *Soziologische Revue* 27, S. 69-79.

Lakoff, George/Johnson, Mark (1980): *Metaphors We Live By*, Chicago/London: University of Chicago Press.

Laqueur, Thomas (1992): *Auf den Leib geschrieben. Die Inszenierung der Geschlechter von der Antike bis zu Freud*, Frankfurt a.M./New York: Campus.

Latour, Bruno (1995): *Wir sind nie modern gewesen*, Berlin: Akademie Verlag.

Lautmann, Rüdiger (2002): *Soziologie der Sexualität. Erotischer Körper, intimes Handeln und Sexualkultur*, Weinheim/München: Juventa.

Leder, Drew (1990): *The Absent Body*, Chicago/London: University of Chicago Press.

Lemke, Thomas (2005): »Nachwort: Geschichte und Erfahrung. Michel Foucault und die Spuren der Macht«. In: Michel Foucault, *Analytik der Macht*, Frankfurt a.M.: Suhrkamp: 319-347.

Lenz, Karl (1991): »Erving Goffman – Werk und Rezeption«. In: Robert Hettlage/Karl Lenz (Hg.), *Erving Goffman – ein soziologischer Klassiker der zweiten Generation*, Bern/Stuttgart: Haupt (UTB), S. 25-93.

Lewandowski, Sven (2003): *Sexualität in den Zeiten funktionaler Differenz. Eine systemtheoretische Analyse*, Bielefeld: transcript.

Lewandowski, Sven (2012): *Die Pornographie der Gesellschaft. Beobachtungen eines populärkulturellen Phänomens*, Bielefeld: transcript.

Lindemann, Gesa (1992): »Die leiblich-affektive Konstruktion des Geschlechts. Für eine Mikrosoziologie des Geschlechts unter der Haut«. In: *Zeitschrift für Soziologie* 5, S. 330-346.

Lindemann, Gesa (1993a): *Das paradoxe Geschlecht. Transsexualität im Spannungsfeld von Körper, Leib und Gefühl*, Frankfurt a.M.: S. Fischer.

Lindemann, Gesa (1993b): »Wider die Verdrängung des Leibes aus der Geschlechtskonstruktion«. In: *Feministische Studien* 11, S. 44-54.

Lindemann, Gesa (1994): »Die Konstruktion der Wirklichkeit und die Wirklichkeit der Konstruktion«. In: Theresa Wobbe/Gesa Lindemann (Hg.), *Denkachsen. Zur theoretischen und institutionellen Rede von Geschlecht*, Frankfurt a.M.: Suhrkamp, S. 115-146.

Lindemann, Gesa (1996): »Zeichentheoretische Überlegungen

zum Verhältnis von Körper und Leib«. In: Annette Barkhaus/Matthias Mayer/Neil Roughley/Donatus Thürnau (Hg.), *Identität, Leiblichkeit, Normativität. Neue Horizonte anthropologischen Denkens*, Frankfurt a.M.: Suhrkamp, S. 146-175.

Lindemann, Gesa (1999): »Doppelte Kontingenz und reflexive Anthropologie«. In: *Zeitschrift für Soziologie* 28, S. 165-181.

Lindemann, Gesa (2003): *Beunruhigende Sicherheiten. Zur Genese des Hirntodkonzepts*, Konstanz: UVK.

Lindemann, Gesa (2005): »Die Verkörperung des Sozialen. Theoriekonstruktionen und empirische Forschungsperspektiven. In: Markus Schroer (Hg.), *Soziologie des Körpers*, Frankfurt a.M.: Suhrkamp, S. 114-138.

Lindemann, Gesa (2014): *Weltzugänge. Die mehrdimensionale Ordnung des Sozialen*, Weilerswirst: Velbrück.

Loenhoff, Jens (2001): *Die kommunikative Funktion der Sinne. Theoretische Studien zum Verhältnis von Kommunikation, Wahrnehmung und Bewegung*, Konstanz: UVK.

Lorber, Judith/Moore, Lisa Jean (2010): *Gendered Bodies: Feminist Perspectives*, Oxford: Oxford University Press.

Lorey, Isabell (1993): »Der Körper als Text und das aktuelle Selbst: Butler und Foucault«. In: *Feministische Studien* 11, S. 10-23.

Lorey, Isabell (1999): »Macht und Diskurs bei Foucault«. In: Hannelore Bublitz/Andrea A. Bührmann/Christine Hanke/Andrea Seier (Hg.), *Das Wuchern der Diskurse. Perspektiven der Diskursanalyse Foucaults*, Frankfurt a.M./New York: Campus, S. 87-96.

Luhmann, Niklas (1984): *Soziale Systeme. Grundriss einer allgemeinen Theorie*, Frankfurt a.M.: Suhrkamp.

Lyon, Margot L./Barbalet, John M. (1994): »Society's body: emotion and the ›somatization‹ of social theory«. In: Thomas J. Csordas (Hg.), *Embodiment and Experience. The Existential Ground of Culture and Self*, Cambridge: Cambridge University Press, S. 48-66.

Lyotard, Jean-François (1994): *Das postmoderne Wissen. Ein Bericht*, Wien: Edition Passagen.

MacRae, Donald G. (1975): »The body and social metaphor«. In: Jonathan Bentham/Ted Polhemus (Hg.), *The Body as a Medium of Expression*, London: Allen Lane, S. 59-73.

Maihofer, Andrea (1995): *Geschlecht als Existenzweise.* Frankfurt a.M.: Ulrike Helmer.

Malacrida, Claudia/Low, Jaqueline (2008): *Sociology of the Body: A Reader*, Oxford: Oxford University Press.

Marc, Edmond/Picard, Dominique (1991): *Bateson, Watzlawick und die Schule von Palo Alto*, Frankfurt a.M.: Hain.

Marx, Karl/Engels, Friedrich (1980): *Werke 2: Die Lage der arbeitenden Klasse in England. Nach eigner Anschauung und authentischen Quellen*, Berlin: Dietz, S. 225-506.

Marx, Karl/Engels, Friedrich (1983): *Werke 3: Thesen über Feuerbach*, Berlin: Dietz, S. 5-7.

Marx, Karl/Engels, Friedrich (1983): *Werke 3: Die deutsche Ideologie*, Berlin: Dietz, S. 9-530.

Mauss, Marcel (1975): »Die Techniken des Körpers«. In: ders., *Soziologie und Anthropologie (Band 2)*, München: Hanser, S. 199-220.

Mead, George Herbert (1988): *Geist, Identität und Gesellschaft. Aus der Sicht des Sozialbehaviorismus* (7. Aufl.), Frankfurt a.M.: Suhrkamp.

Mehlmann, Sabine/Ruby, Sigrid (Hg.) (2010): *»Für dein Alter siehst du gut aus!« Von der (Un-)Sichtbarkeit des alternden Körpers im Horizont des demographischen Wandels. Multidisziplinäre Perspektiven*, Bielefeld: transcript.

Merleau-Ponty, Maurice (1966): *Phänomenologie der Wahrnehmung*, Berlin/New York: de Gruyter.

Merleau-Ponty, Maurice (1967): *Das Auge und der Geist*, Reinbek: Rowohlt.

Merleau-Ponty, Maurice (1976): *Die Struktur des Verhaltens*, Berlin/New York: de Gruyter.

Merleau-Ponty, Maurice (2003): *Das Primat der Wahrnehmung*, Frankfurt a.M.: Suhrkamp.

Métraux, Alexandre (1976): »Über Leiblichkeit und Geschichtlichkeit als Konstituenten der Sozialphilosophie Merleau-Pontys«. In: Richard Grathoff/Walter Sprondel (Hg.), *Maurice Merleau-Ponty und das Problem der Struktur in den Sozialwissenschaften*, Stuttgart: Enke, S. 139-152.

Meuser, Michael (1997): *Die leiblich-affektive Dimension sozialen Handelns. Aspekte einer Soziologie des Körpers und der Emotionen*, Bremen/Köln: Unveröffentlichtes Manuskript.

Meuser, Michael (1999): »Männer ohne Körper? Wissenssoziologische Anmerkungen zum Verhältnis von Geschlecht und Körper«. In: *Zeitschrift für Politische Psychologie (Sonderheft »Sozialisation und Identitäten – Politische Kultur im Umbruch«)* 7, S. 23-36.

Meuser, Michael (2000): »Dekonstruierte Männlichkeit und die körperliche (Wieder-)Aneignung des Geschlechts«. In: Cornelia Koppetsch (Hg.), *Körper und Status. Zur Soziologie der Attraktivität*, Konstanz: UVK, S. 211-236.

Meuser, Michael (2002): »Körper und Sozialität. Zur handlungstheoretischen Fundierung einer Soziologie des Körpers«. In: Kornelia Hahn/Michael Meuser (Hg.), *Körperrepräsentationen. Die Ordnung des Sozialen und der Körper*, Konstanz: UVK, S. 19-44.

Meuser, Michael (2003): »Bekommt der Mann einen Körper? Geschlechtersoziologische und modernisierungstheoretische Aspekte der Körperaufwertung in aktuellen Männlichkeitsdiskursen«. In: Thomas Alkemeyer/Bernhard Boschert/Gunter Gebauer/Robert Schmidt (Hg.), *Aufs Spiel gesetzte Körper. Aufführungen des Sozialen in Sport und populärer Kultur*, Konstanz: UVK, S. 169-185.

Meuser, Michael (2004): »Zwischen ›Leibvergessenheit‹ und ›Körperboom‹. Die Soziologie und der Körper«. In: *Sport und Gesellschaft* 1, S. 197-218.

Meuser, Michael (2006): »Körper-Handeln. Überlegungen zu einer praxeologischen Soziologie des Körpers«. In: Robert Gugutzer (Hg.), *body turn. Perspektiven der Soziologie des Körpers und des Sports*, Bielefeld: transcript, S. 95-116.

Meuser, Michael (Hg.) (2007): *Herausforderungen. Männlichkeit im Wandel der Geschlechterverhältnisse*, Köln: o.V.

Meyer-Drawe, Käte (1984): *Leiblichkeit und Sozialität. Phänomenologische Beiträge zu einer pädagogischen Theorie der Intersubjektivität*, München: Fink.

Motakef, Mona (2011): *Körper Gabe. Ambivalente Ökonomien der Organspende*, Bielefeld: transcript.

Mulisch, Harry (2002): *Die Entdeckung des Himmels* (17. Aufl.), Reinbek: Rowohlt.

Nettleton, Sarah/Watson, John (Hg.) (1998): *The Body in Everyday Life*, London: Routledge.

Niekrenz, Yvonne/Witte, Matthias D. (H.) (2011): *Jugend und Körper. Leibliche Erfahrungswelten*, Weinheim/München: Juventa.
O'Neill, John (1970): *Perception, Expression and History. The Social Phenomenology of Maurice Merleau-Ponty*, Evanston: Northwestern University Press.
O'Neill, John (1989): *The Communicative Body. Studies in Communicative Philosophy, Politics, and Sociology*, Evanston: Northwestern University Press.
O'Neill, John (1990): *Die fünf Körper. Medikalisierte Gesellschaft und Vergesellschaftung des Leibes*, München: Fink.
Ozawa-de Silva, Chikako (2002): »Beyond the body/mind? Japanese contemporary thinkers on alternative sociologies of the body«. In: *Body & Society* 8, S. 21-38.
Paragrana. Internationale Zeitschrift für Historische Anthropologie (1998): *Kulturen des Performativen* (hrsg. v. Erika Fischer-Lichte/Christoph Wulf), Berlin, Bd. 7, Heft 1.
Paragrana. Internationale Zeitschrift für Historische Anthropologie (2001): *Theorien des Performativen* (hrsg. v. Erika Fischer-Lichte/Christoph Wulf), Berlin. Bd. 10, Heft 1.
Parsons, Talcott (1975): *Gesellschaften. Evolutionäre und komparative Perspektiven*, Frankfurt a.M.: Suhrkamp.
Parsons, Talcott (1976): *Zur Theorie sozialer Systeme*, Opladen: Westdeutscher Verlag.
Parsons, Talcott/Shils, Edward (1951): *Towards a General Theory of Action*, New York: Harper & Row.
Penz, Otto (2010): *Schönheit als Praxis: Über klassen- und geschlechtsspezifische Körperlichkeit*, Frankfurt/New York: Campus.
Plessner, Helmuth (1964): *Conditio humana*, Pfullingen: Neske.
Plessner, Helmuth (1975): *Die Stufen des Organischen und der Mensch*, Berlin/New York: de Gruyter.
Plessner, Helmuth (1982): »Lachen und Weinen. Eine Untersuchung der Grenzen menschlichen Verhaltens«. In: ders. (Hg.), *Gesammelte Schriften VII: Ausdruck und menschliche Natur*, Frankfurt a.M.: Suhrkamp, S. 201-387.
Podak, Klaus (1984): »Ohne Subjekt, ohne Vernunft. Zu Niklas Luhmanns Hauptwerk ›Soziale Systeme‹«. In: *Merkur* 38, S. 733-745.
Polhemus, Ted (1975): »Social Bodies«. In: Jonathan Benthall/Ted

Polhemus (Hg.), *The Body as a Medium of Expression*, London: Allen Lane, S. 13-35.

Polhemus, Ted (Hg.) (1978): *The Body Reader. Social Aspects of the Human Body*, New York: Pantheon Books.

Prinz, Sophia (2014): *Die Praxis des Sehens. Über das Zusammenspiel von Körpern, Artefakten und visueller Ordnung*, Bielefeld: transcript.

Raab, Jürgen/Soeffner, Hans-Georg (2005): »Körperlichkeit in Interaktionsbeziehungen«. In: Markus Schroer (Hg.), *Soziologie des Körpers*, Frankfurt a.M.: Suhrkamp, S. 166-188.

Radley, Alan (1995): »The elusory body and social constructionist theory«. In: *Body & Society* 1, S. 3-23.

Rail, Geneviève/Harvey, Jean (1995): »Body at work: Michel Foucault and the sociology of sport«. In: *Sociology of Sport Journal* 12, S. 164-179.

Rawls, Anne W. (1987): »The interaction order sui generis: Goffman's contribution to social theory«. In: *Sociological Theory* 5, S. 136-149.

Reay, Diane (2000): »A useful extension of Bourdieu's conceptual framework? Emotional capital as a way of understanding mothers's involvement in their children's education?«. In: *The Sociological Review* 48, S. 568-585.

Reckwitz, Andreas (2000): *Die Transformation der Kulturtheorien.* Weilerswist: Velbrück.

Reckwitz, Andreas (2003): »Grundelemente einer Theorie sozialer Praktiken: eine sozialtheoretische Perspektive«. In: *Zeitschrift für Soziologie* 32, S. 282- 301.

Reckwitz, Andreas (2004): »Die Reproduktion und die Subversion sozialer Praktiken. Zugleich ein Kommentar zu Pierre Bourdieu und Judith Butler«. In: Karl H. Hörning/Julia Reuter (Hg.), *Doing Culture. Neue Positionen zum Verhältnis von Kultur und sozialer Praxis*, Bielefeld: transcript, S. 40-54.

Reckwitz, Andreas (2008): »Praktiken und Diskurse. Eine sozialtheoretische und methodologische Relation«. In: Herbert Kalthoff/Stefan Hirschauer/Gesa Lindemann (Hg.), *Theoretische Empirie. Zur Relevanz qualitativer Forschung*, Frankfurt a.M.: Suhrkamp, S. 188-209.

Reuter, Julia (2011): *Geschlecht und Körper. Studien zur Materialität und Inszenierung gesellschaftlicher Wirklichkeit*, Bielefeld: transcript.

Richardson, John/Shaw, Alison (Hg.) (1998): *The Body in Qualitative Research*, Aldershot et al.: Ashgate.

Riedel, Matthias (2008): *Alltagsberührungen in Paarbeziehungen. Empirische Bestandsaufnahme eines sozialwissenschaftlich vernachlässigten Kommunikationsmediums*, Wiesbaden: Springer VS.

Rigauer, Bero (2006): »Die Erfindung des menschlichen Körpers in der Soziologie. Eine systemtheoretische Konzeption und Perspektive«. In: Robert Gugutzer (Hg.), *body turn. Perspektiven der Soziologie des Körpers und des Sports*, Bielefeld: transcript, S. 57-79.

Rittner, Volker (1975a): »Norbert Elias. Das Konzept des Zivilisationsprozesses als Entsatz des epischen Moments durch das konstruktive«. In: Dietmar Kamper (Hg.), *Abstraktion und Geschichte. Rekonstruktionen des Zivilisationsprozesses*, München/Wien: Hanser, S. 83-125.

Rittner, Volker (1975b): »Horkheimer/Adorno: Die Dialektik der Aufklärung. Die unterirdische Geschichte des Abendlandes und das Verhältnis von Körper, Herrschaft und Zivilisation«. In: Dietmar Kamper (Hg.), *Abstraktion und Geschichte. Rekonstruktionen des Zivilisationsprozesses*, München/Wien: Hanser, S. 126-170.

Rittner, Volker (1976a): »Handlung, Lebenswelt und Subjektivierung«. In: Dietmar Kamper/Volker Rittner (Hg.), *Zur Geschichte des Körpers. Perspektiven der Anthropologie*, München/Wien: Hanser, S. 13-66.

Rittner, Volker (1976b): »Das Exotische in der Industriegesellschaft«. In: Dietmar Kamper/Volker Rittner (Hg.), *Zur Geschichte des Körpers. Perspektiven der Anthropologie*, München/Wien: Hanser, S. 201-203.

Rittner, Volker (1976c): »Affekte, Selbstkontrolle und Langsicht«. In: Dietmar Kamper/Volker Rittner (Hg.), *Zur Geschichte des Körpers*, München/Wien: Hanser, S. 204-207.

Rittner, Volker (1982): »Krankheit und Gesundheit«. In: Dietmar Kamper/Christoph Wulf (Hg.), *Die Wiederkehr des Körpers*, Frankfurt a.M.: Suhrkamp, S. 40-51.

Rittner, Volker (1984): »Geschmack und Natürlichkeit. Besprechungsessay zu Pierre Bourdieu: Die feinen Unterschiede«. In: *Kölner Zeitschrift für Soziologie und Sozialpsychologie* 36, S. 372-378.

Rittner, Volker (1989): »Körperbezug, Sport und Ästhetik. Zum Funktionswandel der Sportästhetik in komplexen Gesellschaften«. In: *Sportwissenschaft* 19, S. 359-377.

Sartre, Jean-Paul (1993): *Das Sein und das Nichts*, Reinbek: Rowohlt.

Sassatelli, Roberta (1999): »Interaction order and beyond: a field analysis of body culture within fitness gyms«. In: *Body & Society* 5, S. 227-248.

Schatzki, Theodore (1996): *Social Practices. A Wittgensteinian Approach to Human Activity and the Social*, Cambridge et al.: Cambridge University Press.

Schatzki, Theodore/Knorr Cetina, Karin/von Savigney, Eike (Hg.) (2001): *The Practice Turn in Contemporary Theory*, London/New York: Routledge.

Schimank, Uwe (1988): »Die Entwicklung des Sports zum gesellschaftlichen Teilsystem«. In: Renate Mayntz/Bernd Rosewitz/ Uwe Schimank/Rudolf Stichweh (Hg.), *Differenzierung und Verselbständigung. Zur Entwicklung gesellschaftlicher Teilsysteme*, Frankfurt a.M./New York: Campus, S. 181-232.

Schmidt, Renate-Berenike/Schetsche, Michael (Hg.) (2012): *Körperkontakt. Interdisziplinäre Erkundungen*, Gießen: Psychosozial-Verlag.

Schmidt, Robert (2002): *Pop – Sport – Kultur. Praxisformen körperlicher Aufführungen*, Konstanz: UVK.

Schmidt, Robert (2006): » ›Geistige Arbeit‹ als körperlicher Vollzug. Zur Perspektive einer vom Sport ausgehenden praxeologischen Sozialanalyse«. In: Robert Gugutzer (Hg.), *body turn. Perspektiven der Soziologie des Körpers und des Sports*, Bielefeld: transcript, S. 297-319.

Schmidt, Robert (2009): »Soziale Ungleichheit und Sport. Körperliche Repräsentationsarbeit und Unterscheidungskämpfe«. In: Matthias Marschik/Rudolf Müllner/Otto Penz/Georg Spitaler (Hg.), *Sport Studies*, facultas: WUV (UTB), S. 162-173.

Schmidt, Robert (2012): *Soziologie der Praktiken. Konzeptionelle Studien und empirische Analysen*, Frankfurt a.M.: Suhrkamp.

Schmitz, Hermann (1965): *System der Philosophie. Band 2, Teil 1: Der Leib*, Bonn: Bouvier.

Schmitz, Hermann (1966): *System der Philosophie. Band 2, Teil 2: Der Leib im Spiegel der Kunst*, Bonn: Bouvier.

Schmitz, Hermann (1967): *System der Philosophie, Band 3, Teil 1: Der leibliche Raum*, Bonn: Bouvier.

Schmitz, Hermann (1968): *Subjektivität. Beiträge zur Phänomenologie und Logik*, Bonn: Bouvier.

Schmitz, Hermann (1969): *System der Philosophie, Band 3, Teil 2: Der Gefühlsraum*, Bonn: Bouvier.

Schmitz, Hermann (1985): »Phänomenologie der Leiblichkeit«. In: Hilarion Petzold (Hg.), *Leiblichkeit. Philosophische, gesellschaftliche und therapeutische Perspektiven*, Paderborn: Junfermann, S. 71-106.

Schmitz, Hermann (2003): *Was ist Neue Phänomenologie?* Rostock: Koch.

Schmitz, Hermann (2011): *Der Leib*. Berlin/Boston: de Gruyter.

Schroer, Markus (Hg.) (2005a): *Soziologie des Körpers*. Frankfurt a.M.: Suhrkamp.

Schroer, Markus (2005b): »Zur Soziologie des Körpers«. In: ders. (Hg.), *Soziologie des Körpers*, Frankfurt a.M.: Suhrkamp, S. 7-47.

Schulze, Gerhard (1992): *Die Erlebnisgesellschaft. Kultursoziologie der Gegenwart*, Frankfurt a.M./New York: Campus.

Schütz, Alfred (1960 [1932]): *Der sinnhafte Aufbau der sozialen Welt. Eine Einleitung in die verstehende Soziologie*, Frankfurt a.M.: Suhrkamp.

Schütz, Alfred (1971): *Gesammelte Aufsätze 1. Das Problem der Wirklichkeit*, Den Haag: Martinus Nijhoff.

Schütz, Alfred (1981): *Theorie der Lebensformen*, Frankfurt a.M.: Suhrkamp.

Schütz, Alfred/Luckmann, Thomas (2003): *Strukturen der Lebenswelt*, Konstanz: UVK (UTB).

Schwier, Jürgen (2000): *Sport als populäre Kultur. Sport, Medien und Cultural Studies*, Hamburg: Czwalina.

Schwingel, Markus (1993): *Analytik der Kämpfe. Macht und Herrschaft in der Soziologie Bourdieus*, Hamburg: Argument-Verlag.

Scott, Sue/Morgan, David (Hg.) (1993): *Body Matters*, London: Falmer.

Shilling, Chris (1993): *The Body and Social Theory*, London et al.: Sage.

Shilling, Chris (1997a): »The undersocialised conception of the embodied agent in modern sociology«. In: *Sociology* 31, S. 737-754.

Shilling, Chris (1997b): »Emotions, embodiment and the sensation of society«. In: *The Sociological Review* 45, S. 195-219.

Shilling, Chris (1997c): »The body and difference«. In: Kathryn Woodward (Hg.), *Identity and Difference*, London et al.: Sage, S. 63-120.

Shilling, Chris (1999): »Towards an embodied understanding of the structur/agency relationship«. In: *British Journal of Sociology* 50, S. 543-562.

Shilling, Chris (2001): »Embodiment, experience and theory: in defence of the sociological tradition«. In: *The Sociological Review* 49, S. 327-344.

Shilling, Chris (2003): *The Body and Social Theory* (2. Aufl.), London et al.: Sage.

Shilling, Chris (2005): *The Body in Culture, Technology and Society*, London et al.: Sage.

Shilling, Chris (Hg.) (2007): *Embodying Sociology: Retrospect, Progress and Prospects*, Oxford: Blackwell Publishing.

Shilling, Chris (2008): *Changing Bodies: Habits, Crisis and Creativity*, London et al.: Sage.

Shilling, Chris/Mellor, Philip A. (1996): »Embodiment, structuration theory and modernity: mind/body dualism and the repression of sensuality«. In: *Body & Society* 2, S. 1-15.

Simmel, Georg (1983a): »Fragment über die Liebe«. In: ders. (Hg.), *Schriften zur Philosophie und Soziologie der Geschlechter*, Frankfurt a.M.: Suhrkamp, S. 224-282.

Simmel, Georg (1983b): »Zur Psychologie der Scham«. In: ders. (Hg.), *Schriften zur Soziologie*, Frankfurt a.M.: Suhrkamp, S. 140-150.

Simmel, Georg (1992a): »Exkurs über das Problem: Wie ist Gesellschaft möglich?« In: ders., *Soziologie. Untersuchungen über die Formen der Vergesellschaftung*, Frankfurt a.M.: Suhrkamp, S. 42-61.

Simmel, Georg (1992b): »Exkurs über die Soziologie der Sinne«. In: ders. (Hg.), *Soziologie. Untersuchungen über die Formen der Vergesellschaftung*, Frankfurt a.M.: Suhrkamp. S. 722-742.

Sobiech, Gabriele (1994): *Grenzüberschreitungen. Körperstrategien von Frauen in modernen Gesellschaften*, Opladen: Westdeutscher Verlag.

Spencer, Herbert (1874): *The Study of Sociology*, New York: D. Appleton.

Spencer, Herbert (1882-1898): *The Principles of Sociology*, 3 Bde., London: Williams and Norgate.

Spencer, Herbert (1996): *Einleitung in das Studium der Sociologie (Erster und Zweiter Teil)*, Göttingen/Augsburg: Cromm [1875 Leipzig].

Steuerwald, Christian (2010): *Körper und soziale Ungleichheit. Eine handlungssoziologische Untersuchung im Anschluss an Pierre Bourdieu und George Herbert Mead*, Konstanz: UVK.

Stichweh, Rudolf (1990): »Sport – Ausdifferenzierung, Funktion, Code«. In: *Sportwissenschaft* 21, S. 337-389.

Synnott, Anthony (1993): *The Body Social. Symbolism, Self and Society*, London: Routledge.

Taylor, Charles (1986): »Leibliches Handeln«. In: Alexandre Métraux/Bernhard Waldenfels (Hg.), *Leibhaftige Vernunft. Spuren von Merleau-Pontys Denken*, München: Fink, S. 194-217.

Turner, Bryan S. (1980): »The body and religion: Towards an alliance of medical sociology and sociology of religion«. In: *Annual Review of the Social Sciences of Religion* 4, S. 247-286.

Turner, Bryan S. (1982a): »The government of the body: medical regimens and the rationalization of diet«. In: *The British Journal of Sociology* 33, S. 254-269.

Turner, Bryan S. (1982b): »The discourse of diet«. In: *Theory, Culture & Society* 1, S. 23-32.

Turner, Bryan S. (1984): *The Body & Society. Explorations in Social Theory*, London et al.: Sage.

Turner, Bryan S. (1987): *Medical Power and Social Knowledge*, London et al.: Sage.

Turner, Bryan S. (1991): »Recent developments in the theory of the body«. In: Mike Featherstone/Mike Hepworth/Bryan S. Turner (Hg.), *The Body. Social Process and Cultural Theory*, London et al.: Sage, S. 1-35.

Turner, Bryan S. (1992): *Regulating Bodies. Essays in Medical Sociology*, London/New York: Routledge.

Turner, Bryan S. (1996): *The Body & Society. Explorations in Social Theory* (2. Aufl.), London et al.: Sage.

Turner, Bryan S. (Hg.) (2012): *Routledge Handbook of Body Studies*, New York: Routledge.

Turner, Bryan S./Rojek, Chris (2001): *Society & Culture. Principles of Scarcity and Solidarity*, London et al.: Sage.

Uzarewicz, Michael (2011): *Der Leib und die Grenzen des Sozialen. Eine neophänomenologische Soziologie des Transhumanen*, Stuttgart: Lucius & Lucius.

Viehöver, Willy/Wehling, Peter (2011): *Entgrenzung der Medizin: Von der Heilkunst zur Verbesserung des Menschen?* Bielefeld: transcript.

Viehöver, Wilhelm/Gugutzer, Robert/Keller, Reiner/Lau, Christoph (2004): »Vergesellschaftung der Natur – Naturalisierung der Gesellschaft«. In: Ulrich Beck/Wolfgang Bonß (Hg.), *Entgrenzung und Entscheidung: Was ist neu an der Theorie reflexiver Modernisierung*, Frankfurt a.M.: Suhrkamp, S. 65-94.

Vigarello, Georges (1995): »The life of the body in ›Discipline and Punishment‹«. In: *Sociology of Sport Journal* 12, S. 158-163.

Villa, Paula-Irene (2000): *Sexy Bodies. Eine soziologische Reise durch den Geschlechtskörper*, Opladen: Leske + Budrich.

Villa, Paula-Irene (Hg.) (2008a): *schön normal. Manipulationen am Körper als Technologien des Selbst*, Bielefeld: transcript.

Villa, Paula-Irene (2008b): »Körper«. In: Nina Baur/Hermann Korte/Martina Löw/Markus Schroer (Hg.), *Handbuch Soziologie*. Wiesbaden: Springer VS, S. 201-218.

Villa, Paula-Irene (2012): *Judith Butler. Eine Einführung* (3. Aufl.), Frankfurt/New York: Campus.

Wacquant, Loïc J.D. (1995): »Pugs at work: bodily capital and bodily labour among professional boxers«. In: *Body & Society* 1, S. 65-94.

Wacquant, Loïc J.D. (2003): *Leben für den Ring. Boxen im amerikanischen Ghetto*. Konstanz: UVK.

Waldenfels, Bernhard (1976): »Vorwort des Übersetzers«. In: Maurice Merleau-Ponty, *Die Struktur des Verhaltens*, Berlin/New York: de Gruyter, S. V-XXI.

Waldenfels, Bernhard (1983): *Phänomenologie in Frankreich*, Frankfurt a.M.: Suhrkamp.

Waldenfels, Bernhard (2000): *Das leibliche Selbst. Vorlesungen zur Phänomenologie des Leibes*, Frankfurt a.M.: Suhrkamp.

Waldschmidt, Anne/Schneider, Werner (Hg.) (2007): *Disability Studies, Kultursoziologie und Soziologie der Behinderung. Erkundungen in einem neuen Forschungsfeld*, Bielefeld: transcript.

Watzlawick, Paul/Beavin, Janet H./Jackson, Don D. (1972): *Menschliche Kommunikation*, Bern/Stuttgart/Toronto: Huber.

Weber, Max (1980): *Wirtschaft und Gesellschaft. Grundriß der verstehenden Soziologie* (5. Aufl.), Tübingen: Mohr.

Weber, Max (1988a): »Die protestantische Ethik und der Geist des Kapitalismus«. In: ders., *Gesammelte Aufsätze zur Religionssoziologie I*, Tübingen: J.C.B. Mohr (UTB), S. 17-206.

Weber, Max (1988b): »Die Wirtschaftsethik der Weltreligionen«. In: ders., *Gesammelte Aufsätze zur Religionssoziologie I*, Tübingen: J.C.B. Mohr (UTB), S. 237-573.

Weiß, Otmar (1990): »Sport als Mikrokosmos der Gesellschaft«. In: *SWS-Rundschau* 30, S. 333-342.

West, Candace/Zimmermann, Don H. (1987): »Doing Gender«. In: *Gender Studies* 1, S. 125-151.

Williams, Simon J./Bendelow, Gillian (1998): *The Lived Body. Sociological Themes, Embodied Issues*, London: Routledge.

Willke, Helmut (1998): »Organisierte Wissensarbeit«. In: *Zeitschrift für Soziologie* 27, S. 161-177.

Wilson, Edward O. (1975): *Sociobiology: The New Synthesis*, Cambridge: Harvard University Press.

Wirth, Uwe (Hg.) (2002): *Performanz. Zwischen Sprachphilosophie und Kulturwissenschaften*, Frankfurt a.M.: Suhrkamp.

Witz, Anne (2000): »Whose body matters? Feminist sociology and the corporeal turn in sociology and feminism«. In: *Body & Society* 6, H. 2, S. 1-24.

Witz, Anne/Marshall, Barbara L. (2003): »The quality of manhood: masculinity and embodiment in sociological tradition«. In: *The Sociological Review* 51, S. 339-356.

Wouters, Cas (1977): »Informalisierung und der Prozess der Zivilisation«. In: Peter Gleichmann/Johann Goudsblom/Hermann Korte (Hg.), *Materialien zu Norbert Elias' Zivilisationstheorie*, Frankfurt a.M.: Suhrkamp, S. 279-298.

Wouters, Cas (1999): *Informalisierung. Norbert Elias' Zivilisationstheorie und Zivilisationsprozesse im 20. Jahrhundert*, Opladen: Westdeutscher Verlag.

Wrong, Dennis (1961): »The oversocialised conception of man in modern sociology«. In: *American Sociological Review* 26, S. 183-193.

Wulf, Christoph (2005): *Zur Genese des Sozialen. Mimesis, Performativität, Ritual*, Bielefeld: transcript.

Zeitschrift für Gerontologie + Geriatrie (2008): *Körper und Alter(n). Erweiterte Perspektiven für die gerontologische Praxis*, Band 41, Heft 3, Juni 2008.

1 Vgl. Shilling (1993), Turner (1984), Williams/Bendelow (1998).

2 Vgl. Berthelot (1986, 1995), Bordo (1992), Crossley (1995a, 1995b), Featherstone/Turner (1995), Frank (1990, 1991), Freund (1988), Giddens (1999), Lyon/Barbalet (1994), Turner (1991).

3 Vgl. Crossley (1994, 1996), Featherstone et al. (1991), Nettleton/Watson (1998), Scott/Morgan (1993), Synnott (1993), Turner (1992).

4 Vgl. Abraham (2002), Gugutzer (2004, 2006a), Schroer (2005a).

5 Vgl. Gugutzer (2006b), Klein (2004b), Meuser (2004), Schroer (2005b).

6 Vgl. Gugutzer (2007, 2008b), Villa (2008b).

7 Erste Preisträgerin 2012 war Mona Motakef mit einer Arbeit zur Organspende (Motakef 2011), den zweiten Nachwuchspreis erhielt 2014 Birgit Heimerl für ihre Studie zur Ultraschallsprechstunde (Heimerl 2013).

8 Es ist nicht auszuschließen, dass der eine oder andere Autor gegen die hier vorgenommene Zuordnung Einspruch einlegen würde, weil er der Meinung ist, dass sein Ansatz sehr wohl beide Perspektiven berücksichtigt. Ein solcher Einspruch wäre einerseits nachvollziehbar, da in der Tat fast jeder Ansatz sowohl den Produkt- als auch den Produzentenaspekt zumindest anspricht. Andererseits wählt aber auch jeder einen perspektivischen Fokus, weshalb diese Zuordnung angemessen sein dürfte. Des Weiteren ist es unvermeidlich, dass selbst bei zwölf Ansätzen und elf Autoren (Foucault wird zwei Mal behandelt) der eine oder andere Ansatz beziehungsweise Autor fehlt (z.B. Jean-Claude Kaufmann, Loïc Wacquant) oder zu kurz kommt (z.B. Nick Crossley). Abgesehen vom begrenzten Platz lässt sich das damit begründen, dass deren Grundideen in den hier vorgestellten Arbeiten enthalten sind (etwa Kaufmann bei Goffman, Wacquant in der Praxeologie oder Crossley im Kapitel zum Leib).

9 Plessner spricht auch vom »Doppelaspekt« menschlichen Daseins. »Doppelaspektivität« ist der fundamentale Gesichtspunkt, unter dem Plessner (1975) eine Theorie des Lebendigen entwickelt, welche die Überwindung des cartesianischen Dualismus zum Ziel hat (vgl. Gugutzer 2002a: 61ff.).

10 In dem angeführten Zitat unterscheidet Plessner zwischen Körper und Leib. Er nimmt, genauer gesagt, eine Zuordnung von Leib und Sein sowie von Körper und Haben vor. Im Anschluss an Plessner hat sich entsprechend dieser Zuordnung die Konvention entwickelt, von *Leibsein* und *Körperhaben* zu sprechen. Hier gilt es jedoch zu beachten, dass Plessner diese Gleichsetzung von einerseits Leib und Sein, andererseits Körper und Haben keineswegs so stringent vorgenommen hat (vgl. Barkhaus et al. 1996: 121), wie das nach ihm mehr oder weniger zur Regel geworden ist. Diese Gleichsetzung ist für seine Theorie der exzentrischen Positionalität auch nicht wesentlich. Entscheidend ist vielmehr die Unterscheidung zwischen Sein und Haben. Darauf hinzuweisen ist wichtig, weil der Leibbegriff in der Philosophie und insbesondere in der Soziologie des Körpers zumeist in einem phänomenologischen Sinne verwendet wird, was Plessners Leibbegriff nur insofern ist, als er mit Leib den lebendigen Körper meint. Im Engeren vertritt Plessner jedoch ein biologisches Verständnis von Leib beziehungsweise Leibsein (womöglich durch seine Ausbildung als Zoologe bedingt). Aufgrund seines biologischen Leibverständnisses – Plessner begreift seine philosophische Anthropologie nicht zufällig als philosophische Biologie (vgl. Plessner 1975: 76) – wäre es konsequent, mit Rekurs auf Plessner nicht nur von Körperhaben, sondern ebenso von Körpersein zu sprechen und den Leibbegriff für die Phänomenologie zu reservieren. Damit könnten manch terminologische Verwirrungen mit dem Leibbegriff vermieden werden.

11 Die Balance zwischen Körpersein und Körperhaben aufrechtzuerhalten, gelingt nicht immer. Typische Beispiele hierfür sind Lachen und Weinen (vgl. Plessner 1982; siehe dazu Gugutzer 2002a: 71ff.).

12 Es scheinen nur wenig andere Sprachen zu existieren, die ein Äquivalent zum deutschen Leibbegriff enthalten. Eichberg (1995) verweist diesbezüglich auf das Wort *legeme* im Dänischen, Ozawa-de Silva (2002) auf den japanischen Begriff *mi*.

13 »Die Etymologie des Wortes ›Leib‹ führt in das 11. Jahrhundert. Im althochdeutschen Sprachgebrauch heißt *lîp* ›durchweg Leben (bzw. Person)‹, während der Ausdruck ›Körper‹ erst im späten Mittelalter aufkommt. Im Unterschied zu Leben bzw. Person bedeutenden Leibbegriff leitet sich das Wort Körper aus ›*lîch(n)ame*‹ her, also Leiche bzw. Leichnam« (Gahlings 2006a, S. 22f.; Hervorhebungen im Orig.). Allein vor dem Hintergrund, dass die Soziologie es überwiegend mit lebenden Personen und weniger mit Leichnamen zu tun hat, liegt es nahe, dem Leibbegriff Vorrang gegenüber dem Körperbegriff einzuräumen.

14 Verwundern muss die reservierte bis ablehnende Haltung gegenüber der Unterscheidung von Leib und Körper auch vor dem Hintergrund, dass die deutschsprachige Soziologie kein Problem damit hat, beispielsweise die englischen Ausdrücke *sex* und *gender* zu nutzen. In diesem Fall leuchtet es offenkundig ein, dass hier eine begriffliche Unterscheidung vorliegt, die zumindest heuristisch hilfreich ist, jedenfalls hilfreicher als das eine Wort Geschlecht, das die deutsche Sprache anbietet. Dasselbe gilt für andere englischsprachige Unterscheidungen wie *play* und *game* oder *I* und *Me*, die von der deutschsprachigen Soziologie ebenfalls als analytische Werkezeuge genutzt werden.

15 »Leiblich spüren wir uns stets eng oder weit in wechselnden Graden und Mischungsverhältnissen, zwischen Enge und Weite durch Engung (zur Enge hin) und Weitung (zur Weite hin) pendelnd. Die Engung überwiegt zum Beispiel bei Schreck, Angst, Schmerz, gespannter Aufmerksamkeit, Beklommenheit, Hunger, dumpfem Zumutesein, die Weitung etwa dann, wenn es uns weit ums Herz wird, in tiefer Entspannung, bei Freude, die hüpfen lässt, in Stimmungen schwerelosen Schwebens, beim Einschlafen, beim Dösen in der Sonne, in der Wollust und wohligen Müdigkeit« (Schmitz 1985: 82).

16 »Passive Wahrnehmung« meint, dass der Leib als »affektives Betroffensein« erfahren wird, als etwas, das spürbar nahe geht oder leiblich ergreift. Angst, Trauer, Schmerz, Hunger, Begehren, Freude etc. kann man zwar versuchen, aktiv herzustellen, doch letztlich wird man spürbar von der Angst überwältigt, von der Trauer niedergedrückt, vom Schmerz gequält, vom Hunger übermannt, vom Begehren gefangen genommen oder von der Freude mitgerissen. Schmitz zufolge steht das leiblich-affektive Betroffensein im Zentrum der von ihm gegründeten Neuen Phänomenologie, da es dieser entscheidend darum gehe, die Fülle menschlicher Lebenserfahrung philosophisch zu erschließen. Das leiblich-affektive Betroffensein ist »insofern das Wichtigste im Leben, als es darüber entscheidet, was Menschen wichtig nehmen, wofür und wogegen sie sich mit Wärme einsetzen. [...] Die Neue Phänomenologie tastet sich mit begreifender Sensibilität an besonnene Rechenschaft vom affektiven Betroffensein in seiner nuancierten Mannigfaltigkeit heran« (Schmitz 2003: iiif.).

17 Der hier vorgestellte, pathische Leibbegriff von Schmitz ist selbstverständlich nicht der einzig existierende Leibbegriff (vgl. zu Alternativen Alloa et al. 2012; Böhme 2003; Kozljanic 2006). In der Soziologie ist Schmitz zudem der am wenigsten rezipierte Leibphilosoph (Ausnahmen sind bspw. Abraham 2002; Böhle/Fross 2009; Böhle/Porschen 2011; Gugutzer 2002, 2008a, 2010, 2012a; Jäger 2004; Lindemann 1992, 1993a; Uzarewicz 2011). Populärer sind stattdessen Husserl, Heidegger, Levinas, Merleau-Ponty, Sartre oder Waldenfels (vgl. Coenen 1985a, 1985b; Crossley 1994, 1995b, 1996, 2001; O'Neill 1970, 1990; Schütz 1960; Williams/Bendelow 1988). Innerhalb der internationalen Körpersoziologie ist vermutlich Maurice Merleau-Ponty (1908-1961) der am häufigsten zitierte Autor. Merleau-Pontys Leibbegriff unterscheidet sich dabei von jenem von Schmitz zum einen dadurch, dass er primär das Sehen und Tasten thematisiert, sich dagegen kaum mit dem Spüren auseinandersetzt (siehe Merleau-Ponty 1966). Zum anderen legt Merleau-Ponty seinen Schwerpunkt darauf, den Leib als jene »dritte Dimension« zu beschreiben, die den cartesianischen Dualismus

zwischen Körper und Geist überwindet (Waldenfels 1976: IX; vgl. Merleau-Ponty 1976). Das ist ein wesentlicher Grund dafür, dass in der Soziologie des Körpers vorrangig auf Merleau-Pontys Leibphänomenologie zurückgegriffen wird: Der Soziologie des Körpers ist es ein fundamentales Anliegen, den Körper-Geist-Dualismus zu überwinden, und Merleau-Ponty ist einer der Autoren, denen dies am überzeugendsten gelungen ist. In den meisten Fällen geht der körpersoziologische Rekurs auf Merleau-Ponty darüber nicht hinaus. Sofern das doch der Fall ist, wird seine Leibphänomenologie vor allem herangezogen, um darauf hinzuweisen, dass der Ausgangspunkt der Soziologie des Körpers der verkörperte Akteur zu sein hat. Merleau-Ponty nämlich hat gezeigt, dass die menschliche Existenz fundamental durch ihre leibliche Verfasstheit und sinnliche Orientierung zur Welt hin gekennzeichnet ist. Leibliches »Zur-Welt-Sein« heißt, die eigene (Um-)Welt mittels der eigenen Sinne wahrzunehmen, ihr gegenüber geöffnet zu sein und auf sie hin zu handeln. In diesem Sinne ist die Grundlage menschlichen Handelns die sinnliche Wahrnehmung von Welt (vgl. dazu O'Neill 1990; Taylor 1986).

18 Vgl. dazu Böhme (2003: 336ff.): »Selbstsorge nicht als Sorge für ein Selbst, sondern als Lebenspraxis, sich selbst im Leibe zu finden« (ebd.: 270). Böhme plädiert hier für einen pathischen statt eines aktivistischen Leibbezugs und für Souveränität statt Autonomie als Subjektideal.

19 Bereits Edith Stein hatte darauf aufmerksam gemacht, dass sich die doppelte Gegebenheitsweise des Leibes, zugleich empfindender Leib und Körperding zu sein, in der Eigenbewegung manifestiert (vgl. Gahlings 2006b: 143).

20 Das unterscheidet die Soziologie des 19. Jahrhunderts von der philosophischen, biologischen und Kulturanthropologie dieser Zeit (vgl. Turner 1991: 1ff.; Williams/Bendelow 1998: 9f.).

21 Im Hinblick auf diese naturalistische beziehungsweise biologistische Auffassung der Geschlechterdifferenz steht die Soziobiologie in der Tradition von Spencer (vgl. Wilson 1975; siehe hierzu auch Shilling 1993: 48ff.).

22 Spencer musste sich bereits zu Lebzeiten gegen die Behauptung wehren, dass das Konzept des »survival of the fittest« von Charles Darwin stamme und er es nur von diesem übernommen und von der Biologie auf die Gesellschaft übertragen habe. Spencer zufolge habe er jedoch deutlich vor Darwin dieses Konzept entworfen (und publiziert), was auch von Darwin anerkannt worden sei (vgl. Kellermann 1976: 180).

23 In dem AGIL-Schema hat Parsons die vier Grundfunktionen zusammengefasst, die zur Bestanderhaltung eines Systems erfüllt sein müssen: *adaption* (Anpassung), *goal attainment* (Zielerreichung), *integration* (Integration) und *latent pattern maintenance* (Strukturerhaltung) (vgl. Joas/Knöbel 2004: 118ff.).

24 Zu den Parallelen von Weber und Foucault und wie diese für eine Soziologie des Körpers genutzt werden können, vgl. Turner (1980, 1982a, 1982b, 1996).

25 So meint Abraham, dass die Leiblichkeit des Erlebens und des Sinnverstehens bei Schütz zunehmend in den Hintergrund gerückt sei, indem sie überzogen wurde »durch Klärungen und Differenzierungen eines begrifflichen Instrumentariums auf abstrakt-symbolischer Ebene (Motive, Typen, Sinn, Logik der Wissenschaft). Das Verstehen von Handeln und von Sinn vollzieht sich in einem gedanklich-idealen Raum, in dem die ›Spuren‹, die zum Körper (beziehungsweise zum Leib) zurückführen würden, bis zur Unkenntlichkeit verwischt sind« (Abraham 2002: 75).

26 Vgl. zum Begriff und zur Methode der Dekonstruktion im französischen Poststrukturalismus Engelmann (1993).

27 Turner formuliert die Konvergenz von Foucault und Weber in dem Satz: »The rationalization of the body is thus a significant dimension of the secularisation of society« (Turner 1980: 248).

28 In einem persönlichen Gespräch im Frühjahr 2013 teilte mir Wilhelm Hopf, der in seinem Verlag als einer der ersten die sportsoziologischen Arbeiten von Elias (und Eric Dunning) in deutscher Sprache veröffentlichte (vgl. Elias/Dunning 1982), mit, dass Elias sich dagegen verwahrt habe, als Körpersoziologe bezeichnet zu werden, da er sich selbst

bekanntlich als Menschenwissenschaftler sah. Der Begriff ›Körper‹ sei für Elias ein »Unwort« gewesen, so Hopf.

29 Der individuelle Zivilisationsprozess kann dann als geglückt angesehen werden, so Elias, wenn »sich nach allen Mühen und Konflikten dieses Prozesses schließlich im Rahmen einer gesellschaftlichen Erwachsenenfunktion gut eingepaßte Verhaltensweisen, eine adäquat funktionierende Gewohnheitsapparatur heraus[bilden] und zugleich – was nicht notwendig damit Hand in Hand geht – eine positive Lustbilanz« (Elias 1976b: 335).

30 Als »Gipfelpunkt in der Reihe der humanistischen Manierenvorschriften« (Elias 1976a: 89) bezeichnet Elias die Schrift »De civilitate morum puerilium« (›Über die guten Sitten der Kinder‹) des Erasmus von Rotterdam aus dem Jahre 1530 (vgl. ebd.: 66ff.).

31 Der Ausdruck »höflich« verweist auch heute noch auf den sozialen Ort, an dem sich die zivilisierten Verhaltensweisen entwickelten: am Hof des Königs vollzog sich die »Verhöflichung der Krieger« (Elias 1976b: 351ff.; vgl. Elias 1976a: 79; siehe hierzu auch Hohl 1993: 24).

32 Als Hauptkritiker der Zivilisationstheorie von Elias hat sich der Ethnologe Hans-Peter Duerr einen Namen gemacht. In fünf Bänden mit mehr als 3.600 Seiten hat er versucht, den »Mythos vom Zivilisationsprozess«, so der Titel seines Projekts, zu zerstören (Duerr 1988ff.). Zur Elias-Duerr-Kontroverse siehe Hinz (2002). Eine kürzere Kritik, die auch auf Duerrs Einwände eingeht, findet sich in Hohl (1993).

33 Zivilisierung und Disziplinierung des Körpers weisen im Endeffekt natürlich auch Gemeinsamkeiten auf. Stefan Breuer ist der Ansicht, dass einige der Phänomene, die Elias unter Körperzivilisierung fasst (z.B. Konditionierungen im Sexual- oder Reinlichkeitsverhalten), genauer als Formen der Körperdisziplinierung zu verstehen seien (vgl. Breuer 1987: 332).

34 Foucaults Beschäftigung mit den politisch-administrativen Techniken der Körperdisziplinierung ist eingebettet in seine umfassendere Auseinandersetzung mit historischen Formen der »Bio-Macht« (vgl. Foucault 1977). In beiden Fällen geht es um das Zusammenspiel von Wissenschaft

und Justiz, Wissen und Macht, jedoch in unterschiedlichen Richtungen. Thematisiert Foucault in »Überwachen und Strafen« Bio-Macht bezogen auf den individuellen Körper als manipulierbares Objekt, so in »Sexualität und Wahrheit« im Hinblick auf die Regulierung des Gesellschaftskörpers (ebd.: 166). Zur »Bio-Macht« siehe Kapitel IV/4.2.

35 Zu Foucaults unterschiedlichen Machtbegriffen siehe Lemke (2005) und Kapitel IV/4.1.

36 Dass das Panopticon kein Relikt vergangener Tage oder bloße Utopie ist, erkennt man an modernen Formen wie Videoüberwachungen auf öffentlichen Plätzen, in Banken oder in Fußballstadien, Internetnutzungskontrollen in Betrieben u.a.m.

37 Die Entwicklung der Disziplinargesellschaft, so Foucault, vollzieht sich im Rahmen weit reichender politischer, rechtlicher, ökonomischer und wissenschaftlicher Prozesse, die zum einen zu einer Vervielfältigung der Disziplinarinstitutionen geführt haben, zum anderen zur Ausweitung der Disziplinarmechanismen über die Institutionen hinaus, zur »Desinstitutionalisierung« (Foucault 1976: 271) der Disziplin. Eine kritische Auseinandersetzung mit Foucaults Konzept der Disziplinargesellschaft liefert Breuer (1987).

38 Foucault selbst hat sich nicht mit dem Aufkommen des modernen Sports auseinander gesetzt. Das ist insofern bedauerlich, als sich der Sport hervorragend zur Untermauerung von Foucaults These über die Wirkungsweisen von Disziplinartechnologien eignet (vgl. Gugutzer 2011). Bereits die Sprache bietet einen ersten Hinweis darauf, wenn von den einzelnen Sport-Disziplinen die Rede ist. Zur Anwendung der Foucault'schen Macht- und Disziplinartheorie auf den Sport vgl. beispielsweise König (1989), Heikkala (1993), Rail/Harvey (1995), Sobiech (1994), Vigarello (1995).

39 Wie Bourdieu in seinen Ausführungen zum Verhältnis von Habitus und Feld beziehungsweise praktischem Sinn und Institution gezeigt hat, kann eine soziale Institution nur dann dauerhaft Bestand haben, wenn sie sich sowohl in Regeln objektiviert als auch in den leiblichen, körperlichen und kognitiven Dispositionen der in ihr agierenden Individuen manifestiert (vgl. Bourdieu 1987: 107).

40 Vgl. zum Blick als Machtmittel die grundlegenden Arbeiten von Sartre (1993: 457-538) und Schmitz (1969: 378-389). Eine Soziologie des Blickkontakts liefert Goffman (1971a: 84-110). Aus körpersoziologischer Sicht sind »Blicke soziale Machtkämpfe, die auf leiblichem Terrain ausgefochten werden« (Gugutzer 2002a: 234). Blicke können auch als verinnerlichtes Machtverhältnis disziplinierend wirken, was man beispielsweise an der Funktion des Spiegels in Fitness- oder Tanzstudios sehen kann (vgl. zur Rolle des Spiegels bei Bodybuildern Honer 1985: 133f. und beim Ballett Gugutzer 2002: 208, 245f.).

41 Der theoretische Ansatz von Bourdieu lässt sich in der Formel (Klassen-)Struktur – Habitus – Praxis (Lebensstil) zusammenfassen. Vgl. hierzu Bourdieu (1976: 139-202 und 1987: 97-121).

42 Diese Klassendifferenzierung nimmt Bourdieu, wie gesagt, im Hinblick auf die französische Gesellschaft vor. Sie eins zu eins auf andere moderne Gesellschaften, etwa die bundesrepublikanische, zu übertragen, ist problematisch. Das galt bereits Ende des 20. Jahrhunderts, und das gilt noch viel mehr im 21. Jahrhundert.

43 So gibt es beispielsweise in der Oberklasse mit dem »Bildungsbürgertum« eine Fraktion, die mehr kulturelles als ökonomisches Kapital besitzt, mit dem »Besitzbürgertum« eine Fraktion, die mehr ökonomisches als kulturelles Kapital aufweist, und mit der »neuen Bourgeoisie« eine Fraktion mit mittlerem ökonomischen und kulturellem Kapital (vgl. Bourdieu 1982: 405-499). Fraktionen sind für Bourdieu letztlich Berufsgruppen, und sein besonderes Augenmerk gilt den »feinen Unterschieden« zwischen den Fraktionen der Oberklasse.

44 Zum Körper als boxerisches Kapital siehe Wacquant (1995; 2003), zum Körper als erotisches Kapital vgl. Hakim (2011).

45 Neben dem kulturellen, sozialen, ökonomischen und körperlichen Kapital spricht Bourdieu auch noch vom »symbolischen Kapital« (Bourdieu 1987: 205-221). Darunter versteht er die »wahrgenommene«, als »legitim anerkannte« und insofern »verkannte« Form der anderen Kapitalarten (Bourdieu 1985a: 11), womit er konkret »Ehre«, »Prestige« (Bour-

dieu 1976: 348), »Ansehen« (Bourdieu 1987: 216), sozialen »Kredit« oder »Vertrauenskapital« (ebd.: 218) meint. Wichtig hierbei ist, dass symbolisches Kapital sozial zugewiesen wird und nicht selbst erworben werden kann. Eine weitere Kapitalform im Anschluss an Bourdieus Kapitaltheorie entwickelt Reay (2000), sie spricht vom »emotionalen Kapital«.

46 Eine literarische Abhandlung über den Körper als Kapital zum Erwerb und Erhalt von Macht, die auch als körpersoziologische Studie über das Wesen politischer Macht betrachtet werden kann, liefert Harry Mulisch in seinem Roman »Die Entdeckung des Himmels«. Am Beispiel von Hitler zeigt Mulisch, dass der »Mächtige jemand [ist], der Macht erwirbt, weil er ein physisches Geheimnis hat, aufgrund dessen die anderen sagen: ›Ja, das ist unser Mann‹ – oder unsere Frau natürlich. Der Surplus ist ausschließlich dieses eine Ding: der Körper« (Mulisch 2002: 659). »Macht ist die Macht des Fleisches. Macht ist körperlich.« (ebd.).

47 Die in Deutschland immer wieder aufflammenden Diskussionen darüber, ob es muslimischen Schülerinnen erlaubt werden solle, im Schulunterricht Kopftuch zu tragen oder am Schwimmunterricht im Burkini teilzunehmen, sind dafür Beispiele.

48 Vgl. zu dieser Dreiteilung des kulturellen Kapitals Bourdieu (1983: 185ff.).

49 Soziale Felder entsprechen Teilsektoren der Gesellschaft, die nach eigenen Regeln funktionieren und dadurch eine relative Autonomie besitzen. Vgl. zum Feldbegriff und dessen Relation zum Habituskonzept Krais/Gebauer (2002: 53ff.).

50 Man vergleiche die Mühen von Turnern oder Triathleten mit jenen von Fußball- und Tennisspielern und stelle das durch die Ausübung der jeweiligen Sportart zu erzielende Einkommen in Relation: Weil letztere heutzutage einen wesentlich höheren gesellschaftlichen Stellenwert haben als erstere, ist die ökonomische Rendite unabhängig von den körperlichen Investitionen hier deutlich höher.

51 Den Habitus als leibliches Konzept aufzufassen, ist unter Soziologen und Soziologinnen nicht üblich. Ausnahmen sind neben Gugutzer (2002a: 108-119) zum Beispiel Linde-

mann (1992: 333), Rittner (1984: 376) und Schwingel (1993: 66).

52 Archäologie und Genealogie sind bei Foucault historische Disziplinen beziehungsweise Methodologien, die sich von der traditionellen Geschichtswissenschaft unterscheiden. Stellt die Archäologie eine Diskursanalyse im strengen Sinne dar, so die Genealogie die Analyse dessen, »was Diskursformationen bedingt, beschränkt und institutionalisiert« (Dreyfus/Rabinow 1987: 133).

53 Selbstkritisch meint Foucault hierzu: »Ich glaube, dass ich in jener ›Ordnung des Diskurses‹ zwei Konzeptionen vermischt habe oder vielmehr auf eine Frage, die mir legitim scheint (die Verknüpfung der Diskurstatsachen mit den Machtverhältnissen), eine inadäquate Antwort vorgeschlagen habe. Es ist ein Text, den ich in einer Übergangssituation geschrieben habe. Bis dahin, scheint mir, akzeptierte ich die traditionelle Konzeption der Macht als eines im Wesentlichen juridischen Mechanismus, als das, was das Gesetz sagt, was untersagt, was nein sagt, mit einer ganzen Litanei negativer Wirkungen: Ausschließung, Verwerfung, Versperrung, Verneinung, Verschleierungen usw. Diese Konzeption halte ich heute für inadäquat« (Foucault 1978: 104f.).

54 Dazu Foucault (1978: 35): »Der Grund dafür, dass die Macht herrscht, dass man sie akzeptiert, liegt ganz einfach darin, dass sie nicht nur als Nein sagende Gewalt auf uns lastet, sondern in Wirklichkeit die Körper durchdringt, Dinge produziert, Lust verursacht, Wissen hervorbringt, Diskurse produziert; man muss sie als ein produktives Netz auffassen, das den ganzen sozialen Körper überzieht und nicht so sehr als negative Instanz, deren Funktion in der Unterdrückung besteht.«

55 Zur in diesem Sinne diskursiven Konstruktion der Sportsucht vgl. Bette/Gugutzer (2012: 112f.).

56 Der Unterschied zwischen Foucaults Studie über »Die Geburt des Gefängnisses« (1976) und dem »Willen zum Wissen« (1977) besteht darin, dass in ersterer die Körper disziplinierenden Technologien sozialer Institutionen im Mittelpunkt stehen, in der zweiten diskursive Praktiken.

Anders gesagt: Während in »Überwachen und Strafen« körperdisziplinierende Wirkungen nicht-diskursiver Machtpraktiken thematisiert werden, geht es in »Der Wille zum Wissen« um die Machteffekte von Diskursen, das heißt von sprachlichen Praktiken beziehungsweise, wie Foucault sagt, von »Aussagen«.

57 Zur Kritik an dieser Position vgl. Giddens (1993: 28-47), der Foucault vorhält, dass dieser im Hinblick auf die Geschichte der Sexualität dem Diskurs eine »übertriebene Wichtigkeit« einräume (ebd.: 36).

58 Foucaults Formulierung, dass »›der Sex‹ von der Sexualität historisch abhängig ist« (Foucault 1977: 187; Herv. – R.G.), erweckt den Eindruck, als ginge er entgegen seinem eigenen Anspruch doch von einer prädiskursiven Materialität aus, als würde er mit anderen Worten doch zwischen dem Diskurs und der diesem vorgelagerten Materie unterscheiden. Diese Auffassung vertritt auch Butler (1991: 193), und für Fink-Eitel (1989: 94) ist darin sogar das Scheitern der Machttheorie Foucaults zu sehen.

59 Nimmt man zu den von Foucault behandelten Wissenschaften und sonstigen Institutionen die von ihm nicht thematisierten *Massenmedien*, insbesondere das Privatfernsehen mit seinen diversen Talkshows, hinzu, dann ist seiner Zeitdiagnose unbedingt zuzustimmen: »Möglicherweise reden wir mehr vom Sex als von jeder anderen Sache [...]. In Sachen Sex dürfte die unermüdlichste und unersättlichste Gesellschaft wohl die unsere sein« (Foucault 1977: 46f.).

60 Im Gesamten gesehen entstand eine allumfassende Wissenschaft von der Sexualität, eine *scientia sexualis*. Foucault zufolge ist das europäische Abendland die einzige Zivilisation, die eine solche *scientia sexualis* entwickelt und damit – im Unterschied zur *ars erotica* der Kulturen Indiens, Chinas und Roms – die Kunst der Erotik durch das ständige Reden über Sex ersetzt habe (Foucault 1977: 75). Die Kategorie ›Sexualität‹ sei dabei das »Korrelat jener langsam entwickelten diskursiven Praktik, die die scientia sexualis darstellt« (ebd. 87f.).

61 Zum Körper im Feminismus vgl. Davis (1997), Degele et al. (2009), Grosz (1994), Grosz/Probyn (1995), Hypatia (1991), Witz (2000).

62 Zur gesellschaftlichen Konstruktion der Geschlechtsidentität und des Geschlechterverhältnisses vgl. Becker-Schmidt/Knapp (1995), Gildemeister (1992), Gildemeister/Wetterer (1992) und Knapp/Wetterer (1992).

63 Butler ist also keine Soziologin, wird aber dennoch hier als Vertreterin eines soziologischen Zugangs zum Körper präsentiert. Das hat seinen Grund darin, dass ihr Einfluss auf die soziologische Frauen- und Geschlechterforschung gewaltig ist, vor allem aber darin, dass ihre Analysen zum Verhältnis von Kultur/Diskurs und Geschlecht/Körper durchweg soziologische Relevanz besitzen, da es ihr zentral um den Nachweis der historischen und kulturellen Konstruktion von Geschlecht und Körper geht (vgl. zur Einführung Bublitz 2002; Villa 2012).

64 Butler verwendet die Ausdrücke »biologischer«, »anatomischer« und »materialer Körper« mehr oder weniger synonym. Ebenso setzt sie immer wieder »biologisches Geschlecht« mit »Körper« und »soziales Geschlecht« mit »Geschlechtsidentität« gleich. Ich schließe mich diesem Sprachgebrauch an.

65 Die kritische Genealogie zielt darauf, so Butler, die »grundlegenden Kategorien des Geschlechts, der Geschlechtsidentität und des Begehrens als Effekte einer spezifischen Machtformation zu enthüllen [...]. Die genealogische Kritik lehnt es ab, nach den Ursprüngen der Geschlechtsidentität, der inneren Wahrheit des weiblichen Geschlechts oder einer genuinen, authentischen Sexualität zu suchen, die durch die Repression der Sicht entzogen wurde. Vielmehr erforscht die Genealogie die politischen Einsätze, die auf dem Spiel stehen, wenn die Identitätskategorien als Ursprung und Ursache bezeichnet werden, obgleich sie in Wirklichkeit Effekte von Institutionen, Verfahrensweisen und Diskursen mit vielfältigen und diffusen Ursprungsorten sind« (Butler 1991: 9).

66 Butler zufolge unterstelle Foucault (wie auch der ›klassische‹ Feminismus) »einen Körper [...], der seinen kultu-

rellen Einschreibungen vorgängig ist«, womit er »eine der Bedeutung und Form vorgängige Materialität« voraussetze (Butler 1991: 193). Butler hingegen geht davon aus, dass es keine vordiskursive Materialität gibt. Foucaults Verständnis von Diskurs als »diskursive Praxis« scheinbar ignorierend, behauptet Butler – wie Lorey meint: fälschlicherweise gegen Foucault (vgl. Lorey 1993: 17) –, dass auch die Körpermaterie eine diskursive Konstruktion sei. Foucault sieht das meines Erachtens genauso.

67 Der entscheidende Unterschied zwischen Butler und Foucault liegt nicht in einem unterschiedlichen Verständnis des Verhältnisses von Diskurs und Materie/Praxis, sondern darin, dass Butlers Diskurstheorie eine sprachtheoretische Ausrichtung hat, während Foucaults Diskursanalysen wissenschaftshistorisch angelegt sind (vgl. Bublitz 2003: 101, Anm. 8).

68 Trotz des Zwangscharakters der heterosexuellen Norm sind Normen nichts Statisches, für immer und ewig Fixiertes, sondern wandelbar. Darin besteht auch die Chance, der Heteronormativität zu entfliehen. Butler sieht ein subversives Potenzial für die Neugestaltung der Geschlechternormen in der Travestie, da diese auf parodistische Weise versuche, ein neues Verhältnis von vergeschlechtlichtem Körper und Geschlechtsidentität herzustellen (vgl. Butler 1991: 201ff.).

69 Wie Villa (2000: 58ff.) in ihrem kurzen Überblick über die naturwissenschaftliche Differenzierung des körperlichen Geschlechts zeigt, unterscheidet die Biologie zwischen vier Geschlechtsebenen: dem genetischen/chromosomalen, Keimdrüsen-, hormonellen und morphologischen Geschlecht. Entscheidend hierbei ist, dass mit keinem der vier Definitionen von Geschlecht (*sex*) Aussagen über Frau-/Mannsein (*gender*) gemacht werden können: »Diese vier Ebenen hängen zwar kausal zusammen, allerdings nicht in deterministischer Form. Über einen xy-Chromosomensatz zu verfügen, sagt zunächst nichts über die individuelle Körpergröße, den Hormonspiegel, die Gebärfähigkeit, die Menstruation, die Körperbehaarung oder gar das Verhalten aus. Gene beziehungsweise Chromosome sind keine Schalter, die, einmal angedreht, eine Frau oder einen Mann im

umfassenden Sinne hervorbringen. Vielmehr sind komplexe, interdependente und von vielen Faktoren abhängige Prozesse notwendig, um die übrigen drei Ebenen auszubilden« (ebd.: 59).

70 Auf die historische Genese der Bezeichnung bestimmter anatomischer und morphologischer Merkmale als geschlechtsspezifische Zeichen haben beispielsweise Duden (1991), Honegger (1992) und Laqueur (1992) hingewiesen.

71 Die gesellschaftlichen und kulturellen Kategorien prägen zwar die Körperwahrnehmung, umgekehrt leiten diese sich aber von »den kulturell verarbeiteten Körpervorstellungen« ab, wie Douglas (1974: 99) sagt. Das deckt sich mit der These von George Lakoff und Mark Johnson, dass der Körper die Erfahrungsbasis von kognitiven Konzepten, von Denken und Sprache ist (vgl. Lakoff/Johnson 1980; vgl. hierzu auch Gugutzer 2002a: 137ff.).

72 Bette ist natürlich nicht der einzige Autor, der sich aus systemtheoretischer Perspektive mit dem Körper befasst. Jedoch stellen seine Arbeiten die profundeste Systemtheorie des Körpers dar, weshalb sie an dieser Stelle vorgestellt wird. Zu weiteren systemtheoretischen Körperstudien vgl. Bohn (2000), Lewandowski (2003) oder Rigauer (2006).

73 Bettes Ausführungen stützen sich auf die Systemtheorie Niklas Luhmanns (1984), in der dem Begriff »Paradoxie« eine wichtige Rolle zukommt. »Es ist nicht übertrieben zu behaupten, dass das Paradoxieproblem beziehungsweise das Problem der Entparadoxierung von Paradoxien einen entscheidenden Schlüssel zum Verständnis der Theorie sozialer Systeme liefert« (Kneer/Nassehi 1993: 104f.).

74 Luhmann hat in seinem 1984 erschienenen Hauptwerk »Soziale Systeme« das von Humberto Maturana und Francisco Varela im Rahmen der Allgemeinen Systemtheorie entwickelte Autopoiesiskonzept für die Soziologie und seine Theorie sozialer Systeme genutzt und damit seine zunächst in Abgrenzung von Parsons entwickelte funktional-strukturelle Systemtheorie umgestellt. Dies betraf primär die Umstellung von offenen Systemen, die mit ihrer Umwelt in Austausch stehen, hin zu geschlossenen Systemen, welche die

Elemente, aus denen sie bestehen, selbst (»autopoietisch«) herstellen.

75 Kommunikation meint bei Luhmann eine Einheit, die die Komponenten Information, Mitteilung und (soziales) Verstehen integriert (vgl. Luhmann 1984).

76 Das physisch-organische System lässt sich weiter differenzieren in das Immunsystem, das neurophysiologische und das organische System (vgl. Kneer/Nassehi 1993: 66).

77 Die Kommunikation über den Körper kann dabei nicht nur in der Form des Redens über ihn erfolgen, sondern auch in Gestalt seiner symbolischen Präsentation oder einer Körperaktivität (Bette 1987: 616).

78 »Codes« sind die zentralen Unterscheidungen, entlang derer autopoietische soziale Systeme operieren und sich reproduzieren. Bei Luhmann sind die Codes sozialer Systeme immer zweiwertig, also binäre Codes. Das Wirtschaftssystem reproduziert sich beispielsweise über den Code »Zahlen/Nichtzahlen«, die Wissenschaft über den Code »wahr/unwahr« oder der Sport über den Code »Sieg/Niederlage« (vgl. Luhmann 1984).

79 Dazu Bette: »Die intersubjektive Gewissheit von Wahrnehmung definiert das, was als wissenschaftlich ›wahr‹ akzeptiert wird. Wissenschaftlich legitimierte Wahrheitsansprüche kommen ohne Rekurs auf Körper fundierte Wahrnehmung und Wahrnehmungskontrolle nicht aus« (Bette 1999: 60). Bette spricht hier im Anschluss an Luhmann von »symbiotischen Mechanismen«, mit Hilfe derer »Sozialsysteme sowohl bestimmte Körperressourcen nutzen als auch organische Störeinflüsse abwehren oder in sozial akzeptierte Kanäle umleiten« können (ebd.; vgl. auch Bette 1989: 17ff.).

80 Bette hat sich nicht nur ausführlich mit einer systemtheoretischen Durchdringung des Hochleistungssports, allen voran des Dopings, auseinander gesetzt (vgl. Bette 1984, 1989, 1992, 1995, 1999; Bette/Kühnle/Thiel 2012; Bette/Schimank 1995), sondern auch mit dem Breiten- oder Massensport (1993, 2001), dem Extrem- und Abenteuersport (Bette 2004), dem Sport als Heldensystem (Bette 2007) oder jüngst mit einer Soziologie der Sportsucht (Bette/Gugutzer

2012). Hinzu kommen grundlegende Arbeiten zum Sport in der modernen Gesellschaft (Bette 2011) sowie Einführungen in die Sportsoziologie (Bette 2010).

81 Bette betont, dass das Faktum der verstärkten Hinwendung zum und Aufwertung des Körpers keineswegs ein Phänomen der vergangenen Jahre oder Jahrzehnte ist. Vielmehr ist – »in Überarbeitung vorhandener Nutzungsformen in stratifizierten Gesellschaften« – die »physisch-organische Umwelt seit dem 18./19. Jahrhundert fest als Sonderthema gesellschaftlicher Kommunikation etabliert worden« (Bette 1989: 42).

82 Der Systemtheorie zufolge beobachten Systeme mittels Unterscheidungen. Beobachtung meint, wie Luhmann im Anschluss an George Spencer Brown formuliert, eine »Bezeichnung-anhand-einer-Unterscheidung« (vgl. Kneer/Nassehi 1993: 96). Jede Beobachtung weist dabei einen »blinden Fleck« auf. »Der Beobachter benutzt eine Unterscheidung, die er mit Hilfe dieser Unterscheidung aber nicht bezeichnen und somit nicht beobachten kann« (ebd.: 110).

83 Goffman war ein höchst unkonventioneller Soziologie, der so gut wie alles als Datenmaterial nutzte, sofern es nur irgendeinen Erkenntnisgewinn versprach. Aus diesem Umstand resultiert zum einen seine große Beliebtheit bei den (nicht nur soziologischen) Lesern, zum anderen – durchaus mit diesem Publikumserfolg zusammenhängend – aber auch seine lang anhaltende Missachtung als ernst zu nehmender Theoretiker innerhalb der Soziologie. Auf die Bedeutung Goffmans für die soziologische Theorieproduktion haben dagegen schon früh Giddens (1992) oder Hettlage/Lenz (1991) hingewiesen; letztere bezeichnen ihn als soziologischen »Klassiker der zweiten Generation«.

84 Entgegen der Behauptung mancher Kritiker ist Goffmans grundlegende Analyseeinheit also nicht das Individuum, sondern die Interaktion beziehungsweise die Situation. Dazu Goffman: »Ich setze voraus, dass der eigentliche Gegenstand der Interaktion nicht das Individuum und seine Psychologie ist, sondern eher die syntaktischen Beziehungen zwischen den Handlungen verschiedener gleichzeitig anwesender Personen. [...] Es geht hier also nicht um Men-

schen und ihre Situationen, sondern eher um Situationen und ihre Menschen« (Goffman 1971b: 8f.).

85 Goffmans berühmte Situationsdefinition lautet: »Situationen entstehen, wenn gegenseitig beobachtet wird, sie vergehen, wenn die zweitletzte Person den Schauplatz verlässt« (Goffman 1971a: 29). Eine Alternative zu Goffmans Situationsbegriff bietet die neophänomenologische Soziologie; vgl. dazu die Analyse von Gugutzer (2015b) zu Public Viewing als einem »kollektivleiblichen Situationsritual«.

86 Zur »dramatologischen Perspektive« im Anschluss an Goffman vgl. Hitzler (1991b, 1992). Einen Überblick über Goffman und weitere Autoren, die die dramaturgische Perspektive in den Sozialwissenschaften repräsentieren, bieten Hare/Blumberg (1988).

87 Unter Darstellung versteht Goffman das »Gesamtverhalten eines Einzelnen [...], das er in Gegenwart einer bestimmten Gruppe von Zuschauern zeigt und das Einfluss auf diese Zuschauer hat« (Goffman 1983: 23). Ein Ensemble bezeichnet eine »Gruppe von Individuen [...], die gemeinsam eine Rolle aufbauen« (ebd.: 75) beziehungsweise »die eng zusammenbleiben muss, wenn eine gegebene Situationsbestimmung aufrechterhalten werden soll« (ebd.: 96). Im Begriff des Ensembles zeigt sich Goffmans interaktionistischer Ansatz, da er dieses – und nicht das Individuum – zum »Ausgangspunkt« der Analyse sozialer Interaktionen wählt (ebd.: 80).

88 Typische Hinterbühnen sind das Schlafzimmer, Toiletten, das Bad, die Küche in einem Restaurant, das Chefbüro etc. Vorder- und Hinterbühnen können durchaus wechseln, je nach dem Bezugspunkt einer Vorstellung: Findet die Vorstellung im Büro statt, ist die eigene Wohnung Hinterbühne; kommen Gäste in die eigene Wohnung, ist das Wohnzimmer Vorderbühne und das Schlafzimmer Hinterbühne.

89 So sieht das auch die Ethnomethodologie, daher Garfinkels Vorliebe für soziale »Krisenexperimente« (vgl. Garfinkel 1967a).

90 Shilling als Repräsentanten einer verkörperten Strukturierungstheorie zu bezeichnen bedeutet, einen gesonderten Aspekt seiner Arbeiten hervorzuheben. In seinen frühen Arbeiten ging es ihm vor allem darum, die Struktur-Akteur-

Relation vom Körper her zu denken, und dazu hatte er sich nicht nur mit Giddens Strukturierungstheorie auseinander gesetzt, sondern insbesondere noch mit Anne Archers »analytischem Dualismus«. Vgl. hierzu Shilling (1997a, 1999) und Shilling/Mellor (1996). Darüber hinaus weisen Shillings körpertheoretische Arbeiten mindestens zwei weitere Schwerpunkte auf: Zum einen eine soziologische Körpertheorie »in defence of sociological tradition«, konkret auf der Grundlage von Marx, Durkheim und Simmel (vgl. Shilling 2001, 2005; siehe dazu Gugutzer 2012: 16f.), zum anderen eine vor allem am Pragmatismus entwickelte Körpertheorie, die die Kreativität des Handelns (vgl. grundlegend Joas 1992) in den Mittelpunkt rückt (vgl. Shilling 2008).

91 Sinngleich spricht Bourdieu davon, dass Institutionen sich nur dann über die Zeit hinweg erhalten können, wenn sie sich nicht nur in Regeln objektivieren, sondern auch in den leiblich-körperlichen Dispositionen der in ihr agierenden Individuen manifestieren (vgl. Bourdieu 1987: 107).

92 Shillings zentrale Kritik an einer phänomenologisch fundierten Körpersoziologie scheint darin zu bestehen, dass die Phänomenologie – gemeint ist die Phänomenologie Merleau-Pontys – sich mit dem Körper als Basis *von* Wahrnehmungen und Erfahrungen befasse, jedoch nicht mit Wahrnehmungen und Erfahrungen *des* Körpers (vgl. dazu Crossley 1995a: 48), was für die Körpersoziologie aber zentral sei, gehe es dieser doch um die Bedingungen und Folgen körperlicher Erfahrungen. Shillings Porträt der Phänomenologie trifft auf Merleau-Ponty zu, nicht aber zum Beispiel auf jene von Schmitz.

93 Eine ähnliche Differenzierung der Materialität findet sich in der Praxistheorie von Stefan Hirschauer (2004). Neben dem menschlichen Körper nennt Hirschauer weitere »Partizipanden« sozialer Praktiken, nämlich »andere Lebewesen, [...] Textdokumente, Artefakte und Settings« (ebd.: 74). Zusammen mit diesen ist der Körper in soziale Prozesse eingeschlossen, wobei die Bezeichnung ›der‹ Körper ungenau ist, denn, so Hirschauer, Praktiken haben ihre je spezifischen Körper. Aus diesem Grund spricht Hirschauer auch von

»Praktiken und ihren Körpern«, und nicht von »Der Körper und die Praxis« (ebd.: 75).

94 Zur Inkorporierung des Wissens wie auch zur »Exkorporation« des Wissens und damit zur »Bedeutung des Körpers in der sozialkonstruktivistischen Wissenssoziologie« siehe Knoblauch (2005).

95 Die theoretischen Grundlagen und Spielarten der Praxistheorie sind sehr unterschiedlich und reichen von der Figurationssoziologie Elias', den Interaktionismus Meads über Bourdieus Habitustheorie bis zur Akteur-Netzwerk-Theorie (zu den konzeptionellen Grundlagen der Praxissoziologie vgl. Schmidt 2012: Erster Abschnitt). Aus Platzgründen erfolgt hier eine Beschränkung auf die Arbeiten von Mead und Bourdieu.

96 In den letzten Jahren scheint sich der strenge methodologische Fokus auf Beobachtung und die Beschränkung auf ethnographische Methoden zu weiten; auch qualitative Interviews können demnach als Weg zur Erschließung sozialer Praktiken genutzt werden.

97 Mead erläutert den Vorgang des Fintierens auf der Grundlage seines Theorems des »role taking« (siehe dazu z.B. Mead 1988: 192ff.). Eine Finte setzen impliziert, dass *ego* die Perspektive von *alter* übernimmt und in sein eigenes Handeln integriert: *ego* antizipiert die Reaktion von *alter* (Deckung öffnen) auf seine Geste (angetäuschter Schlag) und handelt auf diese erwartete Reaktion hin, indem er zuschlägt (vgl. Schmidt 2006: 300f.). Aber ist das eine angemessene Beschreibung? Perspektivenübernahme meint bei Mead bekanntlich einen kognitiven, bewussten Prozess. Es ist jedoch zu fragen, ob den Akteuren in einer Boxsituation ausreichend Zeit bleibt, um einen Perspektivenwechsel vorzunehmen, wie schnell auch immer er vonstattengehen mag. Geht man dennoch davon aus, dass ein Perspektivenwechsel die Bedingung der Möglichkeit einer Boxfinte ist, dann handelt es sich dabei eher um einen »leiblichen Perspektivenwechsel« (Gugutzer 2002: 107f.) denn um einen kognitiven, bewussten Perspektivenwechsel. Der leibliche Perspektivenwechsel besteht darin, vorreflexiv auf das vom Gegner Gesehene und Gespürte zu reagieren. Abgesehen davon

ist zu fragen, ob die Finte ihre Bedeutung wirklich erst im »Vollzug des Boxens« (Schmidt 2006: 301) erhält oder nicht doch, ganz im Sinne der traditionellen Handlungstheorie, vor der ausgeführten Geste. Schließlich muss der die Finte setzende Boxer in einem bestimmten Moment diese Setzung vornehmen. Er muss, mit anderen Worten, die Entscheidung treffen, eine Geste auszuführen, welche den Sinn hat, eine Finte zu sein. Seine Geste basiert auf dem Handlungssinn »Finte«, was natürlich nicht »erfolgreiche Finte« heißen muss. Entscheidend ist, dass die Geste durch den Handlungssinn »Finte« motiviert war (darauf weist Mead im Übrigen selbst hin; Mead 1988: 82). Zumindest gilt das für Anfänger einer solchen Sportart.

98 Eine Reflexion über das eigene Handeln setzt normalerweise erst dann ein, wenn die gewohnten Automatismen versagen.

99 Weitere die zeitliche Struktur der Praxis kennzeichnende Eigenschaften sind Unumkehrbarkeit, Rhythmus, Tempo und Richtung (vgl. Bourdieu 1987: 149).

100 Dem praktischen Sinn sehr nahe ist der von Giddens verwendete Begriff des »praktischen Bewusstseins« (Giddens 1992: 91-95 und öfter).

101 Empirische Beispiele hierfür findet man, wenngleich man den Autor nur bedingt der Praxistheorie zuordnen kann, in den Untersuchungen von Jean-Claude Kaufmann zu den körperlichen Aushandlungsprozessen von (Ehe-)Paaren (Kaufmann 1994), den körperlichen Routinen im Haushalt (Kaufmann 1999) und der geschlechtsspezifischen, nonverbalen Konstruktion sozialer Ordnung an Badestränden (Kaufmann 1996). Ein zentrales Ergebnis dieser Studien lautet, dass *soziale Ordnungen* wesentlich *Körperordnungen* sind (vgl. Meuser 2004: 211).

102 Ein eindrucksvolles Beispiel für die feldspezifische Formung eines körperlichen Habitus, der als Agens zu intuitiven, spontanen, unbewussten Handlungen führt, ist die ethnographische Studie von Loïc Wacquant zum Erwerb eines Boxer-Habitus (Wacquant 2003).

103 Etwas überraschend hat sich Lindemann nahezu ausschließlich gegen die Ethnosoziologie abgegrenzt und nicht etwa

gegen den (Post-)Strukturalismus Butler'scher Provenienz, waren doch gerade Butlers Thesen in den 1990er Jahren die mit Abstand einflussreichsten in der Geschlechterforschung (siehe Kap. IV/4.2). Zu den ethnosoziologischen Autoren, die Lindemann diskutiert, zählen Garfinkel (1967b), Garfinkel/Sacks (1979), Goffman (1971b, 1974, 1980, 1981), Kessler/McKenna (1978) und Hirschauer (1989, 1993). Eine kurze Auseinandersetzung mit Butler findet sich in Lindemann (1994).

104 Man könnte Lindemanns Ansatz als eine Kombination der Mikrosoziologie von Randall Collins und der Kulturgeschichte Barbara Dudens bezeichnen. Mit Collins teilt Lindemann die These, dass Affekte und Gefühle nicht nur sozial konstruiert sind, sondern umgekehrt selbst soziale Realität hervorbringen. Sie distanziert sich jedoch von Collins insofern, als es diesem zum einen nicht gelingt, »den theoretischen Anspruch einer Neufassung des subjektiven Moments begrifflich einzulösen«, und zum anderen »seine Ausführungen zur Geschlechterrealität naiv naturalisierend« bleiben (Lindemann 1992: 332). Hingegen folgt Lindemann Dudens Erkenntnis, dass passive Leiberfahrungen vom historisch je spezifischen (medizinischen) Körperwissen abhängen (ebd.: 333f.).

105 Den Ausdruck »körperlicher Leib« übernimmt Lindemann von Schmitz. Wie in Kapitel II/2 skizziert, bezeichnet Schmitz alles Leibliche als »absolut örtlich« und »unteilbar ausgedehnt«, alles Körperliche als »relativ örtlich« (in Lage- und Abstandsbeziehung stehend) und teilbar ausgedehnt. Diese Kriterien wendet Schmitz auch auf den Leib selbst an. Er nennt diesen Leib, der sich durch eine absolute und zugleich relative Örtlichkeit auszeichnet und der den Normalfall des alltäglichen Leiberlebens ausmacht, »körperlicher Leib« (Schmitz 1965: 24). Jäger (2004) hat versucht, anknüpfend an diesen Begriff von Schmitz – den sie dann allerdings anders gebraucht –, den Leib in die Soziologie des Körpers zu integrieren.

106 Von den signifikanten unterscheidet Lindemann »insignifikante Körperformen«, womit sie Vulva/Klitoris, Männerbrust und den Innenraum des männlichen Körpers meint

(Lindemann 1993a: 196-212). Kritisch hierzu Villa (2000: 211f., 219ff.).

107 Zum Ausdruck »Zwischenleiblichkeit« beziehungsweise »intercorporeality« im Sinne der leiblichen Fundierung von Sozialität vgl. Coenen (1985), Crossley (1995a, 1995b, 1996, 2001), Fischer (2003), Gugutzer (2002a: 285ff.), Métraux (1976: 145), Meyer-Drawe (1984: 147ff.) und O'Neill (1970: 36ff., 1989: 41ff.).

108 Zu den leiblich-körperlichen Grundlagen von Denken und Sprache siehe auch Johnson (1987) und Lakoff/Johnson (1980).

109 Vico gibt unter anderem folgende Beispiele: »Haupt für Gipfel oder Anfang; Mund für jede Öffnung; Zähne bei einem Pflug, einem Rechen, einer Säge, einem Kamm; Zunge des Meeres, Arm eines Flusses; Busen vom Meer, Herz für die Mitte [...]; Sohle für Unterlage; Ader von Wasser, Steinen und Bergwerken; Eingeweide der Erde; es lachen der Himmel und das Meer; der Wind pfeift; die Welle murmelt; es seufzt ein Körper unter einer großen Last« (Vico 1924; zit. n. O'Neill 1990: 26).

110 Als Beispiel für eine soziologische Analyse von Körpermetaphern – hier von Ballett-Tänzern und -Tänzerinnen sowie Ordensangehörigen – siehe Gugutzer (2002a: 171-195).

111 Sub-Politik im Sinne Becks meint politisches Handeln »außerhalb des politischen und korporatistischen Systems« (Beck 1993: 162), also die Ausweitung politischer Partizipationsansprüche auf Akteure jenseits der ›großen‹ Politik wie etwa soziale Bewegungen oder Bürgerinitiativen. Im Sinne eines »politischen Privatismus« (Beck 1983: 51) kann auch das einzelne Individuum durch sein alltägliches Handeln Sub-Politik betreiben.

112 Alfred Schütz spricht hier von Konstruktionen »ersten« (des Alltagsmenschen) und »zweiten Grades« (des Sozialwissenschaftlers). Konstruktionen zweiten Grades sind »Konstruktionen jener Konstruktionen [ersten Grades; – R.G.], die im Sozialfeld von Handelnden gebildet werden, deren Verhalten der Wissenschaftler beobachtet und in Übereinstimmung mit Verfahrensregeln seiner Wissenschaft zu erklären versucht« (Schütz 1971: 7).

113 In den Worten von Schmitz (2011: 33) handelt es sich bei Ausdrücken wie ›leicht‹, ›schwer‹, ›hart‹, ›weich‹, ›kalt‹, ›warm‹ etc. um »synästhetische Charaktere«. Synästhetische Charaktere sind »intermodale – quer über die Gegenstandsgebiete verschiedener Sinne verbreitete – Eigenschaften«, die als Brücken leiblicher Kommunikation fungieren.